이미지와 상징

주술적-종교적 상징체계에 관한 시론

미르치아 엘리아데

이재실 옮김

까치

Images et Symboles

by Mircea Eliade

Copyright © 1952 by Éditions Gallimard
All rights reserved.
Korean translation copyright © 1998 by Kachi Publishing Co., Ltd.
This Korean edition arranged with Éditions Gallimard, Paris through Sibylle Books Literary Agency, Seoul.

이 책의 한국어판 저작권은 시빌 에이전시를 통한 Éditions Gallimard와의 독점계약으로 까치글방이 소유합니다. 저작권법에 의하여 한국 내에서 보호를 받는 저작물이므로 무단전재 및 무단복제를 금합니다.

역자 이재실(李載實)
서울 출생. 이화여자대학교 불어불문학과 졸업. 이화여자대학교 대학원 불문학 석사과정 졸업. 프랑스 그르노블 제3대학(Grenoble III) "앙리 보스코(Henri Bosco)의 작품에 나타난 시간에 관한 연구"로 문학박사 학위 취득. 부산외국어대학교 불어과 교수. 현재 한국심리클리닉 유유재 대표.
역서 : 「종교사 개론」, 「통과제의와 문학」 등

이미지와 상징 : 주술적-종교적 상징체계에 관한 시론
저자/ 미르치아 엘리아데
역자/ 이재실
발행처/ 까치글방
발행인/ 박후영
주소/ 서울시 용산구 서빙고로 67, 파크타워 103동 1003호
전화/ 02 · 735 · 8998, 736 · 7768
팩시밀리/ 02 · 723 · 4591
홈페이지/ www.kachibooks.co.kr
전자우편/ kachibooks@gmail.com
등록번호/ 1-528
등록일/ 1977. 8. 5
초판 1쇄 발행일/ 1998. 1. 12
   10쇄 발행일/ 2024. 8. 26
값/ 뒤표지에 쓰여 있음

ISBN 89-7291-186-0   03210

나의 아버지
게오르게 엘리아데(1870-1951)를 추억하며

차례

조르주 뒤메질의 서문　　　7
서문
　　　상징체계의 재발견　　　11
　　　상징체계와 정신분석　　　15
　　　이미지의 영속성　　　19
　　　이 책의 구성　　　25

제1장　"중심"의 상징
　　　심리학과 종교사　　　31
　　　역사와 원형　　　39
　　　세계의 이미지　　　44
　　　"중심"의 상징　　　48
　　　상승의 상징　　　54
　　　"중심"의 건조　　　59

제2장　시간과 영원에 관한 인도의 상징
　　　신화의 기능　　　67
　　　시간에 관한 인도의 신화　　　70
　　　"유가"에 관한 교리　　　73

우주적 시간과 역사　　79
　　　"시간의 공포"　　84
　　　시간의 소멸에 관한 인도의 상징　　86
　　　"알 까기"　　90
　　　불교에 나타난 시간의 철학　　93
　　　이미지와 역설　　96
　　　"시간 이탈"의 기법　　99

제3장　"결박의 신"과 매듭의 상징
　　　공포의 최고신　　107
　　　바루나의 상징　　110
　　　고대 인도의 "결박의 신"　　115
　　　트라키아인, 게르만인, 코카서스인　　119
　　　이란　　121
　　　민족학적 유사성　　123
　　　매듭의 주술　　125
　　　주술과 종교　　127
　　　"한계상황"의 상징　　131

　　　　상징과 역사　　　134

제4장　조개의 상징에 관한 고찰
　　　　달과 물　　　141
　　　　수태의 상징　　　144
　　　　조개껍질의 의례적 기능　　　148
　　　　장례신앙에서의 조개껍질의 역할　　　150
　　　　주술과 의술에서의 진주　　　158
　　　　진주의 신화　　　162

제5장　상징체계와 역사
　　　　세례, 대홍수, 물의 상징　　　165
　　　　원형적 이미지와 기독교적 상징　　　175
　　　　상징과 문화　　　189
　　　　방법론에 관한 고찰　　　192

　　　　주　　　196
　　　　역자 후기　　　219
　　　　신 및 사람 이름 색인　　　222

조르주 뒤메질의 서문

이 책을 쓰기 위해서 미르치아 엘리아데는 출간되거나 미간행된 수많은 명상록 가운데에서 적당한 것을 고르기만 하면 되었다. 그만큼 상징이라는 것은 종교적 사고 도처에, 모든 사고의 언저리에 존재한다. 비교연구의 대가들이 새로운 모험을 시작하기보다는 돛을 고쳐잡는 것이 현명한 일이라고 생각했던 금세기 초에는 상징의 개념조차 확실하지 않았다. 고대 크레타인들은 공중을 나는 듯이 보이는 이엽(二葉) 방패와 쌍날 도끼를 왜 벽에 그려놓았을까? 로마인들은 혼자 진동하는 창을 왜 왕궁에 놓아두었을까? 보이지 않는 어떤 것이 뒤에 없다면 그것들은 그저 방패나 도끼, 창에 불과하다. 스파르타인들은 디오스쿠로이 형제를 왜 평행한 두 개의 대들보라고 불렀을까? 그러니까 "성(聖)"의 인류학적 개념에 의해서 후대에 이용되고 왜곡된 대들보에 대해서, 그만 "진짜" 숭배의식이 "원시적으로" 치러졌던 것이다. 그뿐 아니라, 조금 과장하자면 의미까지도 달랐을 것이다. 상징의 지출을 위하여 종교의 합리적 예산을 축소하게 된 셈이다. 그러나 엘리아데는 면밀한 문헌연구 덕분에 중용을 지키고 있다.

엘리아데가 여기에 수집해놓은 전공논문 가운데 두 가지는 어떠한 관념론일지라도 빠져나갈 수 없는 근본적인 상징들을 다루고 있다. 우선 중심의 상징은 삼차원적으로 다채롭게 고찰되었고, 천정(天頂)의 상징은 한 사회의 관심을 끄는 모든 분야와 가치들을 정리하여 조직화할 수 있게 했다. 두번째로 결박의 상징은 생리적, 집단적, 지적인 모든 생활은 관계의 얽힘이라는 사실을 표현한다. 별로 많은 분량은 아니지만, 그 전후관계에 알맞는 수많은 사례를 통해서, 엘리아데는 이 두 테마 위에 수놓여지는 풍부한 변주를 제시하면서 그 통일성을 느낄 수 있게 해준다. 거대한 인도에 국한시킨 시간에 관한 시론은 문헌연구 가운데에서도 백미이다. **칼라**라는 단어는 덧없는 순간을 가리킬 뿐만 아니라, 무한히 순환적인 지속, 운명, 죽음을 가리키기도 한다. 틀이자 내용이고, 개념이자 여러 신과 동화된 신격 그 자체인 시간은 이 강력한 인도의 사유학파들의 주요 노선을 밝혀주기에 적합한 반응체 가운데 하나이다. 간결하면서도 철저히 고증된 탐사의 장(章)에서는 사유학파에 과해졌던 모든 문제들을 탐구하고 해명한다. 외견상으로는 한층 전문적으로 보이는 조개의 상징에 관한 시론은 종교적 상상력을 보여준다. 그러나 종교적 상상력을 통해서 구체성으로 에워싸인 어떤 개념으로부터 시작하는 것이 아니라, 연관성이라는 민감한 극에서 여러 가지의 유사성이 나올 수 있도록 종교적 상상력이 다양한 개념에 결부시켜놓은 물질적 요소로부터 시작한다. 그러므로 이 종교적 상상력은 극적인 사건을 찾아다니는 조역인 셈이다. 끝으로 "상징과 역사"의 장에서는 서양의 살아 있는 대종교들에 대한 한층 뚜렷한 언급과 더불어, 이 책을 비롯한 엘리아데의 저서에 나타난 모든 분석이 왜 그저 순수한 정신의 유희가 아닌지, 왜 개인과 집단의 사고에 균형을 잡아주는 연결점을 발견하게 해주는지를 간결하게 설명한다.

많은 대중이 우리 시대의 가장 독창적인 연구에 대한 이 입문을 읽게 된다는 것은 기쁜 일이 아닐 수 없다. 무엇보다도 이 연구는 이 책의 저자가 작가이자 시인이었고 지금도 그러하다는 점을 결코 잊지 않도록 할 것이다.

조르주 뒤메질

서문

상징체계의 재발견

정신분석학의 놀라운 유행은 몇 가지 키워드를 부상시켰다. 그 이후로 이미지, 상징, 상징체계 등은 통화(通貨)처럼 흔한 것이 되었다. 반면에 "원시적 심성"의 메커니즘에 대한 체계적인 연구는 원시사고에서 상징의 중요성을 밝혀주었을 뿐만 아니라, 모든 전통사회의 생활에서 상징이 차지하던 근본적인 역할도 밝혀주었다. 제1차 세계대전 이후 철학에서 "과학주의"의 초극, 종교적 관심의 부활, 다양한 시적 체험, 특히 초현실주의의 탐구(신비술, 암흑소설, 부조리의 재발견과 더불어)는 여러 차원에서, 각각 다른 성과를 거두면서 인식의 자율적 양상으로서의 상징에 대하여 수많은 대중의 관심을 끌게 되었다. 문제의 이러한 변화는 19세기의 합리주의, 실증주의, 과학주의에 대한 반동의 일부이며, 이미 20세기 전반부를 특징지어주기에 충분한 것이었다. 그러나 다양한 상징체계로의 이러한 전환이 완전히 새로운 "발견", 현대 세계의 공적은 아니다. 현대 세계는 인식의 도구로서의 자격으로 상징을 복구시켰다. 하지만 이것은 유럽에서는 18세기까지도 일반화되어 있던 성향, 더욱이 유럽 이외의 여러 문화권(아시아나 중앙 아메리카의 문화처럼 "역사적" 문화일 수도 있고, 원시적, "미개적" 문화일 수도 있다)에서는 생득적(生得的)인 어떤 성향을 다시 취한 것에 불과하다.

상징이 서유럽에 전파된 것은 역사의 지평에 아시아가 출현한 것과 때를 같이 했다는 점에 주목해야 할 것이다. 쑨원의 혁명과 더불어 시작된 아시아의 출현은 특히 마지막 몇 년 동안에 두드러졌다. 그와 동시에 지금까지는 잠깐씩, 또한 암시적으로만 역사의 주류에 참가하고 있었던 민족학적 집단들(오세아니아인, 아프리카인 등)도 현대사의 큰 흐름에 참가할 준비를 하고 있고, 이미 한창 불이 붙은 상태였다. 역사의 지평을 향한 "이국적", "원시적" 세계의 대두와 유럽에서의 상징적 인식에 대한 취향의 부활 사이에 어떤 인과관계가 있는 것은 아니다. 그러나 이 동시성이 참으로 다행인 것만은 사실이다. 실증주의적이고 물질주의적인 19세기의 유럽이 어떻게 경험주의나 실증주의와는 전혀 다른 사고방식을 예외없이 내세우는 "이국적인" 문화와 더불어 정신적인 대화를 하겠다고 주장할 수 있었는지 놀랍기만 하다. 이국(異國)에서라면 이미지와 상징이 사고의 자리를 차지하여 사고를 전달, 확장시켜주고 있기 때문에, 유럽이라고 이미지와 상징 앞에서 마비된 채로 있지는 않으리라는 희망을 가져보는 이유도 바로 거기에 있다. 현대 유럽의 모든 정신성 가운데 오로지 두 개의 메시지만이, 즉 기독교와 공산주의만이 **실제적으로** 유럽 이외의 세계의 관심을 끌 수 있다는 점은 참으로 놀랍다. 이 둘 다 서로 다른 방식으로, 명백히 상호대립되는 차원에서 구제론, 구원의 교리가 되며, 따라서 유럽을 제외한 인류의 규모에 맞추어 "상징"과 "신화"

를 혼합한다.¹⁾ 유럽인이 더 이상 **역사를 만드는** 유일한 민족이 아니게 되었던 그 순간, 또 유럽 문화가 불모의 지역주의 속에 고립되지 않기 위해서 다른 인식방법, 다른 가치기준을 고려해야만 할 그런 순간에, 다행스럽게도 시간적 일치에 의해서 서유럽은 상징의 인식적 가치를 재발견하게 되었다. 그와 같은 관점에서 본다면, 비이성적인 것, 무의식, 상징, 시적 체험, 이국적 예술, 비구상 등과 관련된 계속적인 발견과 유행은 모두 간접적으로 서양에 입수되어 비(非)유럽적 가치에 대한 한층 생생하고도 깊은 이해를 준비시켜주었던 셈이고, 결국에는 비유럽 민족과의 대화를 촉진시켜준 셈이다. 지난 30여년간 민족학이 실현해놓은 엄청난 진보를 추정하려면, 자신의 "대상" 앞에 선 19세기 민족학자의 태도와 그의 연구 결과를 생각해보는 것으로 충분하다. 오늘날의 민족학자는 원시적 사고에서 상징체계의 중요성과 더불어, 그 내재적 논리의 일관성, 그 타당성, 사변상의 호방함, 그 "기품"을 파악하고 있다.

그뿐만이 아니다. 오늘날 사람들은 19세기가 예감조차 하지 못했던 것을 이해하기 시작했다. 즉, 상징, 신화, 이미지가 정신적 삶의 본질을 이룬다는 사실, 이것들을 은폐하고 훼손하고 가치를 하락시킬 수는 있어도 결코 근절시킬 수는 없을 것이라는 사실이 그것이다. 19세기를 통해서 위대한 신화가 존속하고 있었던 것은 연구해볼 가치가 있을 것이다. 보잘것없이 축소되고 끊임없이 깃발을 바꾸어 달 수밖에 없었던 신화들이 특히 문학에 의해서 어떻게 이 동면(冬眠)을 견뎌냈는지를 알 수 있을 것이다.²⁾ 그런 식으로 지상낙원의 신화가 "오세아니아의 낙원"으로 각색된 형태로 오늘날까지 존속되었다. 즉, 150년 전부터 유럽의 모든 위대한 문학은 온갖 지복의 은신처로서 대서양에 있는 낙원 같은 섬들을 찬양해왔다. 하지만 현실은 아주 달라서, "밋밋하고 단조로운 풍경, 건강에 나쁜 기후, 뚱뚱하고 못생긴 여자들"이 그곳에 있었다. 이 "오세아니아의 낙원"도 지리적인 혹은 여타의 "현실"로부터 시련을 받고 있었던 것이다. 객관적 현실은 "오세아니아의 낙원"과 아무 관계도 없었던 셈이다. 다만 "오세아니아의 낙원"은 신화적 차원에 속하던 것으로, 실증주의와 과학주의에 의해서 억제된 낙원의 이미지를 받아들여 동화시키고 재순응시킨 것이었다. 크리스토퍼 콜럼버스도 믿고 있었던 지상낙원(그는 자신이 지상낙원을 발견하리라고는 생각하지 않았다)은 19세기에 와서 오세아니아의 섬이 되었지만, 인간 심리의 구조 속에서 작용하는 그 기능은 그대로였다. 즉, 그 "섬"에서, 그 "낙원"에서, 존재는 시간과 역사 밖에서 전개되었고, 인간은 행복하고 자유롭고 아무 제약이 없었으며, 살기 위해서 일할 필요가 없었다. 여자들은 아름답고 영원히 젊으며, 어떤 법도 여자들의 사랑을 압박하지 않았다. 그 먼 섬에서는 나체까지도 형이상학적 의미, 즉 완전한 인간의 조건, 타락 이전의 아담의 조건을 되찾았다.[3] 지리적 "현실"이 이런 낙원의 풍경과 어긋날 수도 있었을 것이고, 뚱뚱하고 못생긴 여자들이 여행자 앞을 줄지어 걸어갈 수도 있었을 것이다. 그러나 사람들은 그런 것은 보지 않았다. 모두 자신들이 지니고 있던 이미지만을 보았던 것이다.

상징체계와 정신분석

 상징적 사고는 아이들, 시인, 정신착란증 환자만의 독점적 영역이 아니다. 상징적 사고는 인간 존재와 공존하며, 언어와 추론적 이성에 선행한다. 상징은 다른 인식 수단으로는 전혀 포착할 수 없는 현실의 어떤 심오한 양상들을 밝혀준다. 이미지, 상징, 신화는 마음이 아무렇게나 만들어놓은 창조물이 아니다. 이것들은 어떤 필요성에 응하고 있으며, 어떤 기능을 다하고 있다. 그 기능은 존재의 가장 내밀한 양상을 숨김없이 드러내주는 데에 있다. 따라서, 이미지, 상징, 신화에 대한 연구는 우리로 하여금 역사의 여러 조건과 아직 타협하지 않은 "생긴 그대로의 인간"을 한층 잘 이해할 수 있게 해준다. 역사적 존재는 모두 역사 이전 인류의 많은 부분을 자신 속에 품고 있다. 이 점은 실증주의가 한창 혹심하던 시기에도 사람들이 결코 잊은 적이 없는 사실이다. 인간은 그 형제인 동물과 똑같이 본능에 의해서 규정되고 지배받는 "동물"이라는 것을 실증주의자보다 더 잘 아는 사람이 어디에 있었겠는가? 이것은 정확하게 확증된 사실이기는 하지만, 기준이 배제된 불완전한 검증이다. 모든 인간 존재의 비역사적 부분은 19세기에 생각했던 것처럼 동물계, 즉 "생명" 속에서 소멸되어가는 것이 아니라, 둘로 갈라져서 생명 위에 높이 **솟아 있다**는 것을 오늘날 알아차리기 시작했다. 인간 존재의 이 비역사적 부분은 한층 풍요롭고 완벽하며 거의 지복의 상태라고 할 수 있는 존재에 대한 기억의 각인을 메달처럼 지닌다. 오늘날의 서양인에게처럼, 역사적으로 조건 지어진 존재에게 자신의 비역사적 부분이 밀려들어온다고 해서(이런 일은 생각보다 훨씬 자주, 훨씬 근본적으로 일어난다), 이것이 꼭 인류의 동물적 단계로 역행하기 위한 것, 유기적 생명의 가장 깊숙한 근원으로 되내려가기 위한 것은 아니다. 그는 자신이 사용한 이미지와 상징에 의해서 수없이 원초적 인간의 낙원 단계로 복귀한다(원초적 인간의 구체적 존재가 어떤 것이었는지는 중요하지 않다. 왜냐하면 이 "원초적 인간"이란 어떠한 인간 존재에게라도 완전히 실현되기가 불가능한 원형임이 확인되었기 때문이다). 인간은 자신의 역사성에서 벗어날 때, 인간 존재로서의 자격을 포기하고 "동물성" 속에서 소멸된다. 그는 언어를, 때로는 "실락원"의 체험을 발견한다. 꿈, 백일몽, 그의 노스탤지어, 욕망, 열광의 이미지 등은 역사적으로 조건 지어진 인간 존재를 그의 "역사적 순간"의 폐쇄된 세계보다 훨씬 풍부한 정신 세계로 이끌어가는 힘이다.

초현실주의자들의 말에 따르면, 모든 사람은 시인이 될 수 있다. 자동기술법에 몸을 맡길 줄만 알면 된다는 것이다. 이 작시 기법은 정상적인 심리학을 완전하게 입증해준다. "무의식"은 의식적 생활보다 훨씬 더 "시적"이다(또한 훨씬 더 "철학적"이고 "신화적"이라고도 덧붙이고 싶다). 신화적인 대(大)주제들을 체험하기 위해서 꼭 신화를 알 필요는 없다. 심리학자들은 "백일몽"이나 환자의 꿈에서 정말 아름다운 신화들을 발견하곤 하기 때문에 그 점을 잘 알고 있다. 무의식 속에는 괴물만 출몰하는 것이 아니라, 신, 여신, 영웅, 요정도 살고 있다. 하기야 무의식 속의 괴물도 신화적이기는 하다. 신화체계 속에서의 기능과 똑같은 기능을 계속

담당하고 있고, 마지막에는 인간이 해방되고 통과의례를 완수하도록 도와주기 때문이다.

프로이트와 그 직계 제자들의 노골적인 언어는 간혹 사려 깊은 독자들을 자극하곤 했다. 사실 언어상의 이러한 노골성은 오해에서 온 것이다. 독자들을 성나게 했던 것은 있는 그대로의 성(性)이 아니라, "순수한 성"에 관해서 프로이트가 쌓아올린 관념체계였다. 사명감에 도취된 프로이트(그는 스스로를 위대한 각성자라고 생각했으나, 사실 그는 마지막 실증주의자에 불과했다)는 성이 결코 "순수"한 적이 없었고, 어디에서나 항상 다가적(多價的) 기능을 가지고 있었고, 그 가운데 최고의 가치는 우주론적 기능이었다는 점을 이해하지 못했다. 또 성은 현대 세계를 제외하면 어디에서나 항상 하나의 신성현현(神聖顯現)이었고 성행위는 완전한 행위(따라서 인식 수단이었기도 하다)였기 때문에, 심리적 상황을 성적인 어휘로 표현한다고 해서 전혀 그것을 모욕하는 것이 아니라는 것도 이해할 수 없었다.

남자아이가 어머니에 대해서 느끼는 매력 그리고 그 필연적 귀결인 오이디푸스 콤플렉스는 그것들이 마땅히 **이미지로서** 제시되지 않고, **있는 그대로** 해석되는 경우에 한해서 "충격적"이다. 실제로 문제가 되는 것은 어머니의 이미지이지, 프로이트가 말한 대로 **여기, 지금**의 어떤 어머니가 아닌 것이다. 어머니의 이미지만이 어머니의 실재성과 우주론적, 인류학적, 심리학적 기능을 **드러내줄 수 있다.**[4] 이미지를 구체적 표현으로 "바꾸는 것"은 의미 없는 행동이다. 물론 이미지는 프로이트가 명백하게 설명한 "구체적인 것"에 대한 모든 암시를 포괄하기는 하지만, 이미지가 의미하고자 하는 실체는 "구체적인 것"에 대한 그러한 관계만으로 규명되지 못한다. 이미지의 "기원"은 부질없는 문제이다. 마치 기하학의 "역사적 발견"은 이집트인들의 델타 지대 운하공사를 위한 작업에서 나온 것이라는 구실로 수학적 "진리"를 인정하지 않는 것이나 마찬가지이다.

철학적으로 볼 때, 이미지의 "기원"과 "진정한 해석"의 문제는 무의미한 것이다. 직접적이고 "구체적인" 차원에서 해석된 어머니에 대한 애착(자신의 어머니를 소유하려는 욕망)은 **어머니라는 단어가 지칭하는 것 이상으로는 아무 의미도 없다**. 반대로 이것이 어머니의 이미지의 문제라는 점을 고려하면, 이 욕망은 많은 것들을 동시에 의미하게 된다. 이 욕망은 우주론적, 인류학적 등 수많은 발전 방향의 가능성을 지닌, 아직 "형성"되지 않은 살아 있는 물질에 대한 자기만족을 회복하려는 욕구이자, "물질"이 "정신"에게 행하는 매혹이자, 원초적 통일성에의 노스탤지어, 즉 대립과 양극성을 소멸시키려는 욕구이다. 그런데, 이미 언급했고 또 후에 다시 지적하게 될 것이지만, 이미지는 그 구조 자체상 **다가적**이다. 사물의 궁극적 실재를 포착하기 위해서 정신이 이미지를 이용하는 이유는 바로 이 실재가 개념에 의해서 표현되지 못하고 모순되는 방식으로 표명되기 때문이다(서양과 동양의 각종 신학과 형이상학은 이미지와 상징에 의해서 쉽고도 풍부하게 표현되는 **대립의 일치**라는 존재 양상을 개념적으로 표현해보려고 필사적으로 노력했다). 따라서 의미작용의 집합으로서의 이미지 그 자체가 **진실**한 것이지, 이 **의미작용 가운데 어느 하나, 또는 관계되는 수많은 차원 중의 어느 하나**가 진실한 것은 아니다. 하나의 이미지를 한 가지 관계와 맺어줌으로써 구체적인 한 개의 용어로 해석하는 것은 이미지를 훼손시키는 것보다 오히려 더 나쁜 일이며, 인식의 도구로서의 이미지를 절멸시키고 폐기시키는 일이다.

어떤 경우에는 마음이 이미지를 "구체적 영역"이라는 한 가지 관계에 고정시킬 수도 있다는 것을 우리도 안다. 그러나 그것은 이미 심적 불균형의 증거이다. 어머니의 이미지가 자신의 어머니에 대한 근친상간적 욕망일 경우도 물론 있다. 그러나 심리학자라면 모두 한 가지 상징에 대한 이러한 성적 해석에서 정신적 위기의 징후를 읽게 된다. 이미지의 변증법이라는 차원에서 보면, 일체의 배타적인 축소는 비정상적이다. 종교사에는 상징에 대한 일방적인 해석, 따라서 비정상적인 해석이 넘친다. 위대한 종교적인 상징치고 그 역사가 수많은 "실추"의 비극적 연속이 아니었던 것은 단 하나도 찾아볼 수 없을 것이다. 기괴한 이교(異教), 지옥의 향연, 종교적 잔혹함, 광기, 종교-주술적 부조리와 비상식 같은 것들이 하나같이 웅장한 상징체계의 잘못된 —— 부분적이고 불완전하기 때문에 —— 해석에 의해서 그 원리 자체가 정당화되기도 했다.[5]

이미지의 영속성

현대인에게 풍부한 신화 그리고 "의식적" 생활보다 우월한 정신적 품성이 잠재의식 속에 존속하고 있다는 것을 증명하기 위해서, 심층심리학의 발견이나 초현실주의의 자동기술법을 굳이 개입시킬 필요까지는 없다. 시인이나 발작상태의 심리작용을 끌어오지 않아도 이미지와 상징의 현존성과 힘을 확인할 수 있다. 가장 보잘것없는 존재에도 상징이 가득하고, 가장 "현실주의적인" 사람일지라도 이미지로 살아간다. 앞으로도 충분히 밝히게 되겠지만, 다시 말해서 상징은 심리적 **현실**에서 결코 사라지지 않는다. 외관은 바뀔 수 있지만, 기능은 언제나 그대로이다. 새 가면을 걸어올리기만 하면 된다.

가장 천박한 "노스탤지어"라도 "낙원의 노스탤지어"를 감추고 있다. 책과 영화에 자주 등장하는 "오세아니아의 낙원"의 이미지를 앞에서 언급했다(누가 영화를 "꿈의 제조공장"이라고 불렀던가?). 또 어떤 음악, 주로 가장 통속적인 로맨스 풍의 음악에 의해서 갑작스레 드러나는 이미지에 대해서도 분석해볼 수 있다. 그러면 이 이미지들이 원형으로 변형되고, 신화화된 과거에 대한 향수를 고백하고 있다는 것, 이 "과거"는 사라진 시간에 대한 회한 이외에도 수많은 다른 의미를 포함하고 있다는 것을 확인하게 될 것이다. 이 과거는 존재할 수도 있었지만 그렇게 되지 못한 모든 것, 다른 존재로 머물러 있기를 포기해야만 **존재**할 수 있는 모든 존재의 슬픔, 로맨스 풍의 음악이 환기하는 풍경과 시절(지방색이나 역사가 어떠한 것이든 상관없이, "좋았던 옛 시절", 발랄라이카 선율의 러시아, 낭만적인 동양, 영화 속의 아이티, 미국의 백만장자, 이국의 왕자 등)에 살지 못하는 회한 그리고 현재 순간과는 **완전히 다른** 어떤 것, 다가갈 수 없는 어떤 것, 완전히 잃어버린 어떤 것, 즉 "낙원"에의 희구를 표현하고 있다.

"낙원의 노스탤지어"의 이미지에서 중요한 것은 언어로 표현할 수 있는 것 이상으로 이미지는 자신이 체험한 이 주제에 대해서 말해준다는 점이다. 사실 대부분의 사람들은 이 이미지에 대해서 이야기하지 못할 것이다. 덜 똑똑하기 때문이 아니라, 우리의 분석적 언어에 대해서 별로 중요성을 부여하고 있지 않기 때문이다. 그렇지만 이러한 이미지들은 분석적 언어보다 훨씬 유효하고 확실하게 사람들에게 다가간다. 만약 인류 사이에 전체적 연대성이 존재한다면, 사실상 그 연대성은 이미지의 차원에서만 감지될 수 있고 "유효"할 수 있다(여기에서 이미지의 차원이라는 말 대신에 잠재의식의 차원이라고 말하지는 않겠다. 초의식이 존재하지 않는다는 것을 입증해주는 것은 아무것도 없기 때문이다).

사람들은 이런 "노스탤지어"에 대해서 충분히 주의를 기울이지 않았다. 의미 없는 심리적 파편일 뿐이라고 생각했기 때문이다. 사람들은 이것이 심리적 회피의 형태에 관한 조사에서나 흥미를 끌 만한 것이라고 믿었다. 그러나 사실 이 노스탤지어는 간혹 인간의 상황 자체를 끌어안는 의미작용을 가지기 때문에, 철학자와 신학자에게 절실히 요구되는 것이다. 그런데도 사람들은 이것을 그리 진지하게 받아들이지 않고 "하찮은" 것이라고 생각했다. 아코디온 소리에서 막 흘러나온 실락원의 이미지라니, 이 무슨 연구의 명예를 손상시키는 주제란 말인가? 이런 생각은 현대인의 생활이 반쯤 잊혀진 신화들, 실추된 신성현현들, 왜곡된 상징들로 가득하다는 사실을 망각한 소치이다. 현대의 끊임없는 비신성화 현상은 정신생활의 내용을 변질시켰지만, 그 상상력의 모태는 파괴하지 못했다. 신화의 찌꺼기들이 통제되지 않는 영역 속에 살아남아 있었던 것이다.

더욱이, 현대인의 의식 가운데 가장 "고귀"한 부분이라도 보통 생각하는 것만큼은 그리 "정신적"이지 못하다. 간단명료하게 분석해보면, 책에서 얻어온 무슨 레미니선스(reminiscence : 잠재적 기억/역주)나 온갖 다양한 편견들(종교적, 도덕적, 사회적, 미적 등), "인생의 의미"나 "궁극적 현실"에 대한 고정관념 등이 의식의 "고귀"하고 "고상"한 영역 속에 들어 있다는 것이 밝혀질 것이다. 실락원의 신화나 완전한 인간의 이미지, 여성과 사랑의 신비 등이 거기에서 어떻게 바뀌어졌는지 굳이 알아보려고 하지 말기 바란다. 이 모든 것들은 이루 말할 수 없이 세속화되고 타락하고 왜곡되어, 존재의 가장 비속한 반(半)의식적 흐름 속에서, 가령 백일몽이라든가 우수, 의식이 한가한 틈(거리에서, 전철에서)을 탄 이미지의 자유로운 유희, 모든 종류의 오락이나 놀이 같은 것들 속에서 발견된다. 신화적 보물이 "속화"되고 "현대화"되어 거기에 존재하고 있는 것이다. 프로이트가 보여준 것처럼 성적인 현실에 대한 지나치게 노골적인 암시 때문에 일어나는 일이 이런 이미지에서 생기는 경우도 있다. 즉 이 이미지들이 "형태"로 변화되는 것이다. 이미지들은 자기들이 존속하고 있다는 것을 확고히 하기 위해서 "친밀한" 모습을 띠게 된다.

그렇다고 해서 이들의 중요성이 줄어든 것은 아니다. 타락된 이미지들일지라도 현대인의 정신적 갱신의 출발점을 제시하기 때문이다. 현대인의 가장 "평범한" 생활 속에 숨어 있는 신학, 아니면 신화를 재발견하는 일이 가장 중요하다. 흐름에 역행해서, 이 모든 퇴색된 이미지와 타락한 상징의 심오한 의미작용을 재발견하는 것은 현대인 자신에게 달려 있다. 이 폐물이 더 이상 현대인의 관심을 끌지 못한다고, 또 이것이 19세기에 의해서 다행히도 청산

된 "미신의 과거"에 속한다고, 시인이나 아이들, 이미지와 노스탤지어를 만끽하는 지하철의 사람들에게나 알맞는 것이라고 말하지 말기를. 오히려 착실한 사람들이 사색하고 "역사를 만들 수 있도록" 제발 내버려두기 바란다. "생활에서의 착실함"과 "꿈"을 분리시키는 것은 현실에 맞지 않는다. 현대인은 신화와 신학을 마음대로 무시하지만, 그래도 그들은 실추된 신화와 타락된 이미지를 계속 마음의 양식으로 삼고 있다. 현대 세계에서 최악의 역사적 위기 —— 제2차 세계대전과 과거에 예속된 모든 것들 —— 는 신화와 상징을 근절시킨다는 것이 환상에 불과하다는 점을 충분히 보여주었다. 가장 절망적인 "역사적 상황(스탈린그라드의 참호, 나치스와 소련의 집단수용소)" 속에서도, 남녀를 불문하고 로맨스풍의 음악을 노래했고 이야기에 귀를 기울였다(심지어는 노래와 이야기를 즐길 수 있도록 보잘것없는 식량의 일부를 희생하기까지 했다). 이런 이야기들은 신화를 중계해주는 셈이었고, 로맨스풍의 음악에는 "노스탤지어"가 듬뿍 담겨 있었다. **상상력**이라고 불리는, 인간의 본질적이고 절대적인 이 부분은 상징체계 속에 깊이 몸을 담그고 있으며, 원시의 신화와 신학으로 살아간다.[6]

현대인이 지니고 있는 이미지라는 이 값비싼 보물을 되살아나게 하는 것은 현대인 자신의 몫이다. 이미지를 되살림으로써, 순수한 상태의 이미지를 관조할 수 있고 그들의 메시지를 흡수할 수 있다. 민간 속담에서는 개인의 건강, 내적 생활의 균형과 풍요를 위해서 상상력이 중요하다는 것을 자주 말해왔다. 현대에 사용되는 몇 가지 표현을 통해서 보면, "상상력이 결여된" 사람을 편협하고 옹졸하고 서글프고 불행한 사람이라고 동정하고 있다. 융을

필두로 하는 심리학자들은 현대 세계의 비극적 사건들이 상상력의 빈곤화에 의해서 대부분 유발되는 개인적이고 집단적 심리의 심각한 불균형에서 파생된다는 것을 보여주었다. "상상력을 가지고 있다"는 것은 내적 풍요, 이미지의 자발적인 부단한 흐름을 향유한다는 것이다. 그러나 이 자발성은 임의적인 의도를 말하는 것이 아니다. 어원적으로 보면, 상상력은 **이마고(imago)**, 즉 "표상, 모방"과 **이미토르(imitor)**, 즉 "모방하다, 재생하다"와 깊은 관련을 맺고 있다. 이 경우 어원에는 심리적 현실뿐만 아니라 정신적 진리가 반영되어 있다. 상상력은 규범적 모델 —— 이미지 —— 을 **모방**하고 재생시키고 재현실화시키고 무한히 반복한다. 상상력을 가진다는 것은 세계를 그 전체성 속에서 바라본다는 뜻이다. 개념에 저항하는 모든 것을 **지시해주는 것**이 이미지의 힘이자 사명이다. 그렇게 보면 "상상력이 결여된" 사람의 불행과 몰락이 설명된다. 그는 인생과 자신의 영혼의 심오한 현실과 단절되어 있는 것이다.

　이런 원리들을 상기시킴으로써, 우리는 상징체계에 관한 연구가 순수한 고증학적 작업이 아니라, 비록 간접적이기는 해도 인간에 대한 인식에 관심을 가지고 있다는 점, 요컨대 새로운 인문주의나 새로운 인류학을 언급할 수 있는 자리에 있다는 점을 말하고 싶었다. 물론 상징체계에 대한 이런 연구는 공동작업으로 이루어질 때라야 진정으로 유효해질 수 있을 것이다. 소설의 미학, 심리학, 철학적 인류학은 마땅히 종교사, 민족학, 민속학의 성과를 고려했어야 했다. 우리가 이 책을 출판하게 된 것은 특히 심리학자와 문학비평가를 위한 것이었다고 할 수 있다. 그 누구보다도 종교사가는 상징에 대한 인식을 진전시킬 자격을 갖추고 있다. 종교사가의 참고 자료는 심리학자나 문학비평가의 것보다 훨씬 완벽하고 통일성이 있다. 상징적 사고의 근원에서 인용해온 것이기 때문이다. "원형"을 발견할 수 있는 것도 바로 종교사이다. 심리학자나 문학비평가가 관계하고 있는 원형은 그저 유사한 변화형일 따름이다.

이 책의 구성

처음 네 개의 장은 각각 다른 시기에, 다양한 독자들을 위해서 쓰였다.[7] 제1장과 제2장은 주(註)를 최소화했다. 여기에서 사용된 참고 자료들은 출판된 나의 다른 저서와 다른 연구자들의 저서에서 이미 다루어진 것이기 때문이다. 반면에 제3장과 제4장에는 주와 참조가 제법 많이 있다. 거기에 모아놓은 자료만으로도 우리가 제시한 해석과는 별도로 유용한 전공논문을 만들 수 있을 것이다. 객관적 결론의 역할을 하는 마지막 장에도 요약된 참고 자료를 덧붙여놓았다. 참고 문헌을 세심하게 배려하면서 극도로 간결하게 설명하기에는 주제 자체가 너무 광범위했다.

마지막 장을 제외한 나머지 연구들은 이 책을 만들 목적으로 행해진 것들이 아니었다. 그럼에도 불구하고, 이 책의 저자의 입장에서 보면, 각각의 연구는 종교적 상징의 구조라는 동일한 한 가지 문제에 대해서 응답해주고 있었다. 각각 고찰방법이 다르기는 해도, 각 장은 한 가지 상징체계와 상징군을 제시하고 있다. 제1장에서 연구한 "중심"의 상징체계는 이전의 연구성과를 연장하고 있는데, "역사"가 얽히는 것은 고려하지 않은 종합적인 설명이다.

이 장의 첫번째 부분은 상징을 이와 같이 포괄적으로 제시하는 데에 대한 타당성의 문제를 제기하면서 심리학과 종교사의 관계를 간략하게 그리고 있다.

제2장은 고대 인도에서의 시간과 "시간으로부터의 이탈"의 상징을 분석한다. 제3장은 상호보완적인 두 가지 차원에서 매듭의 상징에 접근한다. 우선 이 장은 인도-유럽어족의 경우에 초점을 맞춘 다음, 조르주 뒤메질의 연구를 원용하여 이 자료들을 다른 원시문화에 대응하는 상징들과 비교하고 있다. 역사적 조사와 형태론적 분석의 이점 및 한계를 측정해볼 수 있는 것이 바로 이 장이고, 또한 상호보완적인 이 두 방법론을 연속적으로 사용해야할 필요성을 한층 확실하게 이해할 수 있는 것도 바로 이 장이다. 상호연계된 일군(一群)의 상징(달-물-수태 등)에 바쳐진 제4장은 구조를 밝혀주는 형태론적 유형의 묘사로 구성된다. 마지막 장에서는 주술적-종교적 상징체계의 체계적 통합을 위해서 여러 관점에서 이루어진 모든 조사의 결과를 제시하고 있다.

심리학자라면 처음 두 장과 마지막 장에 특히 관심이 갈 것이다. 성급한 독자라면 제3장과 제4장의 전체적 분석과 참조를 읽지 않아도 좋다. 우리는 거기에 딸린 주들을 없애는 것이 적절하다고는 판단하지 않았다. 상징체계 연구에 따르는 위험은 성급한 일반화이다. 문외한들은 눈앞에 다가온 최초의 자료들로 만족하고 과감하게 상징체계에 대한 "일반적" 해석을 내리는 경향이 있다. 우리는 사물이 실제로는 얼마나 뉘앙스로 가득하고 복합한가를 강조하기 위해서 상징분석에서 최소한 두 개의 견본을 제시했다. 한편으로 심리학자, 문학비평가, 철학자들에게 풍부한 참고자료를 공급해줌으로써, 필요하다면 그들의 목적을 위해서 활용할 수 있도록 했다. 심리학 서적이나 문학비평서에서 종교적 고증이 불충분하다못해 잘못된 경우를 심심찮게 만날 수 있다. 그들이 인용한 참고 문헌은 대부분의 경우 비판적 감각이 결여된 아마추어의 것이거나 고립된 "이론가"의 것이기 십상이다.[8] 비전문가들은 자신들이 민족학자나 종교사가를 대신할 수 없다고, 장시간을 요하는 연구를 할 방법도 여유도 없다고, 그래서 손에 잡히는 "개설서"로 만족하는 수밖에 없는 것이 아니냐고 당연히 대답할 것이다. 그런데 대부분의 경우, 비전문가들은 몹시 "하잘것없는 개설서"를 만나게 된다는 점이 불행이다. 그리고 어쩌다가 좋은 기회가 있어도, 대개는 잘못 읽거나 너무 빨리 읽어버리고 만다.

바로 그런 이유 때문에, 우리는 참고 문헌을 없애보고 싶은 생각을 억제했다. 아마도 비전문가 가운데 어떤 사람들은 일반적인 독자적 설명을 제시할 생각을 품고 있는 딜레탕트나 "이론가"들의 낡아빠진 한심한 노작을 양식으로 삼기보다는, 민족학과 종교사의 저작들을 개인적으로 접촉하고 싶은 필요를 느낄 것이다. 심리학 문헌, 특히 정신분석적인 저작은 독자들을 개인적 "사례"에 대한 장황한 보고에 익숙해지게 만들었다. 어떤 환자의 꿈이나 백일몽을 상세히 설명하는 데 책 한 권을 모두 바치는 것이다. 영국에서는 단 한 사람의 "꿈의 신화"에 대해서 700여 페이지에 달하는 책을 출판한 적도 있다. 심리학자들은 모든 개별적 "사례"에 대한 **누락 없는** 보고가 정말 필요하다고 입을 모으며, 불가피하게 삭제해야 할 경우가 있다면 항상 마지못해서 그렇게 한 것이다. 그들의 이상은 완전한 사건기록의 출간인 것 같다. 하물며 상징체계에 연구에 대해서도 그들은 똑같이 처리하지 않을 수 없다. 큰 윤곽을 잡아 상징체계를 제시해야 하며, 거기에 그 뉘앙스, 변화, 망설임까지 집어넣어야만 할 것이다.

여기에서 가장 곤란한 중심문제는 물론 해석의 문제이다. 원칙적으로 해석학의 타당성 여부의 문제는 항상 제기될 수 있다. 다양한 재편성에 의해서, 명백한 주장(문헌, 의례, 형상이 새겨진 기념물)과 모호한 암시를 통해서 어떤 상징이 "의미"하고 있는 바를 증거에 입각해서 증명해볼 수 있다. 그러나 다른 방식으로 문제를 제기할 수도 있다. 즉 상징을 사용하는 사람들이 그 이론적인 함축을 모두 이해하는 것일까? 예를 들면 우주목의 상징을 연구하면서 이 나무가 "세계의 중심"에 있다고 말하는데, 이런 우주목을 아는 사회에 소속된 개개인들이 과연 모두 "중심"의 종합적 상징을 의식하고 있는 것일까? 그러나 인식의 형태로서의 상징의 유효성은 어떤 개인의 이해 정도에 좌우되지 않는다. 문헌이나 기념물들을 보면, 적어도 원시사회의 몇몇 사람들에게 "중심"의 상징이 전체적으로 투명하게 인식되었다는 점이 충분히 입증된다. 사회의 나머지 구성원들은 상징에 "참여"하는 것만으로 만족했다. 그런데 이 참여의 한계를 규정하기가 어렵다. 불확정한 수의 요소들이 어떻게 변화하는가에 따라서 참여의 한계도 변화하기 때문이다. 다만 상징의 **현실화**가 기계적이 아니라는 사실만 말할 수 있다. 상징의 현실화는 사회생활의 긴장과 교체, 궁극적으로는 우주의 리듬과 관계를 맺고 있다.

그러나 상징체계가 존속하면서 온갖 상실과 일탈을 **체험**하기는 해도, 그 해석상의 유효성은 파괴되지 않는다. 다른 현실 영역에서 한 예를 들어보겠다. 「신곡 La Divina Commedia」의 상징체계를 판별하는 데 있어서, 지구상에 퍼져 있는 수백만 명의 독자들이 이 어려운 책을 읽으면서 무엇을 이해하는지, 또 단테 자신이 이 책을 쓰면서 무엇을 느끼고 생각했는지를 물어보는 것이 필수적일까? 좀더 자유분방한 시 작품의 문제, 즉 독일 낭만파의 작품처럼 "영감"에 직접 의존하는 작품의 문제라면, 작품 속에 내포되어 있는 상징체계를 해석하기 위해서 작가가 자신의 창작에 대해서 무엇을 생각했는지를 고려할 권리조차도 없다. 대부분의 경우 작가들이 자신의 작품의 의미를 알지 못하는 것이 사실이다. 상징에 대해서 전혀 모르는 "사실주의" 작가의 작품에서 원시적 상징체계가 무의식적으로 나타나는 경우도 있다.

더구나 상징체계의 해석학의 정당한 한계가 어디까지인가를 둘러싼 이러한 논쟁은 헛될 뿐이다. 사람들은 신화가 타락하고 상징이 세속화되는 것을 보아왔지만, 그래도 이것들은 19세기라는 가장 실증적인 문명에서조차도 결코 사라지지 않았다. 상징과 신화는 너무도 먼 곳에서 왔다. 상징과 신화는 인간 존재의 일부분이기 때문에, 우주 속에 있는 그 어떤 인간의 실존적 상황 속에서라도 이것들을 발견하지 못한다는 것은 불가능하다.

이 자리를 빌어, 제3장의 초고를 기꺼이 읽고 교정해준 나의 스승이자 친구인 조르주 뒤메질과, 특히 나머지 원고를 교정해준 나의 친구 장 구이야르 박사에게 다시 한번 감사하고 싶다.

1952년 5월 파리에서

제1장 "중심"의 상징

심리학과 종교사

 세상의 많은 사람들은 종교사가라는 직업을 부러워한다. 온갖 종교의 심오한 신비를 넘나들고, 상징과 비의(秘儀)와 더불어 살아가면서 여러 나라의 신화를 읽고 이해하는 일보다 더 고상하고 풍요로운 직업이 어디 있을까. 사람들은 흔히 종교사가는 집에 앉아서 그리스와 이집트의 신화, 부처의 법구, 도교의 교리, 고대 사회의 통과의례에 두루 빠져 있을 것이라고 상상한다. 물론 종교사가가 진리의 문제에 마음을 쏟고, 자신에게 제기된 수많은 사실들 가운데에서 극도로 숭고한 상징과 복잡하고 고결한 신화를 해독하는 데에 골몰할 것이라고 상상하는 것이 아주 틀린 것만은 아니다. 하지만 실제 상황은 전혀 다르다. 많은 종교사가들은 각각의 전문 분야에 빠져 있는 나머지, 그리스나 이집트의 신화라든가, 부처의 법구, 도교적이거나 샤먼적인 기법 같은 부분에 대해서는 이 방면의 독서로 길을 닦은 비전문가에 비해서 오히려 훨씬 아는 바가 적다. 종교사가들 가운데 대부분은 종교사라는 어마어마한 영역 중에서 극히 작은 한 분야에만 정통할 따름이다. 불행하게도, 보잘것없기만한 이 한 분야마저도 대부분 텍스트의 해독, 교정, 번역이라든가 연대표 작성, 영향 연구, 역사적 모노그래프, 유물 목록 등 피상적으로 연구될 뿐이다. 이렇게 극히 제한된 주제에 갇혀 있다 보면, 종교사가는 청년기에 꿈꾸던 아름답기 그지없는 정신적 편력을 그만 학문적 성실함에의 의무에 희생시켜버렸다는 느낌을 문득 가지게 되기도 한다.

그런데 연구에 있어서의 과도한 학문적 엄밀성이 결국 교양 있는 대중을 그것과 멀어지게 하고 말았다. 극히 일부를 제외하고 대부분의 종교사가들은 자신의 동료라든가 제자 등 한정된 동아리의 연구논문 이외에는 읽지를 않았다. 이제 대중들은 종교사가의 저술을 읽지 않는다. 지나치게 전문적이어서일 수도 있고, 따분해서 일수도 있지만, 어쨌든 이들 저술에 대해서 정신적인 관심이라고는 전혀 보이지 않고 있다. 가령 예를 들면, 제임스 프레이저 경이 그랬듯이, 원시사회의 인간들이 생각하고 상상하고 바라던 바들을 장장 2만여 페이지에 걸쳐서 반복하고 또 반복한 나머지, 원시 신화와 의례, 신들과 종교적 체험은 그만 비상식, 잔혹함, 미신덩어리, 인류의 이성적 진보에 의해서 다행히도 폐기된 그런 것이 되고 말았다. 하도 똑같은 것만을 듣게 됨으로써 대중은 결국 납득당하기는 했지만, 종교사의 객관적 연구에 대한 관심은 끊어지고 만 것이다. 일부 대중은 피라미드의 불가사의, 요가의 기적, "태초의 계시", 아틀란티스 대륙 등에 관한 매우 잘못된 책을 읽음으로써 호기심을 충족시켜보기도 한다. 요컨대 이들이 관심을 가지는 것은 딜레탕트, 신(新)심령주의자, 가짜 신비학자의 엽기 문학일 따름이다.

이 책임은 어느 정도 우리 종교사가들에게 있다. 우리가 **객관성**

이라고 부르는 것이 우리 시대의 사고방식에 준하고 있다는 사실을 늘 납득하지 못한 채, 종교의 **객관적** 역사를 무턱대고 제시하려고 했던 것이다. 약 1세기 전부터 우리는 종교사를 자율적 학문으로 세워보려고 노력했으나 이루지를 못했다. 알다시피 종교사는 인류학, 민족학, 사회학, 종교심리학, 심지어는 동양학과 계속 혼동되고 있다. 하나의 "학문"으로서의 권위를 기필코 획득하기를 바라면서도 종교사 역시 다른 학문과 마찬가지로 현대 과학정신의 전반적 위기를 겪었다. 종교사가들은 실증주의자, 경험주의자, 합리주의자, 역사주의자를 차례로 거치기도 했고, 어떤 종교사가들은 그 가운데 한 가지를 계속 견지하기도 했다. 심지어는 종교사를 계속적으로 지배해온 "양식(樣式)"도, 종교현상에 대한 종합적이고 체계적인 설명도 종교사가의 작업이 전혀 아니었던 것도 있다. 즉 탁월한 언어학자나 인류학자, 사회학자, 민족학자 등에 의해서 제기되어 종교사가를 포함한 많은 학자들에 의해서 차례로 수용된 온갖 가설로부터 그런 양식과 산물이 파생된 것이다.

 오늘날의 상황은 다음과 같이 나타나고 있다. 과도한 전문화와 우리 직업의 부분적 희생(종교사가 대부분이 동양학자, 고전학자, 민족학자 등이 되었다)으로 얻어낸 정보의 막대한 진보 그리고 역사 기술(記述)이나 현대 사회학에 의해서 체계화된 방법론에의 의존(마치 의례나 신화의 역사적 연구가 어느 나라의 역사나 어느 원시민족에 관한 전공논문과 똑같은 것이기라도 하다는 듯이)이 그것이다. 요컨대, "종교사"라는 표현에서 강조해야 할 부분은 **역사**라는 단어가 아니라, **종교**라는 단어라는 핵심적 사실을 사람들은 소홀히 생각하고 있다. **역사**를 연구하는 방법은 여러 가지이지만 —— 기술의 역사에서 인간 사고의 역사에 이르기까지, **종교**에 접근하는 방법은 하나밖에 없다. 종교적 사실에 밀착하는 것이다. 어떤 것의 **역사**를 다루기에 앞서서 우선 중요한 것은 그 어떤 것을 그 자체로서 이해하는 일이다. 바로 그런 이유에서 반 데어 레프 교수의 저서가 가지는 중요성을 여기에서 강조하는 것이다. 레프 교수는 종교현상학에 많은 기여를 했고, 수많은 탁월한 저서로 교양 있는 대중 사이에 종교사 일반에 관한 관심을 부활시켰다.

간접적이기는 하지만, 정신분석과 심층심리학의 발견, 그 가운데에서도 융 교수의 저작이 똑같은 관심을 불러일으켰다. 아닌게 아니라 종교사라는 거대한 영역은 개인적, 집단적 심리에 의한 행동과 비교될 만한 요소들을 끝없이 퍼올릴 수 있는 광맥이라는 사실을 사람들은 곧 주목하게 되었다. 심리학자들이 어떤 사회-종교적 문헌자료를 사용할 때마다 종교사가의 동의를 얻지는 않았다는 것은 누구든지 알고 있다. 종종 지나치게 대담한 면도 있었던 이러한 접근에 대한 비난에 대해서는 나중에 검토하기로 하자. 우선 말해두자면, 종교사가는 한층 정신적인 관점으로 연구 대상에 접근하여 원시적 종교의 상징에 한층 심층적으로 파고들려고 애썼던 반면, 전문가의 눈으로 보기에는 너무 경박한 느낌이 드는 심리학적, 정신분석적 해석 가운데 다수는 별로 시사하는 바가 없었던 것 같다. 심리학자들은 우리들의 저작에서 훌륭한 연구자료를 발견했을지는 몰라도, 깊이 있는 설명은 거의 찾아내지 못했다. 그러니까 이들 심리학자들은 이 공백을 메우기 위해서 스스로가 종교사가로 탈바꿈하거나 때로는 너무 성급한 가설 전반을 주장하기도 했던 것이다.

오늘날 극복해야 할 어려움은 두 가지로 볼 수 있다. 첫째, 종교사는 객관적, "과학적" 사료 편찬을 구호로 선택했으므로 역사주의 그 자체에 대해서 쏟아질 수 있는 이견에 직면해야 한다. 둘째, 종교사는 심리학 전반, 특히 심층심리학이 던진 도전에 답해야 한다. 심층심리학은 사회-종교적 자료를 직접 다루기 때문에 종교사가들 사이에 유포된 작업가설보다 한층 적절하고 풍부하고 성공적인 작업가설을 제시하고 있다.

이러한 두 가지 난점을 잘 이해하기 위해서 우리의 연구 주제인 "중심"의 상징으로 가보기로 하자. 종교사가라면 우리에게 이렇게 물을 권리가 있다. 이 "중심"이라는 표현이 무엇을 의미하는가? 무엇에 관한 상징인가? 어느 민족과 어떤 문화에서 나왔나? 그리고는 다음과 같이 문제를 끌고 갈 것이다. "타일러, 만하르트, 프레이저의 시대는 갔다는 것을 여러분은 모른다. 오늘날에는 신화와 의례 '전반', 자연에 대한 원시인의 반응에 있어서의 통일성에 관해서 더 이상 언급할 권리가 없다. 이러한 일반화는 원시인 전반에 대한 일반화와 마찬가지로 추상화를 뜻한다. 구체적인 것은 바로 역사 속에서, 역사를 통해서 구현된 종교현상이다. 그런데 역사 속에서 구현된다는 그 사실 하나 때문에 종교현상은 한정되어지고 역사에 의해서 조건 지어진다. 그렇다면 예를 들면 불사성(不死性)에 대한 의례적 접근 같은 방식은 종교사에서 어떤 의미를 띠는 것인가? 문제되는 불사성이 어떤 것인지를 우선 명확히 해야만 한다. 왜냐하면, 인류가 과연 총체적으로 불사성에의 직관과 욕망을 무의식적으로 가지고 있었는지를 선험적으로 확실히 말할 수는 없기 때문이다. 여러분들은 '중심의 상징'에 대해서 말하고 있다. 무슨 권리로? 종교사가로서? 그렇게 경솔하게 일반화시켜도 좋은 것인가? 우선 다음과 같이 자문부터 해보는 것이 나을 것이다. '중심'에 대한 종교적 개념과 불사성에 대한 개념은 어떤 문화권에서 결정되었고, 어떤 역사적 사건의 결과인가? 이 개념들을 어떤 문화의 유기적 체계 속에 통합시켜 설명할 것인가? 이 개념들은 어떤 민족을 거쳐 유포되었는가? 이러한 기본적인 질문에 답한 후에라야 '중심'의 상징과 불사성의 의례를 일반화시키고 체계화시키고 개괄적으로 언급할 권리를 가지게 될 것이다. 그렇게 하지 않으면, 여러분은 심리학자나 철학자, 심지어는 신학자가 될지언정, 종교사가는 되지 못한다."

나는 이 모든 이의가 정당한 것이라고 판단하며, 종교사가로서 그런 점을 고려하고 있기도 하다. 하지만 이러한 이의들을 극복할 수 없는 것이라고는 생각하지 않는다. 우리가 종교현상에 관한 문제를 다루고 있다는 것은 나도 익히 알고 있다. 그런데 이것이 **현상**이라는 사실, 즉 우리에게 현현되고 계시된다는 사실 하나 때문에 이들 종교현상이 탄생하는 것을 목도한 역사적 계기에 의해서 마치 메달처럼 각인되는 것이다. 역사를 벗어난, 시간을 초월한 "순수한" 종교현상은 존재하지 않는다. 아무리 숭고한 종교적 메시지일지라도, 아무리 보편적인 신비 체험이라도, 또 아무리 일반적인 인간적 행동 —— 종교적 공포, 의례, 기도 등 —— 일지라도 그것이 발현되는 순간과 더불어 기묘함을 띠고 윤곽이 드러나는 것이다. 신의 아들이 강생하여 그리스도가 되었을 때 그는 아람어(셈족이 사는 시리아, 메소포타미아 지방의 언어/역주)로 말해야 했다. 그는 요가 수행자나, 도사(道士)나 샤먼이 아니라, 그 시대의 히브리 사람으로만 행동할 수 있었다. 그의 종교적 메시지가 아무리 보편적인 것이었을지라도 히브리 민족의 과거와 동시대 역사의 지배를 받았던 것이다. 만약 신의 아들이 인도에서 태어났다면, 그의 계시는 인도어의 구조와 이 다민족 집단의 역사적, 선사적(先史的) 전통에 부합되는 것이었을 것이다.

이와 같은 입장에서 역사주의의 선구자로 간주되는 칸트로부터 최근의 역사주의적, 실존주의적 철학자들에게 이르기까지 실현된 사변의 진보를 찾아볼 수 있다. 역사적, 구체적, 본원적 존재로서 인간은 "상황" 속에 있다. 인간의 진정한 실존은 역사 속에서, 시간 속에서, 아버지의 시대가 아닌 자신의 시대 속에서 실현된다. 또한 그것은 다른 대륙, 다른 나라에 사는 동시대인들의 시간도 아니다. 그렇다면 인간 일반의 행동을 어떻게 말할 수 있다는 말인가? 이 인간 일반이란 추상일 따름이다. 그것은 우리 언어의 불완전성에서 오는 오해 때문에 존재한다.

여기에서 역사주의와 역사주의적 실존주의에 대해서 철학적 비판을 가하자는 것은 아니다. 그러한 비판은 우리보다 훨씬 정통한 사람들에 의해서 이미 이루어졌다. 다만 지나는 김에 인간의 정신 생활의 역사적 조건화는 지리적, 경제적, 사회적, 생리적 조건에 좌우된다는, 다소 시대에 뒤진 이론을 다른 차원으로, 다른 변증법적 방법으로 답습하고 있다는 점을 지적하고 싶다. **인간적** 사실로서의 정신적 사실은 해부학과 심리학으로부터 언어에 이르기까지 인간을 구성하는 모든 것에 의해서 불가피하게 조건 지어진다는 점에 대해서는 모두 이의가 없다. 다시 말해서, 정신적 사실은 통합적 인간 존재, 즉 생리학적 실체와 사회적, 경제적 인간 등을 전제로 한다. 그러나 이 모든 조건만 갖추었다고 해서 정신생활에 도달할 수 있는 것은 아니다.

종교사가와 역사가를 단적으로 구별시키는 것은 종교사가는 인간 존재의 역사적 행동을 훨씬 넘어서는 행동을 드러내주는 사실들과 대면한다는 점이다. 인간은 늘 상황 속에 있다는 말이 진실이라고 하지만, 그렇다고 해서 이 상황이 꼭 역사적인 것, 즉 오직 동시대의 역사적 계기에 의해서만 조건 지어지는 것은 아니다. 통합적 인간은 자신의 역사적 조건 이외의 또다른 상황들도 인식하고 있다. 예를 들면 그는 꿈이나 백일몽, 우수와 초탈, 심미적 지복, 도피 등의 상태도 알고 있다. 이 상태들은 인간 실존에서 볼 때 역사적 상황만큼 중요하고 진실한 것이기는 해도 "역사적인" 것은 아니다. 더욱이 인간은 역사적 시간, 즉 자신에게 속한 자신의 시간, 역사적 동시대성만을 아는 것이 아니라 다양한 시간적 리듬을 알고 있다. 근사한 음악을 듣는다거나 사랑에 빠진다거나 기도함으로써 그는 충분히 역사적 현재에서 일탈하여 사랑과 종교의 영원한 현재를 획득할 수 있다. 소설을 펼치기만 해도, 드라마틱한 광경을 목격하기만 해도 역사적 시간의 리듬과는 또다른 시간적 리듬 —— 응축된 시간이라고 부를 수 있겠다 —— 을 되찾기에 충분하다. 한 존재의 본원성이 오로지 자신의 역사성에 대한 의식에 의존하고 있다는 것은 너무 성급한 결론이었다. 이 역사의식은 인간의 의식 가운데에서 아주 빈약한 역할을 할 뿐이어서 통합적 인간 존재에 속해 있는 무의식의 영역에 대해서는 말해주지 못한다. 의식이 각성되면 될수록, 그것은 자신의 역사성을 더욱더 초월하게 된다. 지나온 시대의 신비주의자들과 현자들, 그중에서도 특히 동양의 신비주의자들과 현자들을 상기해보기만 하면 될 것이다.

역사와 원형

하지만 역사주의 및 역사주의적 실존주의에 가해질 수 있는 이론(異論)은 이제 접어두고, 우리의 문제, 종교사가의 딜레마로 되돌아가도록 하자. 종교사가는 자신의 작업 대상이 원초의 통합적 인간 행동이라는 점, 따라서 **이 행동의 역사적 발현을 기록하는 것**이 자신의 역할은 아니라는 점을 너무 자주 망각해버린다. 그는 이 행동의 **의미**와 작용 등을 한층 깊이 탐구하는 데에 전념했어야 할 것이다. 한 가지 예를 들어보자. 현재 사람들은 어떤 종류의 신화와 상징들은 어떤 문화 형태에 의해서 유포되어 전세계를 돌아다녔다고 알고 있다. 다시 말해서, 이들 신화나 상징은 원초의 인간에 의한 자연발생적인 발견물이 아니라, 어떤 인간 사회에 의해서 범위가 정해지고 완성되고 전달된 문화적 복합체의 창작물이라는 것이다. 이 창작물은 원래의 발생지에서 멀리 확산되어, 이렇게 확산되지 않았다면 알려지지도 않았을 민족과 사회에 흡수되었다는 것이다.

민족학자라면 어떤 종교적 복합체와 어떤 문화 형태 간의 관계를 가능한 한 엄밀히 연구함으로써, 또한 이 복합체가 확산되는 모든 단계를 밝힘으로써 자신의 연구 결과에 대해서 만족의 뜻을 표명할 권리가 있다고 나는 생각한다. 그러나 **종교사가**의 경우는 그렇지 못하다. 민족학의 연구결과가 일단 수용되고 통합되고 나면 종교사가는 또다른 문제들을 제기해야만 한다. 그런 신화와 상징들은 왜 유포될 수 있었는가? 그것들은 무엇을 계시하고 있었는가? 유포되면서 어떤 부분은 아주 중요해도 소실되는 한편, 어떤 부분은 왜 계속 존속하는 것인가? 또한 그러한 유포 과정을 겪음으로써 **신화나 상징은 무엇에 응답하고 있는 것인가**? 이런 질문들을 결코 심리학자나 사회학자나 철학자에게 건네주어서는 안 된다. 이 문제를 풀어가는 데에는 그 누구도 종교사가만큼 준비가 되어 있지 못하기 때문이다.

자연발생적으로 전파되었거나 발견된 상징과 신화와 의례가 역사적 상황만을 밝혀주는 것이 아니라 인간의 한계상황을 항상 나타내고 있다는 점을 확인할 수 있는 것만으로도 이 문제를 연구할 가치는 충분하다. 한계상황이란 곧 우주 속에서의 자신의 위치를 의식하게 되면서 인간이 발견하게 되는 상황을 의미한다. 종교사가가 자신의 과제를 완수하고 난 후에도 심층심리학과 철학의 연구성과에 접근하게 되는 것은 이 한계상황을 해명하기 위해서이다. 이러한 연구는 가능한 영역이고, 또 이미 시작되기도 했다. 심층심리학은 현대인의 마음속에 잔존하고 있는 신비한 상징과 주제에 대한 주의를 환기시키고, 원시적 상징 원형의 자연발생적인 재발견이 인종이나 역사적 환경과는 무관하게 모든 인류에게 공통적이라는 것을 보여줌으로써, 종교사가를 마지막 망설임으로부터 해방시켜주었다. 원시적 상징의 자연발생적인 재발견의 몇 가지 예를 곧 보여주게 될 것인데, 이러한 예들이 종교사가에게 교시가 될 수 있다는 것을 알 수 있을 것이다.

그러나 종교사가 발견해낸 것과 민족학, 사회학, 심층심리학이 발견해낸 것을 십분 활용할 줄만 안다면 종교사 앞에 어떤 전망이 전개되리라는 것을 이미 예측할 수 있다. 역사적 존재로서만이 아니라 살아 있는 상징으로서의 인간을 연구함으로써, 종교사는 말하자면 **초(超)정신분석학**이 될 수 있을 것이다. 종교사는 전인류의 종교적 전통 속에 살아 숨쉬고 있거나 혹은 화석화되어 있는 원시적 상징과 원형에의 의식을 일깨워 회복시키기 때문이다. 초정신분석학이라는 용어를 여기에서 사용하면서 그에 따르는 위험을 충분히 감수하고 있다. 이것은 상징과 원형의 이론적 내용을 해명하고, "암시적"이거나 은밀하거나 단편적인 것을 투명하고 논리정연하게 하는 데 적용되는, 한층 정신적인 테크닉이기 때문이다. 또 새 산파술이라고도 할 수 있다. 소크라테스가 「테아이테토스 *Theaitetos*」(149a 이하, 161e)에서 그의 제자들 자신도 알지 못한 채 지니고 있던 사고를 출산하도록 도왔던 것처럼, 종교사는 더 진정하고 완벽한 새로운 인간을 낳도록 할 수 있을 것이다. 종교적 전통의 연구를 통해서, 현대인은 원시적 행동을 재발견하게 될 뿐만 아니라 그러한 행동에 내포되어 있는 정신적인 풍요로움을 의식하게 될 것이기 때문이다.

 종교적 상징의 도움으로 실현되는 이 산파술은 또한 현대인을 문화적 지역주의로부터, 특히 역사주의적, 실존주의적 상대주의로부터 해방시키는 데에 기여할 것이다. 왜냐하면, 인간은 자신이 역사를 만드는 데에 골몰하는 그 순간까지도, 자신이 바로 "역사" 이외에 아무것도 아님을 주장하는 그 순간까지도 역사에 대립하고 있기 때문이다. 따라서 인간이 자신의 역사적 순간을 초월하고 원형을 되살리고픈 욕망을 터뜨리게 되면, 인간은 종합적, 보편적 존재로서의 자신을 실현하게 된다. 역사에 대립하게 됨으로써 현대인은 원형적 지위를 되찾게 된다. 그의 꿈과 광란적 성향마저도 정신적 의미를 가득 담게 된다. 존재 한가운데의 우주적 리듬—— 낮과 밤, 겨울과 여름의 교차 —— 을 되찾았다는 사실 하나로, 그는 자신의 운명과 의미에 대한 총체적 인식에 도달하게 된다.

역시 종교사가의 도움으로, 현대인은 인간-우주의 관계를 말해주는 신체의 상징을 재발견할 수 있다. 상상력의 여러 가지 테크닉, 특히 시적인 테크닉이 이 점에 있어서 실현시킨 것은 종교사가가 약속한 것에 비하면 아무것도 아니다. 이 모든 여건은 현대인에게서도 여전히 존속되고 있다. 다만 이 여건들을 소생시켜 의식의 문지방으로 데려가는 것이 문제일 따름이다. 현대인이 자신의 인간-우주론적 상징 —— 이것은 원시적 상징의 변형일 따름이다 —— 을 재인식할 때, 현재의 실존주의와 역사주의로부터 전적으로 무시당하고 있던 새로운 실존적 차원을 획득하게 된다. 이것은 현대인을 역사로부터 벗어나지는 않도록 하면서, 허무주의와 역사주의적 상대주의로부터 보호해주는 진정한 존재양식이다. 역사로부터 이탈시키지 않는 이유는 역사 스스로가 어느날엔가는 영광되고 절대적인 인간 조건의 현현의 의미를 발견할 수 있을 것이기 때문이다. 우리로서는 유대-그리스도교가 역사적 존재에 부여한 가치를 상기해보는 것으로, 또한 역사가 어떻게, 어떤 의미에서 "영광스럽고", "절대적"일 수 있는지를 이해하는 것으로 충분하다.

종교사가의 이성적 연구가 종교체험 자체를, 더군다나 신앙체험을 대체해야 하고 대체할 수 있다고 주장할 수 없음은 물론이다. 그러나 기독교적 의식에서조차도, 원시적 상징을 표현수단으로 삼은 산파술이 열매를 맺게 될 것이다. 기독교는 아주 오래된, 매우 복잡한 종교적 전통을 이어받았고, 정신적 가치와 신학적 지향점은 변화되었을지라도 그 구조만은 교회 내부에 고스란히 남아 있다. 여하튼 우주를 통해서 신의 영광이 발현되는 것이라면 그 어떤 것에도 신도가 무관심할 수는 없게 된다.

결국 종교에 관한 이성적 연구는 오늘날까지 충분히 주목되지 못했던 한 가지 사실을 밝혀주게 될 것이다. 그것은 곧 상징논리가 존재한다는 점, 적어도 어떤 집단의 상징들은 논리적으로 상호 연결되어 긴밀한 일관성이 있음이 확인된다는 점이다.[1] 한마디로 말해서 이 상징들을 체계적으로 정식화할 수 있고 이성적인 표현으로 바꾸어놓을 수 있다는 것이다. 상징의 내재적 논리는 결과적으로 중대한 문제를 제기한다. 개인의 무의식 혹은 집단 무의식 역시 **로고스**에 지배되는 것일까? 또는 우리가 초의식(超意識)의 발현을 보고 있는 것일까? 이 문제는 심층심리학에만 의존해서는 해결될 수 없다. 왜냐하면, 심층심리학을 해독하는 상징들은 대부분의 경우 병리학적 퇴행상태에 있는 것이 아니면 발작상태에 있는 심리의 표명 그리고 그런 심리의 단편으로 이루어져 있기 때문이다. 상징의 진정한 구조와 기능을 포착하려면, 종교사라는 끝없이 샘솟는 레퍼토리로 향해야만 한다. 그런데 여기에서도 선택을 잘 해야 한다. 자료가 퇴폐적이고 비정상적이거나 정말 하찮은 형체를 제시하는 경우도 많기 때문이다. 원초적인 종교적 상징에 관한 적합한 이해에 도달하고 싶으면, 우선 선택을 잘해야 한다. 외국문학에 대한 개념을 얻기 위해서 아무 공공도서관이나 들어가서 처음

손에 잡히는 대로 10권, 100권을 닥치는 대로 집어서는 안 되는 것이나 마찬가지이다. 머지않아 종교사가들도 동료 학자들이나 문학사가들처럼 자료의 가치와 상태 등을 고려하여 단계적 조정작업을 해볼 것을 기대해본다.

세계의 이미지

원시 전통사회는 주변 세계를 하나의 소우주로 인식했다. 폐쇄된 이 세계의 경계를 벗어나면 미지의 영역, 미형성의 영역이 시작된다. 한편으로는 사람이 살고 조직이 형성된, 우주화된 공간이 있고, 다른 편인 이 친숙한 공간의 바깥 쪽으로는 악마, 원귀, 사자(死者), 낯선 존재들로 두려움을 주는 미지의 영역이 있다. 혼돈, 혹은 사자의 왕국과 동일시되는 황량한 영역이 둘러싸고 있는 소우주와 사람이 살고 있는 세계의 이미지는 중국이나 메소포타미아, 이집트처럼 극도로 진보된 문명권에서까지도 존속되었다. 사실상 많은 문헌에서 국경을 습격하려는 외적을 원귀, 악마, 혼돈의 악령과 동일시하고 있다. 마찬가지로 파라오의 적대자들은 "폐허의 자식, 늑대의 아들, 개의 자식" 등으로 여겨졌다. 파라오는 용 아포피스를 무찌른 신 레와 동일시된 반면, 그의 적들은 신화의 용과 동일시되었다.[2] 적들은 도시를 습격하여 평온한 생활을 위험에 빠트렸다는 사실 때문에, 악마적 힘과 동일시된다. 그들은 이 소우주를 혼돈상태로 되돌려 보내려는, 즉 소우주를 말살하려는 자들이기 때문이다. 확립된 질서의 파괴, 원형적 이미지의 소멸은 혼돈으로의, 전(前) 형성단계로의, 우주 발생 이전의 미분화

상태로의 퇴행과 동일한 가치를 지니고 있었다. 오늘날에도 문명의 어떤 형태를 위협하는 위험을 표현할 때, 여전히 같은 이미지를 사용하고 있다는 점에 주목하기 바란다. 특히 사람들은 "혼돈", "무질서", "암흑" 속에 "우리 세계"가 빠질 것이라고 말한다.

잘 알겠지만, 이런 표현들은 질서, 우주, 구조의 파괴와 유동적, 무정형의, 혼돈적 상태로의 재침몰을 의미한다. 적대자를 악의 힘의 화신으로, 악마적 존재의 형태로 파악하는 개념도 오늘날까지 살아남아 있다. 현대 세계를 움직이고 있는 이러한 신화적 이미지를 정신분석적으로 파악해보면 아마도 우리가 스스로의 파괴적 욕망을 어느 정도 "적"에다 투사하고 있는지를 알 수 있을 것이다. 하지만 이 문제는 우리의 권한 밖에 있다. 우리가 밝히고 싶은 것은 원시사회 전반에서 소우주를 위협하는 적들은 인간으로서 위험했던 것이 아니라, 이들이 적대적이고 파괴적인 힘을 구현하고 있었기 때문이라는 데 있다. 거주지역이나 도시의 방어는 아마도 주술적 방비로부터 시작했을 것이 틀림없다. 즉, 외호(外濠), 미로, 성벽 같은 방비들은 인간의 공격보다는 악령의 침입을 방어하기 위해서 배치되어 있었다.[3] 중세처럼 역사적으로 상당히 후기에 해당되는 시기까지도, 도시 외벽은 악마나 질병, 죽음에 대한 방벽으로서 제의적으로 축성되었다. 아닌게아니라, 원시상징에서 적들은 악마와 죽음과 거리낌없이 동일시되고 있다. 악마이든 군사이든 간에 공격의 결과는 항상 폐허, 붕괴, 죽음뿐이기 때문이다.

소우주나 주거지라면 모두 "중심", 즉 특별한 성역으로 불릴 만한 요소를 지니고 있다. 바로 이곳, 이 "중심"에서 초보적 신성현현의 형태 —— "미개인"의 경우(가령 토템 숭배의 중심이나 추링가[신성의 상징/역주]를 매장하는 동굴 등) —— 로든, 전통적 문명처럼 신이 직접적으로 현현되는 한층 진화된 형태로든 성(聖)이 총체적으로 발현되는 것이다. 하지만 이 중심의 상징을 서구적인 과학정신에 의해서 기하학적인 것으로 함축하여 고찰해서는 안 된다. 각각의 소우주에는 여러 개의 "중심"이 존재할 수 있다. 메소포타미아, 인도, 중국 등의 동양문명은 모두 무수한 "중심"을 알고 있었다. 더욱이 각각의 이 "중심"들은 "세계의 중심"으로 여겨졌고, 실제로 그렇게 불리기까지 했다. 이 중심은 동질의 기하학적인 세속적 공간이 아니라, 신성현현에 의해서 성별(聖別)되었거나 제의적으로 구축된 **성스러운 공간**이기 때문에 동일한 거주지역에서 "대지의 중심"의 다수성은 하등 문제될 것이 없다.[4] 우리가 대면하고 있는 것은 추상적이고 비본질적인 지리학이나, 사람이 살지 않는 미지의 공간과 세계에 대한 이론적 구축물이 아니라, 세속적이고 "객관적인", 유일하게 실제적으로 "실재"하는 신화적인 신성한 지리학이다.

신화적 지리학에서 신성한 공간은 본질적으로 **실재적인 공간**이다. 최근에 밝혀진 바 있듯이[5], 원시세계에서 신화는 **성**이라는 진정한 현실의 현현에 대해서 이야기하고 있다는 점에서 실재적인 것이기 때문이다. 바로 이 공간을 통해서 사람들은 성과 직접 접촉할 수 있다. 이 경우 성은 특정 물건(신성의 상징인 추링가 등)일 수도 있고 성-우주적인 상징(세계의 기둥, 우주목 등)일 수도 있다. 하늘, 땅, 지옥이라는 우주 삼계의 개념을 알고 있는 문화에서, "중심"은 이 삼계의 접합점을 이룬다. 각 차원간의 분리가 가능한 동시에 이 세 영역간의 소통이 가능한 곳이 바로 이곳이다. 우주의 세 영역에 대한 이미지가 매우 오래 전부터 있었다고 믿는 데에는 그만한 이유가 있다. 예를 들면, 이 이미지는 멜라카 반도의 세망 피그미족에게서 발견된다. 이들에 따르면, 세계의 중심에는 바투-리븐이라는 거대한 바위가 솟아 있고, 그 아래쪽으로는 지옥이 있으며, 옛날에 바투-리븐에서 나무 줄기가 하늘을 향해서 자라났다고 한다.[6] 따라서, 지옥, 대지의 중심, 하늘의 "문"이 같은 축 위에 있게 되었고, 이 축을 따라서 이 우주계에서 저 우주계로 이동할 수 있었다. 선사시대에 이미 이와 동일한 이론의 윤곽이 섰다[7]는 것을 인정할 근거가 충분하지 않다면, 세망 피그미족의 이러한 우주론적 이론의 정당성을 받아들이기 힘들 것이다. 세망족은 옛날 옛적에 나무 줄기가 세계의 중심인 우주산의 정상과 하늘을 연결시키고 있었다고 말한다. 이것은 매우 널리 유포된 신화적 테마를 암시하고 있다. 즉, 옛날에는 천상계와의 소통, 신과의 교류가 쉽기 그지없었고, "자연스러운" 것이었다. 그런데 제의상의 불찰로 이 관계는 끊어져버렸고, 신들은 천상계 더 높이 물러나버렸다. 오직 의무(醫巫), 샤먼, 사제, 영웅, 군주들만이 일시적이나마 독자적인 방법에 의해서 천상계와의 소통을 회복시킬 수 있을 뿐이다.[8] 어떤 잘못에 의해서 잃어버린 원초의 낙원에 관한 신화는 극히 중요한 것이고, 우리 주제와 관련이 있기는 해도 지금 논의할 계제는 아닐 것이다.

"중심"의 상징

그러므로 "중심" 속에서 축에 의해서 연결되는 우주 삼계의 이미지로 다시 돌아오기로 하자. 이 원형적 이미지가 특히 잘 나타나 있는 것은 고대 동양문명이다. 니푸르, 라르사, 시파르 등의 신전의 이름은 "천지간의 끈"이라는 뜻으로 두르-안-키라고 불렸다. 바빌론에도 수많은 명칭이 있는데, 그 가운데에는 "천지의 받침 집"이라든가 "천지간의 끈"이라는 이름이 있다. 그런데 대지와 지하계를 연결하는 것은 항상 바빌론이다. 이 도시는 밥-아프시, 즉 "아프수의 문" 위에 구축되어 있었기 때문이다. 아프수란 창조 이전 혼돈의 물을 의미한다. 히브리족에게서도 똑같은 전승이 발견된다. 예루살렘의 바위는 지하수(테홈) 깊은 곳까지 뚫고 들어가 있었다. 사원이 테홈(아프수와 동일한 히브리어) 바로 위에 있다고 "미슈나(2세기 말 팔레스타인에서 편찬된 유대 법령집/역주)"에 쓰여 있다. 또한 바빌론에 "아프수의 문"이 있었듯이, 예루살렘 사원의 바위는 "테홈의 입"을 가지고 있었다. 이와 유사한 전승들이 인도-유럽계에서도 발견된다. 로마인들에게 문두스(mundus)는 지하계와 지상계의 접합점을 이룬다. 이탈리아의 사원은 천상계(신계)와 지상계, 지하계(지옥 ; 「영원회귀의 신화 *Le Mythe de l'Étenal Retour*」, p. 32 이하 참조)의 교차점이었다.

실제로 동양의 모든 도시들은 세계의 중심에 서 있었다. 바빌론은 밥-일라니, 즉 "신들의 문"으로서, 그곳을 통해서 신들이 지상으로 내려왔다. 중국 천자의 수도는 "서 있는 나무", 건목(建木)이라는 기적의 나무 옆에 있었고, 이 건목을 중심으로 천상, 지상, 지옥의 우주 삼계가 교차했다. 이와 같은 예는 무수히 들 수 있다. 세계의 중심으로 간주되는 도시, 사원, 궁전은 모두 우주 삼계를 떠받치고 있는 우주산, 세계목, 중심주(中心柱)라는 원시적 이미지의 갖가지 복제에 불과할 따름이다.

　세계의 중심에 서 있는 산이나 나무, 기둥의 상징은 매우 널리 퍼져 있다. 인도 전승의 수미산, 이란의 성산인 하라베레자이티, 게르만족의 히밍비요르 산, 메소포타미아 전승의 "여러 나라의 산", 팔레스타인의 타보르 산(타부르, 즉 "배꼽"을 의미한다), 또 "대지의 배꼽"이라고 따로 불리는 팔레스타인의 게리짐 산, 기독교인들에게 세계의 중심인 골고다 등을 떠올릴 수 있을 것이다.(「종교사 개론 *Traité d'Histoire des Religions*」, p. 321 이하, 「영원회귀의 신화」, p. 30 이하 참조) 영토라든가 도시, 사원, 왕궁 등이 세계의 중심, 즉 우주산의 정상에 서 있다는 사실로 말미암아, 이들은 홍수에도 잠기지 않을 유일한 장소, 세계에서 가장 높은 곳으로 여겨졌다. 랍비 문헌에는 "이스라엘의 땅은 홍수에 잠기지 않았다"라고 기록되어 있다. 이슬람 전승에 따르면, 지상에서 가장 높은 장소는 카바이다. "카바가 하늘의 중심을 바라보고 있다는 것을 북극성이 증명"하기 때문이다.(「영원회귀의 신화」, p. 33 이하에 인용한 문헌 참조) 바빌론의 탑이나 성전의 명칭은 "집의 산", "온 대지의 산의 집", "폭풍의 산", "천지간의 끈" 등으로 우주산, 세계의 중심과 동일시되고 있음을 보여준다. 지쿠라트는 그야말로 우주산, 즉 우주의 상징적 이미지였다. 일곱 계단은 칠천(七天)을 상징했고, 사제는 계단을 올라감으로써 우주의 정상에 도달하는 것이었다. 바라부두르 사원의 거대한 구조를 받쳐주고 있는 것도 이와 동일한 상징이다. 바라부두르 사원은 마치 인공산처럼 건축되었다. 사원을 오르는 것은 세계 중심을 향한 법열의 여행과도 같다. 최상단에 도달하면 순례자는 세계와의 단절을 실현하게 된다. 세속 공간을 초월하여 "순수 영역"으로 들어간 것이다. "중심의 의례"가 바로 이것이다. (「종교사 개론」, p. 323 이하에 인용한 문헌 참조)

우주산의 정상은 단지 지상에서 가장 높은 장소만이 아니라, 창조가 시작된 대지의 배꼽이다. "주께서는 태아를 창조하듯이 세상을 창조했다"라고 랍비 문헌은 말한다. "태아가 배꼽을 통해서 자라나듯이, 신은 배꼽을 통해서 세계를 창조하기 시작했고, 배꼽으로부터 세계는 온 방향으로 퍼져나갔다." "세계는 시온에서 시작되어 창조되었다"라고 또다른 문헌에 적혀 있다. 고대 인도에도 똑같은 상징이 있다. 「리그 베다」에 따르면, 우주는 중심점으로부터 확장된 것으로 여겨진다. (「종교사 개론」, p. 324, 「영원회귀의 신화」, p. 36 참조)

우주론의 복제로서 인간의 창조도 세계의 중심에서 같은 방식으로 이루어졌다. 메소포타미아의 전승에 의하면, 인간은 "천지간의 끈"인 두르-안-키가 있는 "대지의 배꼽"에서 형성되었다고 한다. 오르마즈드는 최초의 인간 가요마르트를 세계의 중심에서 창조했다. 아담이 진흙으로 창조된 낙원 역시 우주의 중심에 있다. 낙원은 "대지의 배꼽"이었고, 시리아 전승에 따르면 "그 무엇보다 높은 산 위"에 세워져 있었다. 시리아의 「보물 동굴 *La Caverne des Trésors*」이라는 문헌에 의하면, 아담은 대지의 중심에서 창조되었는데, 그곳은 후에 예수의 십자가가 세워질 곳이었다. 유대교에서 똑같은 전승이 보존되어 있었다. 유대교의 묵시록과 「미드라심」(유대교 경전의 주해서/역주)에는 아담이 예루살렘에서 만들어졌다고 쓰여 있다. 아담은 자신이 창조되었던 바로 그 장소, 곧 세계의 중심에 묻히게 되므로, 골고다 위에서 구세주의 피가 그를 대속하게 될 것이었다.(「종교사 개론」, p. 323 이하, 「영원 회귀의 신화」, p. 32 이하 참조)

가장 널리 퍼진 중심의 상징의 변화형은 우주의 중심에 서서 축으로서 삼계를 지탱하는 우주목이다. 베다 시대의 인도, 고대 중국, 게르만 신화뿐만 아니라 "원시" 종교에서도 뿌리가 지옥까지 닿아 있고, 가지는 하늘까지 닿아 있는 이 우주목이 다양한 형태로 존재했다. 중앙 아시아 및 북아시아 신화에서, 일곱 개 내지 아홉 개의 가지는 칠천(七天) 혹은 구천(九天), 즉 일곱 개의 행성을 상징한다. 세계목의 복합적인 상징[9]까지는 여기에서 상술하지 않기로 한다. 다만 흥미로운 것은 "중심의 의례"에서 그것이 차지하는 위치이다. 종교사에서 만나게 되는 대부분의 성목(聖木)과 제의목(祭儀木)은 세계목이라는 규범적 원형의 불완전한 복제라고 일반적으로 말할 수 있다. 즉 모든 성목은 세계의 중심에 있다고 여겨지며, 종교의식 이전이나 도중에 바치는 제의목이나 기둥은 모두 세계의 중심에 주술적으로 세워진 것이라고 본다. 몇 가지 예를 들어보자.

베다 시대의 인도에서 제물용 기둥(유파)은 우주목과 동일시되는 나무로 만들어진다. 이 나무를 베는 동안, 제물을 바칠 제관은 나무에 대고 이렇게 말한다. "하늘을 찢지 못하는 너의 정점으로써, 대기를 범하지 못하는 너의 중심으로써……." 이것이 세계목과 관계가 있다는 것을 잘 알 수 있다. 이 나무로 제물용 기둥을 만드는 것인데, 이 기둥은 일종의 우주주(宇宙柱)가 된다. "오, 숲의 제왕이여, 대지의 정점에 일어서거라!"라고 「리그 베다」(III, 8, 3)에서 나무에 기원하고 있다. 또 「샤타파타 브라흐마나」(III, 7, 1, 4)에서는 이렇게 외친다. "너의 정점으로 하늘을 받치고, 너의 중앙으로 대기를 채우고, 너의 발로 대지를 디디어라."

제물용 기둥의 설치와 봉헌은 중심의 의례를 구성한다. 세계목과 동일시된 기둥은 우주 삼계를 연결하는 축이 된다. 이 기둥의 중개에 의해서 천지간의 소통이 가능해진다. 그리고 제물을 바치는 제관은 제의적으로 세계축으로 변화된 이 기둥을 따라서 혼자 혹은 아내와 함께 하늘을 향해서 오르게 된다. 사다리를 놓으면서 제관은 아내에게 말한다. "하늘로 오릅시다." 아내는 대답한다. "오릅시다!"(「샤타파타 브라흐마나」, V, 2, 1, 9) 그들은 함께 사다리를 기어오르기 시작한다. 꼭대기까지 가면, 기둥 머리를 만지면서 제관은 외친다. "하늘에 닿았노라!"(「타이티리야 삼히타」, 「샤타파타 브라흐마나」 등) 또는 기둥의 층계를 올라가면서 날개 달린 새처럼 팔을 벌리고 꼭대기에 다다라 이렇게 외친다. "하늘에, 신에게 도달했노라. 나는 이제 불사의 몸이다!"(「타이티리야 삼히타」, 1, 7, 9). "진실로 제관은 천계에 도달하기 위해서 사다리와 다리를 만든다"라고 「타이티리야 삼히타」(VI, 6, 4, 2)는 거듭 말하고 있다.

천지간을 잇는 다리나 사다리가 가능한 것은 세계의 중심에 서 있기 때문이다. 야곱이 꿈에서 본 하늘에 닿는 사다리가 바로 그러하다. 또한 "꿈에 본즉 사닥다리가 땅 위에 섰는데 그 꼭대기가 하늘에 닿았고, 또 본즉 하나님의 사자가 그 위에서 오르락내리락 하고."(창세기 28 : 12) 인도의 의례는 하늘에 상승한 후 획득한 불사성을 암시한다. 곧 검토하게 되겠지만, 이외에도 수많은 중심에의 제의적 접근은 모두 불사성의 정복과 같은 가치를 지닌다.

우주목과 제의목의 동일화는 중앙 아시아 및 북아시아의 샤머니즘에서 한층 확실히 나타난다. 타타르족의 샤먼이 어떤 나무를 기어올라간다는 것은 승천을 상징한다. 실제로 나무에 일곱 개 내지 아홉 개의 홈을 파놓고, 샤먼은 그것을 기어올라가면서 자기가 승천하노라고 그럴싸하게 말한다. 그는 자신이 통과하고 있는 천계 하나하나에서 본 것을 조무(助巫)에게 묘사한다. 제 육천에서는 달을 찬미하고 제 칠천에서는 태양을 경배한다. 끝으로 제 구천에서는 지고의 존재인 바이 울간 앞에 엎드려 제물로 바친 말의 영혼을 봉헌한다.[10]

샤먼의 나무는 우주의 중심에 서서 그 정점이 최고신이나 태양신과 접하고 있는 세계목의 복제일 따름이다. 샤먼의 나무에 새겨진 일곱 개 내지 아홉 개의 홈은 우주목의 일곱 내지 아홉 가지, 즉 칠천 혹은 구천을 상징한다. 더욱이 샤먼은 그밖의 다른 신비적 유사점에 의해서도 이 세계목과 관련되는 것을 느낀다. 통과의례의 꿈을 꾸면서, 미래의 샤먼은 우주목에 다가가 신의 손으로부터 직접 우주목의 가지 세 개를 받는 것으로 여겨진다. 이 나뭇가지는 나중에 그의 북의 몸체로 쓰이게 된다.[11] 샤먼의 집회중에 이 북이 가지는 중요한 역할은 익히 알려져 있다. 특히 이 북의 힘으로 샤먼들은 엑스터시에 도달한다. **북이 세계목으로 만들어졌음을 상기**

한다면, 북소리의 상징과 종교적 가치를 충분히 이해할 수 있을 것이다. 즉 **북을 두드리면서 샤먼은 법열상태에서 세계목 곁으로 던져지는 느낌을 가지는 것이다.**[12] "중심"으로의, 최고천(最高天)으로의 신비한 여행이 바로 이것이다. 그러니까 **샤먼은 일곱 개 내지 아홉 개의 홈이 파인 제의용 자작나무를 기어오르거나 북을 두드림으로써 천상으로의 여행을 시작하는 것이다.** 하지만 승천할 수 있다든가 법열상태에서 비행할 수 있도록 우주계와 단절을 꾀할 수 있는 것은 오로지 그가 세계의 중심 자체에 있다고 여겨지기 때문이다. 그러한 중심에 서 있어야만이 천상계, 지상계, 지하계의 소통이 가능하다.[13]

상승의 상징

적어도 중앙 아시아와 시베리아의 종교에서, 이 중심의 상징은 인도 및 이란 그리고 마지막에는 메소포타미아의 우주론적 체계의 영향을 받았을 가능성이 크다. 무엇보다도 7의 중요성이 그것을 증명해준다. 그러나 중심의 상징은 중심으로 만들어진 **우주론적 이론**의 차용 —— 가령 칠천의 개념 등 —— 과 중심의 상징 그 자체를 잘 구별하는 것이 중요하다. 우리는 이미 이 상징이 매우 원시적인 것으로 멜라카 반도의 피그미족에게 알려졌다는 것을 보았다. 또한 세망 피그미족에게 미친 인도의 영향은 의심해볼 수 있을지언정, 선사시대 유물에 남아 있는 중심의 상징(우주산, 사하[四河], 대목[大木], 나선무늬 등)은 명확히 설명되어야만 한다. 더욱이, 우주축의 상징은 이미 원시문화(그래브너-슈미트 학파의 원문화[原文化])에 알려져 있었고, 그중에서도 특히 북극 및 북아메리카 주민에게 그러했다. 이들 부족이 사는 주거지의 중심주는 우주축과 동일시되었다. 그리고 천신에게 바치는 제물은 이 기둥 뿌리에 놓아두었는데, 오로지 이 축을 따라서만 봉헌물이 하늘로 오를 수 있기 때문이다.[14] 주거형태가 바뀌고, 오두막이 천막집으로 바뀌자(중앙 아시아의 낙농-유목민의 경우처럼) 중심주의 신화적-제의적 기능은 연기가 빠질 수 있도록 뚫어놓은 천장의 구멍이 대신하게 되었다. 제물을 바칠 때에는 천막집 안에 나무를 들여놓고, 나무 꼭대기가 그 구멍으로 나가도록 했다. 이러한 제의목은 그 일곱 가지에 의해서 일곱 개의 천계를 상징하고 있다. 따라서 **집은** 한편으로 **우주와 상응하며** 또 한편으로는 연기 구멍이 북극성을 향하고 있다는 점에서 **세계의 중심에 위치하고 있는 것으로 간주된다.**

집과 "세계의 중심"의 상징적인 동일시에 관해서는 곧 다시 보기로 하자. 이러한 동일시는 원시의 종교적 인간이 보여주었던 행동을 가장 잘 밝혀주는 요소 가운데 하나이기 때문이다. 우선은 "중심"에서 행해지던 상승의례에 대해서 검토해보자. 타타르나 시베리아의 샤먼이 나무를 기어오르는 것, 베다 시대의 제관이 사다리에 오르는 것은 이미 살펴보았다. 이 두 개의 의례는 승천이라는 동일한 목표를 따르고 있다. 상당수의 신화들이 하늘과 땅을 이어주는 나무나 칡덩굴, 동아줄, 거미줄, 사다리에 대해서 언급하고 있는데, 이런 것들을 매개로 어떤 특권적 존재들이 실제로 하늘로 올라간다는 것이다. 물론 이들 신화는 가령 샤먼의 나무라든가 베다 시대의 제의목 등 제의상 해당되는 물건들을 제시하고 있다. 제의용 사다리 또한 중요한 역할을 한다. 몇 가지 예만을 들어보기로 하자. 폴리아이누스(「전략 *Strategica*」, VII, 22)는 트라스의 몇몇 부족의 제사장-부족장인 코싱가스에 대해서 말하고 있다. 코싱가스는 나무 사다리를 타고 헤라 여신에게까지 올라가면서 신하들에게 부족에서 떠나라고 위협한다. 이 내용은 이러한 제의용 사다리가 실재했고, 그것이 제사장-부족장을 천상까지 인도해주는 것으로 여겨졌다는 것을 증명해준다. 제의용 사다리를 통한 승천은 아마도 오르페우스파 통과의례의 한 부분이었을 듯하다. 어찌되었든, 미트라교의 통과의례에서 그것이 발견된다. 미트라 비의에서 제의용 사다리(클리막스)에는 일곱 계단이 있었고, 각 층계는 각각 다른 금속으로 만들어졌다. 켈수스에 따르면(오리게네스, 「켈수스에 대항하여 *Contra Celsum*」, VI, 22), 첫번째 계단은 납으로 만들어져 토성의 "하늘"에 해당되었고, 두번째 계단은 주석(금성)으로, 세번째 계단은 청동(목성)으로, 네번째 계단은 철(수성)로, 다섯번째 계단은 합금(화성)으로, 여섯번째 계단은 은(달)으로, 일곱번째 계단은 금(태양)으로 각각 되어 있었다. 여덟번째 계단은 항성권을 상징한다고 켈수스는 말한다.[15] 이 사다리를 기어오름으로써, 비의 입문자는 칠천을 통과하여 최고천까지 올라갔다. 이것은 바빌로니아의 지쿠라트의 일곱 계단을 올라가 최고천에 도달하는 것과 똑같은 것이고, 그 자신이 우주산이자 세계상(世界像)인 바라부두르 사원의 층층을 올라감으로써 여러 우주계를 통과하는 것과 똑같은 것이다.

미트라의 통과의례에서 사다리가 세계축이자 우주 중심에 서 있다는 것은 쉽게 이해할 수 있다. 이 방법이 아니고서는 우주 각 영역과의 단절이 가능하지 않았을 것이다. "통과의례"란 신참자의 죽음과 부활을 의미하며, 이것을 다른 맥락에서 표현하면 지옥으로의 하강과 하늘로의 상승이다. 죽음은 제의적이든 아니든 세계와의 단절이다. 그런 이유 때문에 죽음은 사다리로 상징되며, 장례의식에서는 여러 차례 사다리와 계단을 사용한다. 죽은 자의 영혼은 산 속 오솔길을 따라서 걸어서, 혹은 나무나 칡넝쿨을 기어올라서 하늘에 다다른다. 이 개념은 고대 이집트에서 오스트레일리아에 이르기까지 세계 거의 전지역에서 볼 수 있다. 아시리아어에서 "죽다"라는 동사의 통상적 표현은 "산에 매달리다"이다. 마찬가지로, 이집트어의 "매달리다"라는 뜻의 "미니"는 "죽다"의 완곡어이다. 인도의 신화적 전승에 나타난 최초의 사자인 야마는 산을 기어올라 "아주 높은 협로"를 통과함으로써 "많은 사람들에게 길"을 가르쳐주었다고 「리그 베다」(X, 14, 1)에 표현되어 있다. 우랄-알타이족의 민간신앙에서 죽은 자의 길은 산을 타고 올라간다. 카라-키르기즈족의 영웅 볼로트와 몽고족의 전설적인 왕 케자르는 통과의례의 시련으로서, 산꼭대기에 있는 동굴을 통해서 피안의 세계에 들어간다. 샤먼의 지옥하강 또한 동굴을 통로로 해서 이루어진다. 이집트인들은 장례문헌에 아스켓 펫(아스켓=''계단")이라는 표현을 쓰고 있었는데, 이것은 레가 사용하는 사다리가 지상계와 천상계를 잇는 실제의 사다리라는 것을 보여주기 위해서였다. "신들을 볼 수 있는 사다리가 나를 위하여 설치되었다"라고 「사자의 서 *Book of the Dead*」에 쓰여 있다. 「사자의 서」에서는 또 "신들은 그가 하늘에 오를 수 있도록 사다리를 그에게 만들어주었다"라고도 한다. 고대 및 중세의 여러 왕조의 많은 무덤에서는 사다리(마켓)나 계단을 나타내는 부적이 발견되었다.

게다가 장례용 사다리의 사용은 오늘날까지도 남아 있다. 롤로족, 카렌족 등 아시아의 여러 미개부족은 제의용 사다리를 무덤 위에 세워놓는데, 이것은 고인이 승천하도록 하기 위한 것이다.[16]

방금 보았듯이, 계단은 매우 풍부한 상징을 지니고 있는 동시에 그 의미는 완전히 일맥상통한다. 즉 **한 존재양상에서 다른 존재양상으로의 이행을 가능케 하는 차원의 단절을 조형적으로 보여준다는 점이다.** 또한 **천상계, 지상계, 지옥 간의 소통을 가능케 하는** 우주론적 차원에 우리를 위치시킨다는 점에서도 그러하다. 바로 이러한 이유 때문에 사다리와 계단은 통과의례와 신화에서, 장례의식에서, 제왕이나 교황의 즉위의식에서, 그리고 혼인의례에서 그토록 중요한 역할을 하는 것이다. 그런데 사다리의 상징이 정신분석 문헌에서 자주 눈에 띈다는 것은 이미 아는 바이다. 정신분석 문헌에서도 이 사다리의 상징이 "역사적" 창조라든가 어떤 역사적 시점(즉, 고대 이집트나 베다 시대의 인도 등)에 의한 혁신과 관계 있는 것이 아니라, 인간 심성의 원초적 행동과 관계 있다고 잘라말한다. 이러한 원초적 상징의 무의식적인 재발견[17]의 예를 한 가지만 들어보겠다.

줄리앙 그린은 1933년 4월 4일 자신의 「일기 *Journals*」에 이렇게 적고 있다. "내가 쓴 모든 책 가운데, 공포의 개념이라든가, 좀 더 강렬한 다른 감정의 개념은 설명하기 힘이 들지만 계단과 관련되어 있는 것 같다. 그 사실을 어제 내가 쓴 소설들을 훑어보다가 깨달았다.……나도 알지 못하는 사이에 어떻게 해서 그렇게 자주 그런 인상을 반복할 수 있었는지 자문해본다. 어릴 적 나는 계단에서 누가 나를 쫓아오는 꿈을 꾸곤 했다. 어머니도 청춘 시절에 똑같은 두려움을 느꼈다고 한다. 그 가운데 어떤 것이 나에게 남아 있기라도 한 것일까…….”

이제서야 우리는 이 프랑스 작가에게 왜 공포의 개념이 계단의 이미지와 연결되었는지, 그의 작품에 묘사된 사랑, 죽음, 범죄 등 모든 극적인 사건들이 왜 계단에서 일어났는지를 알게 된다. 사다리 오르기나 상승은 **절대적 현실을 향한 길**을 상징한다. 그런데 세속적인 의식 속에서 이러한 현실에의 접근은 공포와 기쁨, 매력과 혐오 등의 양가적(兩價的) 감정을 유발한다. 성화(聖化), 죽음, 사랑, 구원 등의 개념이 계단의 상징 속에 내포되어 있다. 사실상 이러한 존재양상은 각각 세속적 인간 조건의 소멸, 즉 존재론적 차원의 단절을 나타낸다. 「비리하다라냐카 우파니샤드」에서 말했듯이 사랑과 죽음, 신성, 형이상학적 인식을 통해서 인간은 비현실에서 현실로 이행하게 되기 때문이다.

그러나 계단이 이 모든 것을 상징하는 이유는 그것이 "중심"에 서 있다고 간주되기 때문이며, 존재의 각 차원간의 소통을 가능하게 만들기 때문이며, 신화적 사다리나 거미줄, 우주목, 세계주 같은 구체적인 방식만이 우주의 세 영역을 연결시켜주기 때문이라는 점을 잊어서는 안 된다.

"중심"의 건조

사원만이 "세계의 중심"에 있는 것으로 여겨졌던 것이 아니라, 모든 신성한 장소, 세속의 공간 속에 틈입된 성이 발현되는 장소는 모두 "중심"으로 간주되었다는 것을 앞에서 살펴보았다. 이런 신성한 공간은 사람들이 만들어낼 수도 있다. 이런 공간의 건조(建造)도 어쨌든 천지개벽이고 세계 창조였다. 세계도 하나의 배(胚)로부터, 하나의 "중심"으로부터 창조되었으므로 극히 당연한 일이다. 따라서, 베다 시대에 불의 제단의 건조는 세계 창조를 재현하는 것이고, 제단 그 자체가 하나의 소우주이자 세계상이었다. 「샤타파타 브라흐마나」(I, 9, 2, 29 ; VI, 5, 1 이하 등)에서 진흙을 반죽하는 물은 원초의 물이고, 제단의 토대에 사용되는 진흙은 대지, 측벽은 대기를 상징한다고 말한다(이러한 건조는 우주적 시간의 건조까지도 함축하고 있다는 점을 덧붙여야 겠지만, 여기에서 언급할 문제는 아니다. 「영원회귀의 신화」, p. 122 이하 참조).

따라서 종교사가 "중심"의 의례적 건조에 대하여 상당한 자료를 확보하고 있다고 강조할 필요는 없다. 다만 중요하게 보이는 한 가지에만 주목해두자. 즉 고대의 성소(聖所), 사원, 제단이 그 종교적 효력을 상실하게 됨에 따라서, 때로는 매우 놀라운 방식으로 이 "중심"의 상징을 표상하는 풍수적, 건축적, 도상적인 다른 방법이 발견되어 적용되었다는 점이다. 만다라의 건조와 기능[18]으로 한 가지 예를 들어보자. 만다라라는 이 용어는 "원"을 의미하는데, 티베트어로는 "중심"이라고 번역되기도 하고 "둘러싸고 있는 것"이라고 번역되기도 한다. 실제로 만다라는 정사각형 안에 새겨진 일련의 원들을 나타내는데, 이 원은 동심원일 수도 있고 아닐 수도 있다. 색실이나 색을 입힌 쌀가루로 지면 위에 그려진 만다라 도면 내부에는 탄트라교의 모든 신들이 자리를 차지하고 있다. 만다라는 이처럼 **세계상**인 동시에 상징적인 만신전(萬神殿)이다. 신참자로서 볼 때 통과의례는 만다라의 여러 영역에 들어가서 여러 차원에 접근하는 데 있다. 이러한 몰입 의례는 그 유명한 우요(右繞 : 힌두교와 불교에서 신상, 유적, 사당 또는 다른 신성한 대상물을 시계 방향으로 돌아 순례하는 의식/역주)나, 사원 최상단의 "정토(淨土)"에 다다르기까지 한 단 한 단 올라가는 의식과 동등한 가치를 지니는 것으로 간주된다. 또 신참자가 만다라 내부로 들어가는 것은 미궁에 들어가는 통과의례와 동일시될 수 있다. 어차피 어떤 종류의 만다라는 명백히 미궁적 성격을 지니고 있다. 만다라의 기능은 미궁의 기능과 마찬가지로 적어도 이중적인 것으로 생각된다. 즉 한편으로 지면에 그려진 만다라 속으로 들어가는 것은 통과의례에 해당된다. 다른 한편으로 만다라는 신참자를 사악한 외부의 힘으로부터 "보호"해주는 동시에 자신에게 집중하도록, 자신의 "중심"을 발견하도록 도와주기도 한다.

하지만 인도의 사원은 윗쪽에서 내려다보거나 평면 투영도로 보면 모두 만다라가 된다. 인도의 어떤 사원일지라도 만다라처럼 소우주이자 만신전이다. 그렇다면 왜 만다라를 구축하는 것인가? 왜 새로운 "세계의 중심"이 필요한 것인가? 이유는 간단하다. 좀더 진정한, 좀더 깊은 종교적 체험의 필요성을 느꼈던 일부 신도들로서는 전통적 의례가 케케묵은 것으로 보였기 때문이었다. 불의 제단의 건조라든가 사원의 각층을 오르는 것으로는 그들의 "중심"을 찾을 수가 없었던 것이다. 원시시대나 베다 시대의 사람들과는 달리 탄트라교의 신봉자들은 자신의 의식 속에 원초적 상징을 소생시키기 위한 **개인적 체험**을 필요로 했다. 그런 이유로 해서 탄트라교의 어떤 종파에서는 외적인 만다라를 단념하고 내면화된 만다라에 의지했다. 내면화된 만다라는 두 종류로 명상의

"버팀목" 역할을 하는 순수하게 정신적인 구성과, 만다라와 자신의 육체의 동일시이다. 첫번째의 경우, 요가 수행자는 마음속에서 만다라의 내부로 자신을 몰입시킴으로써 집중을 꾀하는 동시에 방심과 유혹으로부터 자신을 방어한다. 만다라는 "집중"시킨다. 만다라는 분산과 방심으로부터 보호해준다. 만다라와 육체의 동일화는 자신의 신비적 생리학을 소우주에 동화시키려는 욕망을 드러내준다. 요가 수행법에 의해서 신비적 육체 내부로 몰입하는 문제에 대해서 더 이상 상술하면 일이 너무 커지게 된다. 다만 우주적 생명과 정신적 생명의 교차점이라고 여겨지는 차크라, 즉 "바퀴(원)"의 연속적 소생과 만다라 내부로의 통과의례적 몰입이 상응한다는 것만 말해두는 것으로 충분하다. 쿤달리니의 각성은 존재론적 차원의 단절, 다시 말해서 "중심"의 상징을 의식적(意識的)으로 충만하게 실현하는 것과 동일한 가치를 가진다.

방금 보았듯이 만다라는 동시에, 혹은 차례차례로 구체적 제의의, 정신 집중의, 신비적 생리학의 기법의 받침대가 될 수 있다. 이러한 다가성, 상응하는 다양한 차원에서 표면화될 수 있는 이러한 능력이 바로 중심의 상징 전반의 특성이다. 이 특성은 이해하기 쉽다. 왜냐하면 인간 존재라면 모두 총체적 실재, "신성"을 자신에게 부여하는 중심, 스스로의 중심을 무의식적으로라도 지향하기 때문이다. 실재의 한가운데에, 천상계와의 교감이 이루어지는 세계의 중심에 있으려고 하는, 인간에게 깊이 뿌리박고 있는 이 욕망은 "세계의 중심"이 그토록 과도하게 활용되는 이유를 설명해준다. 앞에서 보았듯이, 가옥은 우주와 동일시되고 연기가 빠지는 천장의 구멍이나 화로는 세계의 중심과 상응한다. 마찬가지로 모든 집, 사원, 궁전, 도시는 유일한 공통점으로서 우주의 중심에 위치하게 된다.

그런데 여기에 어떤 모순이 있는 것은 아닐까? 어떤 신화, 상징, 의례들은 입을 모아 **중심에 들어가는 어려움**을 강조하고 있다. 한편으로 일련의 신화와 의례는 **중심에 접근하는 것이 가능**하다고 경쟁적으로 주장한다. 예를 들면 성지순례는 어렵다고 하지만, 어떤 교회라도 방문하면 그것도 하나의 순례이다. 우주목은 한편으로는 접근이 불가능하지만, 또 한편으로는 어떤 천막집에서라도 볼 수 있다. "중심"으로의 여정에는 장애물이 산재해 있지만, 모든 도시, 모든 사원, 모든 집은 우주의 중심 위에 **서 있다**. 오디세우스가 겪은 고통과 "시련"은 전설적인 것이지만, **귀향**은 그 어떤 것이라도 오디세우스가 이타카로 돌아온 것과 "같은 가치"가 있다.

이 모든 예는 **인간이 신성한 공간, "중심"**에서만 살 수 있다는 것을 보여준다. 어떤 전승들은 아무 **힘**도 들이지 않고 "세계의 중심"을 발견하려는 인간의 욕망을 보여주는가 하면, 또 어떤 전승들은 그 **어려움**과 목표를 달성했을때의 **공덕**을 강조하고 있다. 여기에서 이들 전승 하나하나의 이야기를 밝히려고 하는 것은 아니다. 앞에서 말한 첫번째 전승——"쉽게" 집에 "중심"을 구축하는 전승——이 도처에서 발견된다는 사실은 이 전승을 가장 의미심장한 것으로 고찰하도록 한다. 이것은 우리가 **낙원에의 노스탤지어**라고 부르는 인간의 어떤 상황을 부각시킨다. 낙원에의 노스탤지어란 **항상, 그리고 힘들이지 않고** 세계의 중심, 실재의 한가운데에 있고자 하는 욕망을 뜻한다. 이것을 요약하자면 자연스럽게 인간의 조건을 초월함으로써 기독교도라면 타락 이전의 조건이라고 말할 신적인

조건을 재발견하려는 욕망을 의미한다고 할 수 있다.[19]

간접적으로는 중심의 상징과 의례에만 관계되면서 결국에는 한층 커다란 하나의 상징 속에 이들을 통합시키는 유럽 신화를 살펴보지 않고 이 연구를 마무리하고 싶지는 않다. 그것은 파르시팔의 전설과 어부왕 전설의 세세한 부분을 말한다.[20] 성배의 비밀을 간직하고 있는 늙은 왕이 불가사의한 병으로 온몸이 마비되었다는 것을 우리는 기억하고 있다. 그런데 고통받는 것은 왕뿐만이 아니었다. 궁전, 탑, 정원 주변의 모든 것이 폐허가 되고 메말라갔다. 동물은 번식하지 않고, 나무는 열매 맺지 못했으며, 샘은 고갈되었다. 많은 의사들이 어부왕을 치료해보려고 했으나 허사였다. 기사들은 밤낮없이 찾아오면 왕의 용태부터 물었다. 가난하고 이름 없고 우스꽝스럽기조차한 단 한 사람의 기사만이 감히 예법과 인사를 무시하는 것이었다. 그의 이름은 파르시팔이었다. 궁정법도를 생각치 않고 곧장 왕에게로 나아간 그는 왕에게 다짜고짜 물었다. "성배는 어디 있습니까?" 그 순간 모든 것이 변화한다. 왕은 병석을 떨치고 일어났고, 샘물은 다시 흐르기 시작하고 초목은 다시 살아나 성은 기적적으로 복구된다. 파르시팔의 몇 마디가 자연 전체를 소생시키기에 충분했던 것이다. 그러나 이 몇 마디는 핵심적 질문, 즉 어부왕뿐만 아니라 온 우주의 관심을 끄는 유일한 문제를 담고 있었다. 즉 실재, 성, 생명의 중심, 불사의 근원이 어디에 있느냐, 성배는 어디에 있느냐는 것이었다. 파르시팔 이전에는 누구도 이 핵심적 질문을 제기할 생각조차 못했다. 그리고 이러한 형이상학적이고 종교적인 무관심, 이러한 상상력의 결여, 실재에 대한 욕망의 부재 때문에 세계는 멸망했던 것이다.

이 장엄한 유럽 신화의 줄거리는 중심의 상징 가운데서 진가를 인정받지 못하고 있던 한 부분을 밝혀준다. 즉 보편적 생명과 인간의 구원 사이에는 밀접한 연관이 있을 뿐만 아니라, 우주적 삶이 연속적으로 재생될 수 있으려면 핵심적 문제를 제기하는 것, **구원의 문제를 제기하는 것만으로도 충분하다**는 것이다. 이 신화의 한 부분이 보여주고 있듯이, 죽음이라는 것은 흔히 불사성에 대한 우리의 무관심의 결과일 뿐이기 때문이다.

제2장 시간과 영원에 관한 인도의 상징

신화의 기능

인도의 신화라고 할 때, "인도의"보다는 "신화"가 앞서는 개념이다. 즉 인도의 신화는 원시 인류의 정신적 창조물의 특정 범주에 속한다. 따라서 어떤 전승신화 집단과도 비교될 수 있다. 시간에 관한 인도의 신화를 제시하기에 앞서서, 정신의 본원적 형태인 신화 그 자체와 시간 사이의 밀접한 관계부터 간략히 상기해보도록 하자. 그 이유는 원시사회에서 신화가 차지하는 특유한 기능 이외에, 시간의 구조에 관해서 보여주는 계시에 의해서도 신화는 중요한 것이기 때문이다. 현재 모두가 시인하고 있듯이, 신화는 태초(*in principio*)에, 원초적 무시간적 순간, **신성한 시간**에 일어났던 사건들을 이야기한다. 이 신성한 신화적 시간은 비신성화된 우리의 일상적 존재가 자리잡고 있는 지속적이고 불가역적인 시간과는 질적으로 다르다. 신화를 이야기함으로써, 줄거리에 나오는 사건이 일어났던 신성한 시간을 재현한다(하기야 그 때문에 전통사회에서는 아무 때, 아무렇게나 신화를 이야기할 수 없었다. 신성한 시기에 덤불 숲속에서, 한밤중에, 의례 전후의 불 옆에서만 이야기할 수 있었다). 한마디로 말해서 일부 신비가들이나 철학자들이 상상하는 영원과 마찬가지로 무시간적 시간, 지속(持續) 없는 순간에 신화가 이루어졌다고 본다.

지금 말한 이 사실은 중요하다. 왜냐하면 낭송하는 사람과 듣는 사람을 위해서 그저 대수롭지 않게 신화를 낭송하는 결과가 나타나기도 했기 때문이다. 신화를 이야기한다는 사실 하나만으로 세속적 시간은 소멸 —— 적어도 상징적으로는 —— 된다. 이야기하는 사람과 듣는 사람 모두 신성한 신화적 신화 속으로 투입되는 것이다. 다른 책[1]에서 우리는 표본적 모델의 모방과 신화적 사건의 재현에 의한 세속적 시간의 폐기가 모든 전통사회 특유의 특성이라는 점, 또 이 특성 한 가지만으로 원시사회와 현대사회를 구분지을 수 있다는 점을 밝힌 적이 있다. 전통사회에서 사람들은 우주의 창조를 재현하는 일련의 의례에 의해서 주기적으로 시간을 폐기하고, 과거를 소멸시키고, 시간을 재생시키려고 의식적, 자발적으로 노력했다. 여기에서 세부적으로 논지를 전개시켜서 우리의 주제에서 너무 멀리 나갈 생각은 없다. 다만 신화는 인간을 인간 자신의 시간, 개인적이고 연대기적이며 "역사적인" 시간으로부터 끌어내며, 대(大)시간 속에 투입시킨다. 대시간은 지속에 의해서 구성되지 않은 측정 불가능한 역설적 순간이다. 이 말은 곧 신화는 시간 및 주변 세계로부터의 단절을 함축하고 있으며, 대시간, 신성한 시간으로의 열림을 실현한다는 뜻이 된다.

신화를 듣는 것만으로 인간은 세속적 조건, "역사적 상황"을 망각할 수 있다. 어떤 사람이 "역사적 상황" 속에 있다는 말을 하기 위해서 굳이 역사적 문명 속에 함께 할 필요는 없다. 곤충과 나무뿌리를 주식으로 삼는 오스트레일리아인도 "역사적 상황" 속에 있다. 다시 말해서 어떤 형태의 사회적이고 경제적 조직에 의해서 지지되며 어떤 이데올로기를 통해서 표명되는, 극히 범위가 뚜렷한 상황 속에 있다. 이 경우, 오스트레일리아인의 존재는 구석기 시대 인간의 역사적 상황의 변형을 보여주고 있을 가능성이 매우 크다. "역사적 상황"이라는 표현이 대단한 의미에서의 "역사"를 반드시 포함할 필요는 없기 때문이다. 역사적 상황이라는 것은 단순히 그 자체로서의 인간 조건, 즉 일정한 행동체계에 의해서 지배되는 조건을 의미한다. 그런데 오스트레일리아인뿐만 아니라, 좀더 진보된 문명에 속한 개인, 예를 들면 중국인이나 인도인, 유럽 어느 나라의 농부라도 신화를 들으면 그들의 개별적인 상황은 잊어버리고 다른 세계 속으로, 그들의 작고 초라한 일상의 세계와는 다른 세계 속으로 들어가게 된다.

오스트레일리아인이든 중국인, 인도인, 유럽의 농부이든, 이들 각 개인에게 신화는 **진실**한 것이라는 점을 상기하기 바란다. 신화는 **신성**한 것이며, 신성한 존재와 사건에 대해서 이야기하고 있기 때문이다. 그 결과, 그들은 신화를 낭송하거나 들으면서 성과 실재와의 접촉을 재개하며, 그렇게 함으로써 세속적 조건, "역사적 상황"을 초월하게 된다. 다시 말해서 그들은 시간적 조건과 우둔한 자기만족을 초월하는 것이다. 이 자기만족이라는 것은 모든 인간 존재가 "무지"하다는 사실 하나 때문에, 즉, 자기 자신이나 현실을 자신의 특수한 상황과 동일시한다는 사실 하나 때문에 모든 인간이 가지게 된 운명이다. **우리 자신이라고 착각되는 것, 우리가 소유하고 있다고 착각하고 있는 것**과 실재성과의 잘못된 동일시가 바로 이 무지이기 때문이다. 정치가는 정치 권력이 유일하고 진정한 현실이라고 믿는다. 백만장자는 부(富)만이 현실이라고 확신하며, 학자는 연구와 책과 실험실에 대해서 그렇게 생각한다. 이와 똑같은 성향이 미개인, "원시인", "야만인"에게서도 발견된다. 다만 차이가 있다면, 이들에게는 신화가 아직도 살아 있기 때문에 그들 자신과 비실재를 완전히, 계속적으로 동일화하지는 못한다는 것이다. 신화의 주기적 낭송은 세속적 존재가 만든 환상의 높은 벽을 무너뜨린다. 신화는 대시간을 계속적으로 재현하며, 그럼으로써 청중들이 세속의 개인적 존재의 차원에서는 도저히 도달할 수 없는 실재에 접근할 수 있도록 하는 초인간적이고 초역사적인 차원으로 이들을 데려간다.

시간에 관한 인도의 신화

인도의 신화 가운데 어떤 것들은 개인적이고 역사적인 시간을 "파괴"하고 신화적 대시간을 실현하는 기능을 탁월하게 보여준다. 고(故) 하인리히 치머가 자신의 저서 「인도 예술과 문명에 나타난 신화와 상징 *Myths and Symbols in Indian Art and Civilization*」[2]에서 요약, 해설한 「브라마바이바르타 푸라나」에서 유명한 한 예를 들어보기로 하겠다. 이 문헌은 대시간을 인식의 도구로서, 마야(산스크리트어로 힌두교에서 환상의 세계를 만드는 신 등의 힘을 의미하는데, 일반적으로는 실재에 대한 감각적 현상세계를 의미한다/역주)의 속박으로부터 해탈을 얻는 도구로서 도입했다는 데 가치가 있다.

악룡 브리트라에게 승리를 거둔 후, 인드라는 신들의 거처를 복원하고 장식하기로 마음먹는다. 공예의 신 비슈바카르만은 1년에 걸친 작업 끝에 화려한 궁전을 완성한다. 그러나 인드라는 만족스럽지가 않았다. 건물을 더욱 확장하고 더욱 장엄하게 만들어 세상에 비길 데가 없도록 하고 싶었던 것이다. 노력하다가 지친 비슈바카르만은 창조신인 브라마에게 호소한다. 브라마는 그를 도와주기로 약속하고 최고신 비슈누에게 손을 쓴다(브라마 자신은 비슈누의 도구에 불과하다). 비슈누는 인드라가 현실로 돌아오게 한다.

어느날 인드라는 그의 왕궁에서 누더기를 걸친 소년의 방문을 받는다. 비슈누가 신들의 왕을 모욕하기 위해서 그런 모습으로 나타난 것이었다. 정체를 드러내지 않은 채로 그는 왕에게 "내 자식아"라고 부르면서 그 순간에 이르기까지 무한한 우주를 채우고 있던 무한한 인드라들에 대해서 말하기 시작한다. "인드라 한 명의 생명과 왕위는 71아이온(1주기, 1마하유가는 1만2,000성년[聖年], 즉 432만 년을 포함한다) 동안 지속되지. 브라마의 하루는 인드라 28명의 수명에 해당된다네. 하지만 브라마의 밤낮으로 계산해보면, 브라마 한 명의 수명은 108년밖에 안 되지. 한 브라마는 다른 브라마를 뒤따르고, 하나가 누우면 다른 하나는 일어나고, 이루 헤아릴 수가 없는 것이야. 이 브라마들의 수도 끝이 없는데, 하물며 인드라들이야!……

그런데 브라마와 인드라를 각각 가지고 있는 여러 우주들의 수는 누가 헤아리는 것인가? 가장 먼 영상을 넘어, 상상할 수 있는 온갖 공간을 넘어 우주들은 무한히 생성되고 소멸되지. 이 우주들은 가벼운 배처럼 비슈누의 몸을 형성하고 있는 깊이를 모를 맑은 물 위에 떠다니고 있다네. 이 몸의 털구멍에서 한 우주가 일순간 떠올랐다가 파멸해버리지. 이 우주들을 감히 세어보려나? 이 모든 우주, 현재의 우주와 과거의 우주의 신들을 열거할 수 있다고 믿나?……"

소년이 말하는 동안, 왕궁의 커다란 홀에 개미떼의 행렬이 나타났다. 2미터 폭의 종대로 정렬한 개미떼가 바닥을 행진하고 있었다. 소년은 개미떼를 보고 말을 멈추더니, 놀라워하다가 갑자기 웃음을 터뜨렸다. "왜 웃는건가?" 인드라가 물었다. "오, 인드라여, 긴 행렬을 이루며 줄지어 가는 개미를 보았다네. 옛날에 이 개미 한 마리 한 마리는 모두 인드라였지. 지금 당신처럼, 이 개미들도 신앙심 덕으로 옛날에는 신들의 왕의 자리에 올랐던 것이야. 그런데 지금은 수많은 윤회를 거쳐, 모두 다 개미가 되었으니. 이 개미 군대는 옛날 인드라들의 군대일세……."

이러한 계시에 인드라는 자신의 오만과 욕망의 허망함을 깨닫는다. 그는 대건축가 비슈바카라만을 불러 호화롭게 사례하고 신들의 궁전을 증축할 생각을 영영 포기한다.

이 신화의 의도는 명확하다. 비슈누의 몸에서 떠올랐다가 사그라지는 수많은 우주에 대해서 현기증 나게 환기하는 것만으로도 인드라를 각성시키기에 충분하다. 즉 신들의 왕으로서의 자신의 "상황"으로 엄격히 조건 지어진 한정된 지평을 뛰어넘도록 하기에 충분한 것이다. 이 상황을 "역사적 상황"이라고 덧붙여 말해도 될 것이다. 왜냐하면 인드라는 역사적인 어떤 시점, 장엄한 우주적 드라마의 어떤 단계 속에서 신들의 대전사(大戰士)가 되었기 때문이다. 인드라는 비슈누의 입을 통해서 직접 세계의 영원한 생성과 파괴에 대한 진정한 역사를 듣는다. 이 진짜 역사와 나란히 있는 인드라 자신의 역사, 브리트라에 대한 승리로써 절정에 달한 수많은 영웅적 모험은 사실상 "가짜 역사", 즉 초월적인 의미가 없는 사건들로 보인다. **진정한 역사**는 모든 존재와 우주적 사건의 진정한 근원인 대시간, 신화적 시간을 인드라에게 밝혀준다. 인드라가 자신의 오만과 무지로부터 치유된 것은 역사적으로 조건 지어진 자신의 "상황"을 초월하여 세속의 시간, 즉 자신의 "역사"에 의해서 만들어진 환상의 베일을 찢어버릴 수 있었기 때문이다. 기독교적으로 표현한다면, 그는 "구원"된 셈이다. 신화가 가지는 이러한 구제적 기능은 인드라에게만 작용하는 것이 아니라, 그의 모험 이야기를 듣는 인간 모두에게도 작용한다. 세속의 시간을 초월하여 신화적 대시간을 재발견한다는 것은 궁극적 실재의 계시와 같은 가치를 지닌다. 엄밀하게 형이상학적인 이 실재는 신화와 상징을 통해서가 아니면 접근할 방도가 없다.

이 신화의 다음 이야기도 있는데, 그 부분은 나중에 보기로 하자. 우선은 비슈누에 의해서 아주 인상적으로 제시된 순환적인 무한한 시간에 대한 개념이 우주적 주기에 대한 범(汎)인도적 개념이라는 점만 명확히 해두기로 한다. 우주의 주기적인 창조와 파괴에 대한 믿음은 이미 「아타르바 베다」(X, 8, 39-40)에 나와 있다. 더욱이 이러한 믿음은 모든 원시사회의 세계관에 속해 있다.

"유가"에 관한 교리

그렇다고는 해도, 인도는 우주가 주기적으로 창조되고 파괴되는 수를 어마어마한 규모로 증폭시켜 우주적 순환주기에 관한 교리를 완성시켰다. 가장 작은 주기의 측정단위를 유가 ("시대")라고 한다. 유가는 "시대"와 시대 사이를 연결시켜주는 "여명"과 "황혼"을 앞뒤에 두고 있다. 완전한 일주기인 마하유가는 지속기간이 각각 다른 네 개의 "시대"로 구성되는데, 가장 긴 "시대"는 주기 처음에 나타나고, 가장 짧은 "시대"는 주기 끝에 나타난다. 유가라는 명칭은 주사위 놀이의 "던지기"에서 빌어왔다. 크리타 유가(동사 크리는 "하다, 완수하다"를 의미한다)는 "완성된 시대"를 뜻한다. 주사위 놀이에서 이것은 이기는 수(手), 4점짜리가 나올 수를 의미한다. 인도 전통에서 4는 전체성, 충일성, 완전성을 상징하기 때문이다. 크리타 유가는 완전한 시대이다. 그 때문에 크리타 유가는 사트야 유가, 즉 "진정한 시대", 진실하고 완전한 시대로 불리기도 한다. 모든 관점에서 볼 때, 그것은 정의와 행복, 풍요가 지배하는 지복의 시대, 황금시대이다. 크리타 유가 동안에는 우주의 도덕질서, 달마(達磨=法)가 완전하게 준수된다. 더욱이 모든 중생들이 거리낌 없이 자발적으로 준수하는데, 그 이유는 크리타 유가 동안에는 다르마가 인간 존재와 동일시되기 때문이다. 크리타 유가의 완전한 인간은 우주적 규범과 도덕률의 화신이다. 그 존재는 규범적이고 원형적이다. 인도 이외의 다른 전승에 보면, 이 황금시대는 원초의 낙원시대에 해당된다.

그 다음 시대, 3점짜리 주사위 때문에 "세 짝"으로 불리는 트레타 유가는 이미 퇴행을 보인다. 사람들은 달마의 4분의 3밖에는 지키지 않는다. 노동, 고통, 죽음은 이제 인간의 전유물이 되었다. 의무는 자발적으로 수행되지 못하고 배워야만 하는 것이 된다. 네 가지 카스트 고유의 양상이 변질되기 시작한다. 드바파라 유가 ("2"로 특징지어지는 "시대")에는 달마의 절반만이 지상에 남는다. 악덕과 불행이 증가하고 인간의 수명은 단축된다. 칼리 유가, "흉한 시대"에는 달마의 4분의 1만이 남게 된다. 칼리라는 것은 1점짜리 주사위, 즉 잃는 수를 의미한다(이것은 악령으로 의인화된다). 칼리는 또한 "싸움, 불화", 또는 일반적으로는 한 무리의 사람이나 물건 가운데 가장 몹쓸 것을 의미한다. 칼리 유가 때, 인간과 사회는 파멸의 극한점에 달하게 된다. 「비슈누 푸라나」(IV, 24)에 따르면, 칼리 유가의 징후를 알 수 있는 사실은, 재산이 사회적 지위를 주고, 부가 유일한 미덕의 원천이며, 정욕과 음란이 부부간의 유일한 끈이며, 허위와 거짓이 성공의 유일한 조건이며, 성욕이 쾌락의 유일한 수단이고, 의례만 밝히는 겉뿐인 종교가 정신성과 혼동되게 되는 것이다. 수천 년 전부터 우리들은 물론 칼리 유가 속에 살고 있다.

4, 3, 2, 1이라는 숫자는 점차 감소해가는 각 유가의 지속 기간을 표시하는 동시에 그 기간에 존재하는 달마의 점차적인 감소를 나타내기도 한다. 게다가 그에 비례해서 인간의 수명은 줄어들고, 도덕은 점차적으로 해이해지며, 지성은 계속 쇠퇴한다. 판차라트라 같은 인도의 몇몇 학파는 주기에 관한 이론을 "인식의 몰락"에 관한 교리와 결부시키기도 한다.

네 가지 유가의 상대적 길이를 여러 가지 방법으로 계산할 수 있는데, 인간의 해(年)로 계산할 것인지, 혹은 1년이 인간의 시간으로 360년에 해당되는 신의 해로 계산할 것인지, 해에 부여하는 가치에 따라서 달라진다. 두세 가지 예를 들어보기로 하자. 몇몇 자료에 따르면(「마누」, I, 69 이하 ; 「마하바라타」, III, 12. 826), 크리타 유가는 4,000년 지속되고, 거기에 각각 400년의 "여명"과 "황혼"이 더해진다. 다음에 3,000년 지속되는 트레타 유가, 2,000년 지속되는 드바파라 유가, 1,000년 지속되는 칼리 유가가 온다(물론 각 유가마다 그에 상응하는 여명과 황혼이 붙어 있다). 그러니까 완전한 일주기 마하유가는 1만2,000년이 된다. "황혼"중에 한 유가에서 다음 유가로 넘어가게 되는데, 황혼은 각 유가 내부에서 점점 쇠퇴되면서 암흑 단계로 끝을 맺는다. 주기의 종말이 다가오면, 즉 네번째의 마지막 유가가 끝나가기 시작하면 "암흑"이 깊어진다. 우리가 현재 살고 있는 마지막 유가는 특히 "암흑의 시대"로 불린다. 말장난으로 이 시대를 여신 칼리, 즉 "검은색"과 결부시키고 있기 때문이다. 칼리는 시바 신의 왕비인 대여신 샤크티가 가지는 여러 가지 이름 중의 하나이다. 대여신의 이름을 산스크리트어 "칼라", 즉 시간과 관련 지어놓은 셈이다. 따라서 칼리는 "검은색"일 뿐만 아니라 시간의 의인화이다.[3] 어원이 어찌되었든 간에, 칼라와 시간, 칼리 여신, 칼리 유가 사이의 관계는 구조적 측면에서 볼 때 타당하다. 즉, 시간이라는 것은 몰지각하고 냉혹하고 무자비하기 때문에 "검은색"이다. 또 칼리는 다른 대여신들과 마찬가지로 시간과 운명의 여신으로서 운명을 만들고 실현시킨다.

완전한 일주기인 마하유가는 프랄라야, 즉 "해체"로 끝나는데, 프랄라야는 천년주기의 끝(마하프랄라야, 즉 "대해체")마다 철저하게 반복된다. 이렇게 단위가 커진 이유는 후세의 이론에서 측정 단위인 유가를 한층 더 큰 주기에 적용시킴으로써, "창조-파괴-

창조"라는 기본적 리듬을 무한히 확장, 증폭시켜 놓았기 때문이다. 1마하유가의 1만2,000년은 "신의 해"로 계산한 것인데, 신의 해 1년이 360년이니까, 우주의 1주기는 총 432만 년이 된다. 이러한 마하유가가 1,000개 모이면, 1칼파(怯: "형태")가 되고, 14칼파는 1만반타라가 된다(각 만반타라는 신화적 시조인 마누에 의해서 지배된다고 생각되어 그렇게 불린다). 1칼파는 브라마의 하루 낮에 해당되고 다음 칼파는 하룻밤에 해당된다. 브라마의 100"년", 즉 인간의 시간으로 따져 3,110조 년이 신의 일생을 형성한다. 그렇다고 해도, 브라마의 이 어마어마한 일생도 시간을 모두 다 고갈시켜버리지는 못한다. 신들은 영원하지 않지만, 우주의 창조와 파괴는 무한히 이어지기 때문이다.

이와 같은 엄청난 숫자들의 홍수를 저지시키는 것이 바로 우주적 시간의 주기성이다. 실제로 우리는 동일한 현상(창조-파괴-재창조)의 무한한 반복을 보고 있다. 동일한 현상이 무한히 반복된다는 것은 각 유가에서도 예측할 수 있고("여명"과 "창조"), 마하유가에 의해서 완전히 실현되는 것을 알 수 있다. 브라마의 수명은 256만 마하유가인데, 각각의 마하유가는 동일한 단계(크리타, 트레타, 드바파라, 칼리)를 반복하여 마침내는 프랄라야, 즉 라그나뢰크로 끝이 난다(이것은 "최종적" 파괴이다. 마하프랄라야 때 각 칼파의 끝에 일어나는, 우주의 알의 완전한 해체라는 의미에서이다. 마하프랄라야는 모든 "형태", 모든 존재양식이 미분화된 근본 원질[原質=프라크리티]로 퇴행된다는 것을 함축하고 있다. 신화적 차원에서 보면, 비슈누 대신[大神]이 수면에 떠서 잠자고 있는 원초의 대양 이외에는 아무것도 존재하지 않게 된다).

역사로서의 인간의 삶[4]에 대한 형이상학적 평가절하 —— 인생은 그 지속 기간에 비례해서 모든 **형태**의 **부식**을 유발시키면서 존재론적 실재를 고갈시켜간다는 것 —— 와 보편적인 전승으로 남아 있는 **태초의 완전성**에 대한 신화(낙원신화는 그것이 **실현되고 형태를 갖추고 지속된다**는 사실 하나 때문에 점차 소멸되었다) 이외에, 이 숫자의 대향연에서 우리의 주의를 끄는 것은 우주의 기본적 리듬(우주의 주기적 파괴, 재창조)의 **무한한 반복**이다. 마야의 우주적 표명인 시작도 끝도 없는 이 주기로부터 탈출할 수 있는 유일한 방법은 정신적 자유에 의한 행동뿐이다(인도의 모든 구제론적 해결책은 우주적 환상으로부터의 우선적인 해방과 정신적 자유로 귀결된다).

인도의 2대 이단(異端)인 불교와 자이나교는 주기적 시간에 관한 범인도적 교리의 주요 부분을 수용하고, 이 주기적 시간을 열두 개의 살이 달린 수레바퀴에 비유한다(이 이미지는 베다 문헌에서 이미 사용되었다. 「아타르바 베다」, X, 8, 4와 「리그 베다」, I, 164, 115 등). 불교는 우주의 주기를 측정하는 단위로 칼파, 즉 겁(팔리어[범어(梵語)의 속어/역주]로는 카파)을 채택했는데, 이 칼파는 여러 문헌에서 "무량수(아삼케야, 팔리어로는 아산케야)"라고 불리는 변수로 나누어진다. 팔리어로 된 자료는 보통 네 개의 아산케야(무량수)와 10만 카파(겁)에 대해서 언급하고 있다(예를 들면 「자타카」, I, p. 2). 대승 문헌에서 "무량수"는 3, 7, 33 사이에서 변화하는데, 이 숫자들은 여러 우주 속에서 살고 있는 보살의 생애와 관계가 있다. 인류의 점진적 몰락을 불교전승을 통해서 보면 수명의 계속적 감소로 나타난다. 즉 「디가니카야」(II,

2-7)에 따르면, 91겁 전에 출현한 제1불(佛) 비파시(毘婆尸) 시대에 인간의 수명은 8만 년이었고, 제2불 시기(尸棄, 31겁 전) 시대에는 7만 년이었다. 제7불 고타마가 출현했을 때, 인간의 수명은 100년밖에 되지 못해서 그 극한까지 축소되었다(이란의 계시록에도 똑같은 모티브가 나온다). 그러나 불교에서나 인도의 사변에서나, 시간은 무한한 것이고 보살들은 모든 중생들에게 구원의 소식을 알리기 위해서 영원히 화신으로 나타날 것이다. 시간에서 탈출하여 존재의 쇠바퀴를 부수는 유일한 가능성은 인간의 조건을 파기하고 열반을 획득하는 것뿐이다. 더욱이 모든 "무량수"와 헤아릴 수 없는 아이온(그노시스파에서 우주를 다스린다고 생각하는 신과 피창조물과의 중간적 존재/역주)들도 구제론적 기능을 가지고 있다. 이것들의 파노라마를 명상하는 것만으로도 인간은 두려움에 빠지며, 자신이 수천만 번이라도 이 덧없는 삶을 반복해야 하며 끝도 없는 고통들을 겪어야 한다는 사실을 "각성"하게 된다. 이러한 깨달음은 결과적으로 해탈의 의지를 강화시켜서 "존재"의 조건을 초월하도록 인간을 이끌어간다.

우주적 시간과 역사

무한한 시간이라든가 우주 창조와 파괴의 무한한 주기, "인식의 도구", 해탈의 수단으로서의 영원회귀에 관한 신화 등에 관해서 잠시 살펴보기로 하자. 대시간의 시야에서 보면, 일체의 존재가 덧없고 허무하고 허망하다. 대(大)우주의 리듬 차원에서, 즉 마하유가, 칼파, 만반타라의 차원에서 보면 인간 존재와 역사 자체 —— 그 모든 제국, 왕조, 수많은 혁명과 반혁명 —— 가 무상하고 헛된 것일 뿐만 아니라, 우주 자체가 그 실재성이 없다. 왜냐하면, 우주는 비슈누의 몸의 무수한 털구멍에서 계속 태어났다가 수면에서 터져버리는 공기방울만큼이나 순식간에 사라져버리기 때문이다. 시간 **속의** 존재를 존재론적으로 보면 비(非)존재, 비(非)실재이다. 세계는 허망한 것이고, 실재가 없는 것이라고 주장하는 베단타 등의 인도의 관념론은 바로 이런 의미에서 이해해야만 한다. 세계에 실재성이 없는 것은 그 지속이 한정되어 있기 때문이고, 영원회귀의 관점에서 보면 그것은 비(非)지속이기 때문이다. 여기에 있는 이 테이블이 비실재적인 이유는 말 그대로 지금 존재하지 않아서, 우리의 감각으로 볼 때 환각이어서가 아니다. 테이블은 지금 환각이 아니다. 지금 이 순간에 테이블은 존재한다. 하지만 1만 년, 10만 년 후에는 존재하지 않을 것이므로 이 테이블은 허망하다. 우주적 리듬의 차원에서 보면 역사적 세계는 순간의 공간을 지속할 뿐이기 때문에 수천 세대의 노력으로 힘들게 쌓아올린 역사적 세계, 사회, 문명, 이 모든 것이 허망하다. 베단타 철학자, 불교도, 선인(仙人), 요가 수행자, 현자들은 무한한 시간과 영원회귀의 가르침에서 논리적 결론을 이끌어냄으로써 세상을 등지고 절대적 실재를 추구한다. 절대의 인식만이 그들을 환상에서 해방시키고 마야의 베일을 찢어버릴 수 있도록 하기 때문이다.

그러나 세상을 등지는 것이 무한한 순환적 시간의 발견에서 인도인이 얻어낸 유일한 결과는 아니다. 오늘날 알려지기 시작했듯이, 인도가 세계에 대한 거부와 전적인 부정만을 알았던 것은 아니다. 인도의 정신은 항상 우주의 근본적 비실재에 관한 교리로부터 출발하면서도, 반드시 고행주의와 둔세(遁世)로의 길을 추구했던 것만은 아니었다. 예를 들면, 「바가바드기타」⁵⁾ 가운데 크리슈나가 설교하고 있는 것이 바로 그러한 길이다. 팔라트르슈나바이라갸라고 불리는 이 길은 곧 "행위의 결실에 대한 포기"로, 행위 그 자체가 아니라 행위에서 끌어낼 수 있는 이익의 포기를 의미한다. 우리가 앞서서 이야기한 비슈누와 인드라 신화에 이어지는 결말에서 밝혀주는 길이 바로 이 길이다.

아닌 게 아니라 비슈누의 계시에 창피를 당한 인드라는 전쟁의 신으로서의 사명을 포기하고 산에 은거하면서 끔찍한 고행을 시작한다. 다르게 표현하자면, 그는 세상의 비실재성과 허망함을 발견함으로써 유일한 논리적 결론을 이끌어내려고 한 것이다. 인드라는 싯다르타 왕자가 카필라바스투의 왕궁과 아내를 버리고 고통스러운 고행에 들어간 직후의 상황과 똑같은 상황에 처한다. 그렇지만 신들의 왕으로서 형이상학적 질서에 관한 계시로부터 그런 결론을 끌어낼 권리가 있는 것인지, 그의 은둔과 고행이 세계의 균형을 위험에 빠뜨리는 것은 아닌지 생각해보아야 한다. 과연 얼마 후, 버림받고 비탄에 잠긴 인드라의 아내 샤시 왕비는 고문승려 브라스파티에게 도움을 청한다. 브라스파티는 왕비의 손을 잡고 인드라에게 다가가 명상적 삶의 미덕뿐만 아니라 이승에서 충일함을 발견할 수 있는 삶, 능동적인 삶의 중요성을 길게 이야기한다. 이로써 인드라는 두번째 계시를 받게 된다. 인간 각자가 자기 자신의 길을 따라서 소명을 실현시키고 의무를 완수해야 한다는 것을 인드라는 깨닫는다. 그의 소명과 의무는 인드라로 계속 남아 있는 것이었으므로, 인드라는 자만심과 교만을 버리고 자신의 본분을 되찾는다. 신들의 왕일지라도, 모든 "상황"은 헛된 것임을 깨달았기 때문이다.

　인드라 신화의 결말부는 균형을 되찾고 있다. 즉 우주적 존재와 합일해보려고 헛되이 애쓴 나머지 자신의 역사적 상황을 포기해버리는 것이 반드시 중요한 일은 아니라는 것이다. 오히려 역사적 시간 속에서 자신의 의무를 채워나감으로써 정신 속에 대시간의 관점을 지니는 것이 중요하다. 이것이 바로「바가바드기타」에서 크리슈나가 아르주나에게 준 교훈이다. 대부분의 원시사회와 마찬가지로 인도에서도 신화의 주기적 낭송에 의해서 획득되는 이와 같은 대시간으로의 열림은 형이상학적, 윤리적, 사회적인 일정한 **질서**의 무한한 연장을 가능하게 해준다. 이 질서는 역사에 대한 맹목적 숭배를 막아주는데, 신화적 시간의 관점은 역사적 시간의 어떤 편린일지라도 허망한 것으로 만들기 때문이다.

　방금 보았듯이, 순환하는 무한한 시간의 신화는 시간의 단조(短調) 리듬, 즉 역사적 시간에 의해서 엮어진 환상을 깨고 세계의 불안전성과 비실재성 그리고 해탈의 길을 우리에게 밝혀준다. 사실상 속세를 떠나 고행과 신비술을 행하는 명상적 방법에 의해서, 혹은 속세에 몸을 담되 "행동의 결실"을 향유하지 않는(팔라트르슈나바이라갸) 능동적 방법에 의해서 마야의 속박에서 벗어날 수 있다. 어느 방법이든 간에 요점은 시간 속에서 피고 지는 형태의 실재성**만을** 믿어서는 안 된다는 것이다. 이러한 형태들은 그들 자체를 기준으로 볼 때에만 **진실**일 뿐이고 존재론적으로는 실체가 없다는 것을 잊으면 안 된다. 위에서 말했듯이, 사물과 존재를 우주적 시간의 차원에 투입시켜 즉각 그 비실재성을 깨닫도록 한다는 의미에서 시간은 인식의 도구가 될 수 있다. 시간의 장조(長調) 리듬을 향한 열림을 통해서 얻어지는 이러한 관점 전환에 있어서의 인식 형이상학적, 구제론적 기능은 마야에서 비슈누까지의 몇 몇 신화에 의해서 탁월하게 밝혀지고 있다.

그 가운데에서 다음은 스리 라마크리슈나[6]가 이야기한 대중적인 현대판 신화이다. 나라다라는 이름의 유명한 고행자가 무한한 고행의 결과로 비슈누의 은총을 입었다. 비슈누가 그에게 나타나 무슨 소원이라도 들어주겠노라고 약속한다. 나라다는 "당신이 가지고 있는 마야의 주력(呪力)을 보여주시오"라고 말한다. 비슈누는 이에 동의하고, 자기를 따라오라고 한다. 몇 시간 후, 태양이 작열하는 황량한 길에서 갈증이 나자 비슈누는 그에게 몇백 미터 떨어져 있는 작은 마을로 먼저 가서 물을 가져다 달라고 청한다. 나라다는 발걸음을 재촉하여 첫 집의 문을 두드린다. 몹시 아름다운 소녀가 그에게 문을 열어준다. 고행자는 그녀를 한참 바라보다가 자신이 왜 왔는지를 잊어버린다. 소녀의 부모는 집으로 들어온 그를 성자 대하듯이 경의를 다해 맞이한다. 시간이 흘렀다. 나라다는 마침내 소녀와 결혼하고 결혼의 즐거움과 고단한 농부의 삶을 맛본다. 그리고 12년의 세월이 흘러 나라다는 이제 세 아이의 아버지가 되었고, 장인이 죽은 후 농장의 주인이 되었다. 그러나 12년째 되는 해에 폭우가 내려 그 지방은 침수된다. 하룻밤 사이에 가축들은 물에 떠내려가고 집은 무너졌다. 한 손으로는 아내를, 다른 한 손으로는 두 아이를 잡고 막내는 어깨에 메고, 나라다는 물길을 가까스로 헤쳐나갔다. 그러나 짐이 너무 무거운 나머지 미끄러져 막내가 물에 빠지고 말았다. 나라다는 두 아이를 놓고 막내를 찾아보려고 했지만 때는 늦었고 아이는 휩쓸려가고 말았다. 막내를 찾는 사이에, 급류는 다른 두 아이를, 이어서 아내를 순식간에 집어삼켰다. 나라다도 물에 빠져 정신을 잃었고 나무 토막처럼 물살에 휩쓸렸다. 바위에 부딪쳐 정신을 차린 그는 자신의 불운을 생각하고 흐느껴 울기 시작했다. 그때 갑자기 귀에 익은 목소리가 들렸다. "애야! 가져다 주기로 한 물은 어딨느냐? 삼십 분도 더 기다렸구나!" 나라다는 고개를 돌려 바라보았다. 모든 것을 파괴한 급류가 있을 자리에 태양 밑에서 빛나는 황량한 들판이 보였다. 그에게 신이 물었다. "내 마야의 비밀을 이제 알겠느냐?"

물론 나라다는 자신이 모두 이해했다고 말할 수는 없었지만, 핵심적인 것을 깨달았다. 그제서야 그는 비슈누의 우주적 마야가 시간을 통해서 발현된다는 것을 알게 된 것이었다.

"시간의 공포"

순환적 시간의 신화, 즉 무한히 반복되는 우주 순환의 신화는 인도의 사변에 의해서 새로 만들어진 것은 아니다. 다른 저서에서도 보이듯이,[7] 전통사회 —— 전통사회에서의 시간의 표상은 그 깊은 의미를 파악할 수 없는 상징과 의례에 의해서 표현되기 때문에 포착하기가 무척 힘들다 —— 는 인간의 시간적 존재를 어떤 원형과 표본적 행동의 무한한 반복으로서, 또한 **영원한 재개(再開)** 로서 상상한다. 사실상 세계는 상징적으로나, 의례적으로나 주기적으로 재창조된다. 적어도 1년에 한 번 우주 창조가 반복되고, 우주 창조의 신화는 결혼이라든가 치료 같은 여러 행동에 대하여 표본의 역할을 한다.

 이 모든 신화와 의례의 의미는 무엇일까? 그것은 곧 세계는 매우 빠른 리듬으로 태어나서 쇠퇴하고 소멸했다가 다시 태어난다는 것이다. 혼돈 그리고 새로운 창조에 의해서 이 혼돈에 종말을 고하는 우주 창조가 주기적으로 재연된다. 해는 세계와 우주의 창조, 지속, 파괴와 상응한다. 세계의 주기적 창조와 파괴의 개념은 식물의 주기적 죽음과 재생을 보고 공고히 된 것이기는 해도, 그렇다고 농경사회 때 만들어진 것이 아닌 것은 틀림없다. 이 개념은 농경사회 이전의 신화에서도 발견되며, 십중팔구 달의 구조 개념을 가지고 있다. 실제로 달은 가장 예민하게 주기성을 띠고 있으며, 달과 관련된 용어가 시간 측정을 표현하는 데 제일 먼저 사용되었다. 달의 리듬은 항상 "창조(초승달)", 성장(보름달), 감소, "죽음(달 없는 사흘 밤)"으로 나타난다. 틀림없이, 달의 이와 같은 영원한 탄생과 죽음의 이미지가 생사의 주기성에 대한 원초의 인간의 직관을 결정(結晶)시켰을 것이고, 이어서 세계의 주기적 창조와 파괴의 신화를 끌어냈을 것이다. 대홍수에 관한 최고(最古)의 신화들은 달과 관련된 구조와 기원을 보여준다. 대홍수가 있고 난 후마다 신화적 조상은 새로운 인류를 탄생시킨다. 그런데 이 신화적 조상은 종종 달과 관계되는 동물(민족학에서는 생명이 어떤 교차성을 보이는, 특히 주기적으로 나타났다가 사라지는 동물에 대해서 이런 이름을 붙인다)의 형상을 띤다.

 따라서 "원시인"에게 시간은 순환적인 것이고, 세계는 주기적으로 창조되었다가 파괴되며, "탄생-죽음-재탄생"이라는 달의 상징성은 수많은 신화와 의례를 통해서 나타난다. 세계의 나이와 우주 순환에 관한 범인도적 교리는 이러한 태고의 유산을 기반으로 만들어졌다. 물론 달의 영원한 탄생, 죽음, 재탄생의 원형적 이미지가 인도적 사유에 의해서 상당히 변형되기는 했다. 유가의 천문학적 양상은 바빌로니아인들의 우주론적, 점성술적 사변에 영향을 받았을 가능성이 크다. 그러나 인도에 대한 메소포타미아의 역사적 영향력 여부는 여기에서 언급하지 않기로 한다. 우리에게 중요한 것은 인도인이 우주 순환주기의 길이와 수를 대담하게 증가시킴으로써 구제론적 목적을 고려했다는 점을 밝히는 일이다. 우주의 탄생과 재탄생의 무한한 수, 그와 더불어 카르마(업)의 법칙에 지배되는 인간의 탄생과 재탄생의 무한한 수에 공포를 느낀 인도인은 어떻게든 이 우주의 수레바퀴와 무한한 윤회에서 벗어날 출구를 **찾아야만** 했다. "탄생-죽음-재탄생"의 끔찍한 순환과 고통으로부터 인간을 해방시키는 신비적 교리와 기법은 우주 순환의 신화적 이미지를 차용하여, 개종을 목적으로 이런 이미지를 확장, 이용했다. 후기 베다 시대의 인도인들, 다시 말해서 "존재의 고통"을 발견한 인도인들에게 영원회귀란 곧 카르마(업)에 지배되는 윤회의 무한한 순환을 의미한다. 헛되고 덧없는 이승, 삼사라(윤회)의 세계, 고통과 무지의 세계는 시간의 기호 밑에서 전개되는 세계이다. 이승에서의 해방과 구원의 성취는 우주적 시간으로부터의 해방과 같은 의미가 된다.

시간의 소멸에 관한 인도의 상징

산스크리트어로 "칼라"라는 단어는 시간의 주기, 무한한 지속을 의미하기도 하고 어떤 한 순간을 가리키기도 한다. 그런 점에서는 유럽어에서의 의미와 같다(예를 들면 "what time is it now?"). 고대 문헌에서는 온 우주와 존재의 시간성이 강조된다. 가령, "시간은 존재했던 모든 것과 앞으로 존재할 모든 것을 낳았다."(「아타르바 베다」, XIX, 54, 3) 우파니샤드에서 우주 정신이자 절대 존재인 브라만은 시간의 초월자인 동시에 시간 속에서 나타나는 모든 것의 근원이자 근본으로서 표현된다. 즉 "존재했고 존재할 것들의 지배자, 그는 오늘인 동시에 내일이니."(「케나 우파니샤드」, IV, 13) 그리고 크리슈나는 우주신으로서 아르주나에게 나타나서 이렇게 말한다. "나는 흐르면서 세계를 파괴하는 시간이다." (「바가다드기타」, I, 32)

알다시피 우파니샤드는 브라만이라는 보편 존재의 양상을 "유형과 무형, 사(死)와 불사, 불변과 유동"(「브라다라냐카 우파니샤드」, II, 3, 1) 등의 두 가지 양상으로 구분한다. 이 말은 곧 현현적이며 비현현적인 두 양상의 우주, 조건적이고 비조건적인 두 양상의 정신이 모든 양극과 대립을 통합하는 유일자 브라만 가운데 존재한다는 뜻이다. 그런데 「마이트리 우파니샤드」(VII, 11, 8)는 시간적 차원에서 보편존재의 이 양극성을 규정하면서, "시간과 무시간(칼라슈-카칼라슈-카)"으로 브라만의 "두 가지 형태(드베 루페, 즉 하나의 본질[타드 에캄]에 들어 있는 '두 가지 본성[드바이티바바])"를 구분 짓고 있다. 다른 말로 표현하자면, 시간과 영원성은 동일한 원리의 두 가지 양상이다. 유동하는 현재(nunc fluens)와 정지된 현재(nunc stans)가 브라만 속에서 합치된다. 「마이트리 우파니샤드」는 다음과 같이 계속된다. "태양에 앞서는 것은 무시간(아칼라)이자 미분화된 것(아칼라)이다. 태양과 더불어 시작하는 것은 부분을 가진 시간(사칼라)으로 그 형태는 해(年)이다……"

"태양에 앞서는 것"이라는 표현은 천지창조에 앞서는 시대를 말하는 것으로, 우주론적 차원에서 이해될 수 있다. 마하유가와 칼파 사이의 기간, 즉 우주의 크나큰 밤에는 시간적 지속이 존재하지 않기 때문이다. 오히려 이 표현은 형이상학적, 구제론적 차원에 들어맞는다. 즉 위의 표현은 깨달음을 얻은 자, "생전 해탈자(지반 묵타)"가 된 자, 지속에 참여하지 않게 되었다는 의미에서 시간을 초월한 자의 역설적 상황을 가리킨다. 실제로「찬도갸 우파니샤드」(III, 11)는 현자, 깨달음을 얻은 자에게 태양은 움직이지 않는다고 주장한다. "그러나 태양은 천정에서 떠오른 후, 더 이상 떠오르지도 지지도 않으리라. 태양은 홀로 중심에 있으리라. 이 송시가 그것을 노래한다. '그곳(브라만의 초월적 세계)에서 태양은 결코 지지 않았고, 결코 떠오르지 않아……' 태양은 뜨지도 지지도 않는다. 브라만의 비의를 아는 자에게 태양은 결단코(샤크르트) 하늘에 있다."

여기에서 초월에 관한 감각적인 이미지를 말하고 있음은 물론이다. 천정에서, 하늘 궁륭(穹窿)의 정점에서, "세계의 중심"에서, 차원의 단절과 우주 삼계간의 소통이 가능한 그곳에서, 태양(=시간)은 "깨달은 자"에게 부동으로 있다. 역설적이게도 유동하는 현재가 정지된 현재로 변화된다. 보리(菩提)와 오득(悟得)은 시간으로부터의 이탈이라는 기적을 실현시킨다. 베다와 우파니샤드 문헌에서는 깨달음의 역설적 순간을 번개와 비교한다. 브라만은 마치 번개처럼 돌연 깨달음을 얻는다.(「케나 우파니샤드」, IV, 4, 4) "번개 속에 진리가 있구나"(「카우시타키 우파니샤드」, IV, 2. 번개-영적인 깨달음의 이 이미지는 그리스의 형이상학과 기독교 신비주의에서도 똑같이 나타난다).

천정(天頂)이라는 이 신비적 이미지를 잠시 검토하자. 천정은 세계의 정점이자 "중심"이며 우주의 축이 통과하는 무한소의 점이다. 제1장에서 원시사고에서 이 상징이 가지는 중요성을 언급했다.[8] "중심"은 세속의 기하학적 공간에 속할 뿐만 아니라 신성한 공간에 속하는 관념상의 점으로서, 그곳을 통해서 천상계와 지옥의 소통이 실현된다. 다시 말해서 "중심"은 감각 세계를 초월할 수 있는 점, 차원의 단절이 가능한 역설적 장소이다. 우주를, 창조된 세계를 초월한다는 사실 자체로 시간, 지속을 초월하여 적정(寂靜 : 불교에서 번뇌를 떠나 고[苦]를 멸한 해탈, 열반의 경지/역주), 무시간적 영원한 현재를 획득할 수 있다.

공간을 초월하는 행위나 시간적 흐름을 초월하는 행위의 상호관계는 불타의 탄생에 관한 신화에 잘 나타나 있다. 「마지마-니카야」(III, p. 123)에 다음과 같이 적혀 있다. "여래는 태어나자마자 발을 땅에 딛고 북쪽을 향해서 흰색 양산을 드리운 채 일곱 걸음을 걸었다. 일체제방을 바라보고 황소의 목소리로 말했다 '나는 세상에서 가장 높은 자, 가장 선한 자, 가장 연장자이다. 이것이 나의 마지막 탄생이니, 이후로 나에게 새로운 생은 없으리라.'" 불타탄생의 신화는 수많은 이본을 낳으면서 「니카야 아가마」, 「비나야」 같은 후대의 문헌과 불타의 전기[9]를 통해서 반복되었다. 세계의 정점에서 불타가 내딛은 일곱 걸음(삽타 파다니)은 불교 미술과 도상에도 그려져 있다. "일곱 걸음"의 상징은 아주 명백하다.[10] "나는 세상에서 가장 높은 자"라는 표현은 불타의 공간적 초월성을 뜻한다. 사실 불타는 일곱 행성에 해당되는 우주의 일곱 층을 가로지름으로써 "세계의 정상(로카게)"에 도달한 것이다. 그런데, 그는 공간의 초월 그 자체로써 동시에 시간을 초월한다. 인도의 우주론에서 창조가 시작된 곳이 바로 이 정상이었고, 따라서 이곳이 가장 "오래된" 장소이기 때문이다. 그런 이유에서 불타는 "나는 세상에서 가장 연장자이다"라고 외친 것이다. 불타는 우주의 정상에 도달함으로써 세상의 시작과 동시대인이 된다. 주술적으로 보면, 그는 시간과 창조를 폐기하고 우주 창조에 앞서는 순간에 존재한다. 환상 속에 살고 있는 모든 사람에게 공포를 주는 법칙, 우주적 시간의 불가역성은 불타에게 문제가 되지 않는다. 불타는 과거뿐만 아니라 미래도 알고 있기 때문에, 그에게 시간은 가역적인 동시에 예견 가능한 것이기도 하다. 강조해야 할 점은 불타는 시간을 폐기할 수 있게 된 동시에 시간을 반대 방향으로 "거슬러올라갈" 수 있다는 것이다. 그리고 이것은 열반이나 삼매에 도달하기에 앞서서 전생을 알 수 있는 "역행"을 행하는 불교 승려나 요가 수행자도 마찬가지이다.

"알 까기"

불타를 일곱 개의 우주 차원에 통과시켜 세계의 "중심"에 관입시키고 세계 창조 이전의 무시간적 순간과 통합시킴으로써 시간과 공간을 초월하는 이러한 이미지 이외에, 시간의 상징과 공간의 상징을 훌륭하게 결합시켜주는 또다른 이미지가 있다. 폴 뮈는 탁월한 논문을 통해서 「수타비반가」¹¹¹의 다음 내용에 주목했다. "불타가 말씀하시기를, 암탉 한 마리가 여덟 개나 열 개 혹은 열두 개의 알을 낳으면 알을 따뜻하게 충분히 품어준다. 첫번째 병아리가 발톱이나 부리로 알을 깨고 무사히 나오면, 사람들은 이 병아리를 무엇이라고 부르겠는가? 최연장자라고 부르겠는가, 최연소자라고 부르겠는가? ── 병아리 중에 가장 나이가 많으니 최연장자로 부를 것입니다. 고타마 존자여. ── 오, 바라문이여, 그와 똑같다. 무명 속에 살면서 마치 알 속에 갇혀 있는 것과도 같은 중생들 가운데 내가 그 알을, 무지의 껍질을 깨었노라. 그리하여 세상에서 유일하게 나만이 불타의 보편적 존엄을 획득했노라. 오, 바라문이여, 그러하니 중생 가운데 나는 가장 연장자이며 가장 고귀하도다."

폴 뮈가 말했듯이, 이것은 "오해의 소지가 있는 간결한 비유적 표현"이다. 이 표현을 제대로 이해하려면, 바라문의 통과의례가 마치 제2의 탄생처럼 여겨졌다는 것을 고려해야 한다. 입문자에 대한 가장 흔한 명칭은 드비쟈, 곧 "두 번 탄생한 사람"이었다. 그런데 새나 뱀 등도 알에서 탄생하기 때문에 이런 이름으로 불린다. 산란은 "첫번째 탄생", 즉 인간의 자연적 탄생과 동일시되었고, 부화는 통과의례에 의한 초자연적 탄생에 해당되었다. 더구나 바라문의 법전은 육체 연령이나 친족관계가 어찌되었든 간에 입문자들은 사회적으로 비입문자의 선배이고 연장자라는 법칙을 세워놓았다."(뮈, 위의 책, pp. 13-14)

그러나 그 뿐만이 아니다. "세상에서 '가장 먼저 탄생한 자(제슈타)'를 잠재적으로 담고 있는 알을 까는 것과 불타의 초자연적 탄생을 비교하여 어떻게 은유적으로나마 묘사할 수 있는가? 바라문교의 전승에 나오는 '우주의 알'을 청중에게 상기시키지 않고는 불가능하다. 시간의 여명기에 이 알로부터 황금의 태(胎, 히란야가르바), 창조의 아버지 혹은 창조주(프라자파티), 아그니(불의 신 혹은 제의의 불), 또는 브라만(제물희생의 원리, "기도", 찬가) 등의 여러 가지 이름으로 불리는 태초의 창조신이 나왔다."(뒤, p. 14) 그런데 이 "우주의 알"이 우주적 시간의 상징적 표현인 해와 명백하게 동일시되며, 따라서 순환적 지속의 또다른 이미지인 삼사라(윤회)가 신화적 알에 정확히 부합한다는 것을 우리는 알고 있다."(같은 책, p. 14, 주 1)

이처럼 시간을 초월하는 행위는 우주론적이고 공간적인 상징에 의해서 표현된다. 알 껍질을 깬다는 것을 불타의 우화에서 보면 존재의 수레바퀴, 삼사라를 부순다는 것, 즉 우주적 공간과 순환적 시간을 초월한다는 것과 같은 의미이다. 이 경우에도 불타는 베다와 우파니샤드를 통해서 익숙해진 이미지와 유사한 이미지를 사용하고 있다. 「찬도갸 우파니샤드」에서 천정에 떠 있는 부동의 태양은, 알 까기의 불교적 이미지가 표현하고 있는 것과 똑같은 힘으로 우주로부터의 탈출이라는 역설적 행위를 표현해주는 공간적 상징이다. 초월을 상징하기 위해서 사용된 이와 같은 원형적 이미지는 탄드라 요가 수행법의 양상을 제시할 때 다시 살펴볼 기회가 있을 것이다.

불교에 나타난 시간의 철학

불타의 일곱 걸음과 우주의 알에 관한 상징은 시간의 **가역성**을 함축하는데, 이 역설적 과정에 대해서는 나중에 다시 언급하기로 하자. 우선은 불교, 특히 대승불교에 의해서 이룩된 시간의 철학[12]에 관하여 큰 줄기만 제시해야겠다. 불교도에게도 시간은 지속적인 흐름(삼타나)으로 구성되는데, 시간의 유동성이라는 사실 때문에 시간 속에서 표명되는 일체의 "형태"는 소멸하게 되어 있고, 존재론적으로 볼 때는 비실재이다. 대승 철학자들은 시간의 순간성이라고 부를 수 있는 것에 관하여, 즉 계속적으로 과거로, 비존재로 변화하는 현 순간의 비실재성, 유동성에 관하여 충분한 논의를 거듭했다. 스체르바츠키에 의하면, 불교 철학자에게 "존재와 비존재는 어떤 사물의 서로 다른 양상이 아니라, 사물 그 자체이다." 샨타라크시타가 말했듯이, "존재하는 모든 것의 본질은 정지와 파괴에서의 자체적 순간성(엄청난 수로 이루어졌다)에 있다."(「타트바상그라하」, p. 137 ; 스체르바츠키, 「불교의 논리 *Buddhist Logic*」, I, p. 94 이하) 샨타라크시타가 비유한 파괴란 땅에 떨어졌을 때 깨지는 항아리와 같은 경험적 파괴가 아니라, 시간 속에 존재하고 있는 모든 것들의 내재적이고 부단한 무화(無化)이다. 바로 그런 이유에서 바수반두는 이렇게 쓰고 있다. "무화는 순간적이고 부단한 것이므로 (실제적) 운동은 존재하지 않는다"[13] 이 운동, 즉 시간 그 자체, 지속은 실제적 근본원리이다. 불교에서 개인의 자아가 실제적 근본원리인 것과 마찬가지이다. 그러나 개념상으로서의 운동은 외부 현실과 일치하지 않는다. 운동은 우리에 의해서 만들어진 "그 어떤 것"이기 때문이다. 감각 세계의 유동성과 순간성, 그 계속적인 무화는 시간적 세계의 비실재성을 표현하는 뛰어난 대승적 공식이다. 대승 철학자들에게 이 운동은 비연속적이며 "일련의 부동성으로 구성된다"(스체르바츠키)고 시간의 대승적 개념에 대해서 흔히들 결론지어왔다. 하지만 쿠마러스와미가 적절히 지적하고 있듯이(위의 책, p. 60), 하나의 선은 일련의 무한한 점으로 이루어지는 것이 아니라, 하나의 연속으로 나타난다. 바수반두 자신도 이에 대해서 "순간들의 비약은 끊임없이 연속된다"고 말한다. 스체르바츠키가 "일련"이라고 번역한 삼타나라는 단어는 어원적으로 "연속"을 의미한다.

이 모든 내용은 전혀 새로울 것이 없다. 대승 논리학자나 형이상학자는 시간 속에 존재하는 모든 것의 존재론적 비실재성에 관한 범인도적 직관을 극한까지 밀고나갔을 뿐이다. 유동성은 비실재성을 은폐하게 된다. 구원의 유일한 희망과 유일한 길은 법(달마=절대적 실재)을 계시하고 열반에의 길을 제시한 불타이다. 불타의 설법은 그의 메시지의 중심주제를 쉴새없이 되풀이한다. 즉 조건 지어진 모든 것은 비실재라는 것이다. 그러면서도 불타는 "나는 그렇지 않다"라고 덧붙이는 것을 잊지 않는다. 불타는 법과 동일하기 때문이며, 따라서 그는 "단일하고 비복합적(아삼카타)"이며 "무시간적, 비시간적(아카리코, 「안구타라 니카야」, IV, 359-406에서 이렇게 말하고 있다)"이다. 여러 차례 불타는 자신이 "아이온을 초월"하며, "아이온에 속하는 사람이 아니라는 것," 즉 그는 실제로 시간의 순환적 흐름 속에 속해 있지 않으며, 우주적 시간을 초월한다는 것을 상기시킨다.[14] 「삼유타 니카야」(I, 141)에서 말하고 있듯이, 불타에게는 "과거도 미래도 존재하지 않는다." 불타에게 모든 시간은 현재가 될 수 있다.(「비숫디 마가」, 411) 이 말은 곧 그가 시간의 불가역성을 파기했다는 뜻이다.

신비주의자들이 말하는 절대적 현재, 영원한 현재는 적정이자 비지속이다. 비지속, 영원한 현재를 공간적 상징으로 환치하면 **부동성**이 된다. 그리고 사실상 불타나 해탈자의 비조건적 상태를 가리키기 위해서 불교(요가에서도 마찬가지이다)에서는 부동성, 적정과 관계되는 표현들을 사용한다. "사고가 흔들리지 않는 사람" (「디가 니카야」, III, 157), "정신이 안정된 사람"(같은 책, I, 57), "안정된, 부동의" 등이 그것이다. 요가에 관한 최초의 그리고 가장 간략한 정의는 파탄잘리 자신이 「요가 수트라(*Yoga Sŭtra*)」(I, 2) 앞 부분에서 내린 다음과 같은 정의이다. "요가는 의식상태의 제거이다." 그러나 제거는 최종목표일 따름이다. 요가 수행자는 자신의 의식상태, 심리-정신적인 흐름을 "멈추는 것", "정지시키는 것"부터 시작한다(니로다의 가장 일반적인 의미는 "제한, 저지"로서, 감금하고 폐쇄시키는 행위이다). 요가 수행자의 시간체험에서 의식상태의 이와 같은 "정지", "부동성"이 가져오는 결과에 대해서는 다시 검토하기로 하자.

"사고가 흔들리지 않는" 사람, 시간의 흐름이 없는 사람은 영원한 현재, 정지된 지금에 산다. 순간, 현재의 순간, 지금은 산스크리트어로 크사나이고 팔리어로 카나이다.[15] 시간을 측정하는 것은 크사나, "순간"에 의해서이다. 그런데 이 단어는 "은총의 찰라"라는 의미도 가지고 있어서, 불타가 볼 때는 인간이 시간에서 탈출할 수 있는 것이 바로 이 은총의 찰라를 매개로 해서이다. 실제로 불타는 "순간을 잃는 자는 한탄할 것이므로 순간을 잃지 말라"고 충고한다. 그는 "순간을 포착한" 승려들을 축복하고 "순간이 지나버린" 사람들을 측은히 여긴다. (「삼유타 니카야」, IV, 126). 이 말은 곧 무수한 전생을 거쳐 우주적 시간 속에서 기나긴 길을 따라온 후에, 깨달음이 한 찰라에 이루어진다는 것을 의미하고 있다. 대승 저술가들이 말하고 있는 "찰라적인 깨달음(에카 크샤니 비삼보디)"이란 실재에 대한 계시가 마치 **번개**처럼 **순식간에** 이루어진다는 뜻이다. 이것은 전적으로 번개의 상징에 근거한 언어적인 비유로서 이미 우파니샤드 문헌에서 본 적이 있다. 어떤 순간이라도, 어떤 크사나라도 지속을 정지시키고, 불승(佛僧)을 정지된 현재, 영원한 현재에 투입시키는 역설적인 순간, "은총의 찰라"가 될 수 있다. 이 영원한 현재는 더 이상 시간과 지속의 일부가 아니다. 그것은 우리의 세속적 "현재", 두 개의 비실재 —— 과거와 미래 —— 사이에서 희미하게 떠오른 덧없는 현재, 우리의 죽음과 더불어 정지될 그 현재와는 질적으로 다르다. 깨달음을 얻는 "은총의 찰라"는 하늘의 계시를 고하는 번개와 비교되거나 혹은 시간 밖에서 역설적으로 연장되는 신비적 엑스터시와 비교되어야 할 것이다.

이미지와 역설

"시간으로부터의 이탈"이라는 역설적인 행동을 표현하기 위해서 매개로 사용되는 이러한 이미지들은 **모두 무명(無明)으로부터 깨**

달음으로의 이행(다른 표현을 쓰자면, "죽음"에서 "삶"으로, 조건적인 것에서 비조건적인 것으로의 이행 등)을 표현하기 위한 것이기도 하다. 대략 이들을 세 가지로 분류할 수 있다. 첫째, 차원의 단절을 통한 시간의 폐기와 그에 따른 깨달음을 가리키는 이미지들("알 까기", 번개, 불타의 일곱 걸음 등), 둘째 **인식 불가능한 상황**을 표현하는 이미지들(천정에 떠오른 태양의 부동성, 의식의 흐름의 중지, 요가 수행법에서 호흡의 완전정지 등), 셋째, 시간의 단편이 "깨달음의 순간"으로 변모한 것으로서 "은총의 순간"의 모순적 이미지이다. 끝의 두 이미지도 차원의 단절을 기리킨다. 왜냐하면 이 이미지들은 세속적 차원에서 볼 때 "정상적인" 상태(태양의 운행, 의식의 흐름 등)에서 "역설적인" 상태(태양의 부동성 등)로의 이행을 상징하며, 또한 시간적 순간 자체 속에서 일어나는 화체(化體)를 함축하고 있기 때문이다(알다시피 세속적 지속에서 제의에 의한 신성한 시간으로의 이행도 역시 "차원의 단절"에 의해서 획득된다. 예배 시간은 세속적 지속을 중지시킨다. 그러나 역설적이게도 최근에 치룬 예배 시간은 세속적 지속 속에 끼어들어 있다 [「종교사 개론」, p. 332 이하 참조]).

이들 이미지의 구조는 놀라운 것이 못 된다. 초월에 관한 상징은 모두 역설적이고 세속적 차원에서는 이해가 불가능하다. 차원의 단절 및 "피안의 세계", 초감각 세계(사자와 신들의 세계)로의 침투를 표현하기 위해서 가장 흔히 사용되는 상징은 "곤란한 통로"와 면도날이다. 「카타 우파니샤드」(III, 14)에서는 시인들이 (궁극의 인식에 도달하는) 길의 험난함을 표현하기 위해서 "예리한 면도날 위를 통과하기란 지난한 일이다"라고 말하고 있음을 강조한다. 복음서를 상기해보면 "생명으로 인도하는 문은 좁고 길이 협착하여 찾는 이가 적음이니라"(마태복음 7:14)고 적혀 있다. "좁은 문"이라든가 면도날, 좁고 위험한 다리 등이 이 상징의 풍부함을 다 말해주지는 못한다. 또다른 이미지들이 명백하게 출구가 없는 상황을 나타내준다. 통과의례적인 동화에서 주인공은 "밤과 낮이 만나는 곳"을 지나가야 하거나, 아무 문도 없는 벽에서 문을 찾아내야 하거나, 한순간만 잠깐 열리는 통로를 통해서 하늘로 올라가야 하거나, 혹은 계속 움직여대는 맷돌 위아래의 틈새를, 계속 부닥치는 두 바위 틈을, 괴물의 위아래 턱 사이를 통과해야만 한다.[16] 이 신화적 이미지들은 **궁극의 실재에 접근하기 위해서 대립물을 초월할 필요성, 인간 조건의 특징인 대극성(對極性)을 소멸시킬 필요성**을 표현한다. 쿠마러스와미가 말했듯이, "이승에서 피안 세계로 가고 싶은 사람, 그 반대로 하고 싶은 사람은 대립적이되 명백한 힘들 사이의 일차원적, 무시간적 틈을 이용하여 통과해야 한다. 이 힘들 사이를 통과하는 것은 순간적으로만 가능하다"(「심플레가데스」, p. 486)

사실상 인도의 사변에서, 인간 조건을 대립물의 존재에 의해서 정의한다면, 해탈(즉 인간 조건의 폐기)은 대립물을 뛰어넘는 무조건의 상태, 혹은 대립물이 합치되는 상태를 의미한다. 「마이트리 우파니샤드」에서 존재의 현현적인 양상과 비현현적인 양상에 대해서 언급하면서, 브라만의 "두 형태"를 "시간과 무시간"으로 구분한 것을 기억하고 있을 것이다. 현자에게 브라만은 표본적 모델의 역할을 한다. 해탈은 곧 "브라만의 모방"이다. 이 말은 "깨달음을 얻은 자"에게 "시간"과 "무시간"은 대립적 긴장관계가 사라진다는 것, 시간과 무시간을 서로 구분할 수 없게 된다는 것을 의미한다. "대립쌍(對立雙)"의 소멸에 의해서 획득되는 역설적인 상황을 보여주기 위해서, 인도의 사변은 다른 원시적 사유와 마찬가지로, 구조 자체에 모순을 포함하고 있는 이미지들을 사용한다(그 전형적인 것으로서 아무 문도 없는 벽에서 문을 찾는 이미지가 있다).

대립되는 것들의 합치는 "은총의 찰라"로 변화된 "순간"의 이미지에 의해서 더욱 명확히 설명된다. 외견상으로 볼 때, **세속적 시간의 한 단편과 깨달음에 의해서 획득된 무시간적 순간을 구분 지을 수 있는 것은 아무것도 없다**. 이러한 이미지의 구조와 기능을 충분히 이해하려면 성의 변증법을 상기해야만 한다. 즉 어떤 물건일지라도 주변의 우주계에 계속적으로 참여함으로써 역설적으로 성의 현현이, 성의 용기(容器)가 될 수 있다는 것이다(**신성한** 돌도 결국엔 그저 아무 **돌**일 따름이다).[17] 이런 관점에서 보면, "은총의 찰라"의 이미지는 모순적 상황에 관한 이미지들(태양의 부동성 등의 유형)보다 한층 강력하게 대립물 합치의 패러독스를 표현해주고 있는 셈이다.

"시간 이탈"의 기법

순간적 깨달음, 시간 밖으로의 역설적 비약은 철학과 신비적 기법을 동반하는 기나긴 훈련 끝에 얻어진다. 시간의 흐름을 멈추는 것을 목적으로 하는 몇 가지 기법들을 상기해보도록 하자. 가장 보편적인 것으로서, 진정으로 범인도적인 기법인 프라나야마, 즉 호흡의 리듬화인 조식(調息)을 들 수 있다. 먼저 중요한 한 가지 사실에 주목하기 바란다. 요가 수행법의 궁극 목표가 인간 조건을 초월하는 데 있기는 해도, 우선은 이 인간 조건 자체를 회복시키고 개선시키는 것부터, 속세 사람들은 접근할 수 없는 폭과 위엄을 인간 조건에 부여하는 것부터 시작한다. 그렇다고 인간 육체와 정신의 절대적인 지배에 도달하는 것을 엄격한 목표로 삼고 있는 하타 요가를 바로 떠올리지는 말자. 어쨌든 요가의 형식은 모두 세속인(무력하고 정신이 산만하며 육체의 노예이자 진정한 정신적 노력은 모르는 인간들)을 영광된 인간으로 우선 변모시키는 과정을 내포하고 있다. 영광된 인간이란 완벽한 육체적 건강을 가진 자, 자신의 육체와 심리적-정신적 삶의 절대적인 지배자, 자기 집중이 가능한 자, 자기 자신을 의식하는 자를 말한다. 요가에서는 궁극적으로 세속인, 일상적 인간을 초월하려고 할 뿐만 아니라 이와 같은 완전한 인간까지도 초월하려고 한다.

  우주론적 용어로 말하자면(인도적 사유를 통찰하려면 항상 이 열쇠를 사용해야 한다), **요가가 우주적 조건 자체를 초월하려고 할 때, 그 출발점으로 삼는 것은 혼돈이 아니라 완벽한 우주이다.** 그런데 세속인의 생리학과 심리적-정신적 생활은 혼돈과 무척 흡사하다. 요가 수행법은 이 혼돈에 유기적 형태를 부여하여 우주화하는 것부터 시작한다. 호흡의 리듬화인 프라나야마는 요가 수행자를 차츰 하나의 우주[18]로 변모시킨다. 그때 호흡은 더 이상 불규칙하지 않게 되고, 사고는 산만하지 않게 되며, 심리적-정신적 힘의 순환도 무질서하지 않게 된다. 그런데 요가 수행자는 이처럼 호흡을 조정함으로써 체험하고 있는 시간에 직접 작용을 가한다. 호흡 행법중에

질적으로 전혀 다른 시간을 체험하지 않는다면 요가에 통달한 사람이라고 할 수 없다. 사람들은 조식중에 체험되는 시간을 좋은 음악을 듣는 행복한 시간, 사랑의 황홀함, 기도할 때의 평온과 충만함 등과 비교해서 어떻게든 묘사해보려고 무진 애를 써보았지만 허사였다. 확실한 것은 호흡의 리듬을 서서히 늦춤으로써, 입식(入息)과 출식(出息)을 점차 연장시킴으로써, 호흡 사이의 간격을 가능한 한 길어지게 함으로써, 요가 수행자는 우리가 사는 시간과 다른 시간을 산다는 점이다.[19]

조식행법의 요점은 다음의 두 가지이다. 첫째, 요가 수행자는 자신의 육체 및 심리적-정신적 생활을 "우주화"시키는 것부터 시작한다. 둘째, 요가 수행자는 조식에 의해서 여러 가지 리듬의 체험 시간 속으로 마음대로 들어갈 수 있다. 파탄잘리는 극도로 간결한 자신의 방법을 통해서 "순간 및 순간의 연속에 대한 제어"를 소개하고 있다.(「요가 수트라」 3, 52) 후세의 탄트라 요가론에서는 이 시간의 "제어"에 관하여 더욱 상세하게 설명한다. 예를 들면 「칼라카크라 탄트라」에서는 입식과 출식을 우선 밤과 낮에 관련 짓고, 이어서 보름, 달(月), 년(年) 그리고 점차로 우주의 대(大)순환 주기까지 관련 짓는다.[20] 이 말은 곧 요가 수행자가 호흡 리듬을 통해서 우주적 대시간, 우주의 주기적 창조와 파괴를 반복하고 재생시킨다는 의미이다. 이 행법의 목적은 두 가지이다. 한편으로, 요가 수행자는 호흡의 순간과 우주의 대시간의 리듬을 일치시킴으로써 시간의 상대성과 자신의 비실재성을 실현한다. 또 한편으로, 요가 수행자는 뒤로 돌아가서 전생의 삶을 다시 살 수 있다는 의미에서 시간의 흐름("사라")의 가역성을 획득하며, 전생의 업의 결과를 "불태워" 소멸시킴으로써 업장(業障)을 피해갈 수 있다.

이 프라나야마 행법에서는 우주의 대시간의 리듬을 되살리려는 의지를 읽을 수 있다. 어찌 보면 이것은 우리가 앞에서 살펴본 나라다의 체험과 동일한 체험이지만, 이 경우는 자발적, 의식적으로 실현된 체험이다. 그 증거는 두 개의 "신비한 맥(脈)"인 "이다"와 "핑갈라"를 달과 태양과 동일시하는 데에서 찾을 수 있다.[21] 요가의 신비적 생리학에서 이다와 핑갈라는 인체 내부의 영적인 생명 에너지가 순환하는 두 개의 관(管)이다. 이 두 개의 신비한 맥과 태양과 달을 동일시할 때 우리가 요가 수행자의 "우주화"라고 부른 작용이 완성된다. 그의 신비한 육체는 하나의 소우주가 된다. 그의 입식은 태양의 운행, 곧 낮에 해당되고 출식은 달, 곧 밤에 해당된다. 이로써 요가 수행자의 호흡 리듬은 우주의 대시간의 리듬을 완전히 통합하게 된다.

그러나 우주의 대시간과 이렇게 통합된다고 해도 원래의 시간 자체가 소멸되는 것은 아니다. 다만 그 리듬이 변화한 것이다. 요가 수행자는 우주적 시간을 살면서도 여전히 시간 속에서 살고 있는 것이기도 하다. 그런데 그의 궁극 목표는 시간으로부터의 이탈이다. 그것은 실제로 요가 수행자가 이다와 핑갈라를 따라서 흐르는 영적인 생명 에너지의 두 흐름을 통합시키는 순간 일어나게 된다. 몇 마디로 설명하기에는 너무나 어려운 과정을 통해서, 요가 수행자는 호흡을 중지시키고, 두 개의 흐름을 통합시켜 집중시킨 다음 "중심"에 있는 제3의 "맥"인 수슘나를 따라서 순환하도록 한다. 그런데 「하타 요가-프라디피카」(IV, 16-17)에 따르면 "수

숨나는 시간을 집어삼킨다." 양극의 두 흐름인 이다와 핑갈라, 이 두 신비한 맥의 역설적 합일은 태양과 달의 합일, 곧 우주의 소멸, 양극의 통합에 해당되며, 이 말의 의미는 요가 수행자가 창조된 세계와 그 세계를 지배하는 시간을 동시에 초월한다는 뜻이다. 불타에 의해서 껍질이 깨진 알의 신비한 이미지를 상기하기 바란다. 수슘나에 자신의 호흡을 "집중"시킨 요가 수행자에게 바로 똑같은 일이 일어난다. 그는 자신의 소우주의 껍질을 깨고 시간 속에 존재하는 제한된 세계를 뛰어넘는다. 많은 요가 및 탄트라 문헌에서, 이런 조건 없는 무시간적 상태를 암시하고 있다. 그것은 "시간으로부터의 이탈"을 나타내는 소박하고도 개괄적인 공식인 "낮도 없고 밤도 없는", "질병도 없고 늙음도 없는" 상태로 표현된다. "낮과 밤"을 초월한다는 것은 곧 **대립을 초월한다**는 것을 의미한다. 시간적 차원에서의 이 표현은 공간적 차원에서 볼 때 "좁은 문"의 통과에 해당된다. 탄트라 요가의 이러한 체험은 삼매를 준비하고 촉진한다. 삼매는 보통 "엑스터시"로 번역되는 상태를 말하는데, 우리로서는 입멸(入滅)로 번역하고 싶다. 요가 수행자는 마침내 지반 묵타, 즉 "생전 해탈자"가 된다. 그 존재방식은 역설적인 것이어서 상상이 불가능하다. 지반 묵타는 우리들이 살고 있는 시간 속에서 사는 것이 아니라, 영원한 현재 속에서, 정지된 지금 (nunc stans, 보에스가 영원성을 정의하면서 사용한 용어이다) 속에서 산다.

　방금 우리가 제시한 탄트라 요가의 과정이 "시간으로부터의 이탈"에 관계되는 인도의 기법을 모두 보여준 것은 아니다. 어떤 관점에서 보면, 요가란 시간의 예속으로부터의 해방을 추구한다고

까지 말할 수 있다. 정신집중과 명상 등 요가 수행법은 모두 수행자를 "고립"시켜 영적-정신적 삶의 흐름에서 벗어나게 함으로써 결과적으로 시간의 압박을 감소시킨다. 또 "잠재의식의 파괴", 요가 수행자가 애써 추구하던 바사나의 "연소"도 있다. 바사나(잠재인상/역주)라는 용어가 지칭하고 있는 잠재의식 속의 삶에 대해서 요가에서 상당한 중요성을 부여하고 있다는 점은 익히 알고 있는 사실이다. 비아사는 "바사나는 그 기원을 기억에 두고 있다"고 썼지만(「요가 수트라」, IV, 9의 주해), 이것은 인도인에게 단지 개인적 기억의 문제가 아니라 인도인에게 있어서는 현생의 기억과 무수한 전생의 업의 잔재를 포함하는 것이다. 또한 바사나는 언어와 전통을 통해서 전달되는 집단 기억을 나타낸다. 그런 점에서는 어쨌든 융 교수가 말하는 집단 무의식인 셈이다.

잠재의식을 변화시켜 궁극적으로는 그것을 "정화", "연소", "파괴"[22]시킴으로써 요가 수행자는 **기억에서 해방**되려고 하고 **시간의 작용을 소멸**시키려고 한다. 더구나 이러한 것이 인도적 기법만의 특수성은 아니다. 가치의 신비학을 말하는 에크하르트는 "신과 합일하는 데 있어서 시간만큼 큰 장애물은 없으며", 시간은 인간으로 하여금 신을 알지 못하게 한다고 끊임없이 반복한다. 그런 점에서 볼 때, 원시사회가 주기적으로 세계를 "파괴"하고는 그것을 다시 "재생"시킴으로써 "죄"가 없는, "역사"가 없는, **기억**이 없는 "새로운" 세계 속에서 살고자 했다는 사실을 상기하는 것은 무척 흥미로운 일이다. 대다수의 주기적 의례들 역시 "죄"의 집단적 "정화(공개적 고백, 속죄의 염소 등)" 그리고 최종적으로 과거의 파기를 추구한다. 이 모든 것들은 원시사회의 인간과 역사적인 위대한 종교에 속하는 신비주의 사이에 어떠한 단절도 존재하지 않는다는 것을 증명해준다. 원시인이든 신비주의든 방법의 차이는 있을지 몰라도, 모두 똑같은 강도로 **기억**과 시간에 대항하여 싸웠던 것이다.

그렇지만 이와 같은 시간의 형이상학적 가치저하나 "기억"에 대한 항쟁이 시간과 역사에 관한 인도적인 정신성의 태도를 모두 보여주고 있는 것은 아니다. 인드라와 나라다의 신화가 준 교훈을 생각해보자. 마야(환상의 세계를 만드는 신의 힘, 환상의 힘, 환력〔幻力〕/역주)는 시간을 통해서 나타나지만, 마야 그 자체는 절대 존재(=시바, 비슈누)의 창조력, 특히 우주 창조의 힘에 불과하다. 즉 **우주의 위대한 환상도 하나의 신성현현이라는 점이다**. 신화 속의 일련의 이미지와 이야기를 통해서 밝혀진 이러한 진리는 우파니샤드[23] 및 후세의 철학자들에 의해서 한층 체계적으로 제시된다. 즉 사물의 궁극적 근거는 **마야와 절대정신**, 환상과 실재, 시간과 영원으로 **구성**된다는 것이다. 이 모든 대립물들을 유일무이한 우주적 공(空, 순야) 속에서 일체화시킴으로써, 몇몇의 대승 철학자(나가르주나 등)와 특히 탄트라교 및 불교(바주라야나 등), 힌두교 등의 교파는 유사한 결론에 도달했다. 대립과 대극적 긴장관계를 초월하고 실재를 통합하고 원초의 단일성을 회복하고자 하는 인도적 정신의 갈증을 이해한다면, 이 모든 것이 놀라울 것도 없다. 마야로서의 시간이 신의 현현이라면, 시간 속에 산다는 것 그 자체는 "악행"이 아니다. "악행"은 시간 이외에는 아무것도 존재하지 않는다고 믿는 것이다. 시간이 인간을 집어삼키는 것은 인간이 시간 속에 살고 있어서가 아니라, 시간의 실재를 믿고 영원성을 망각하거나

경멸하기 때문이다

　다음의 결론은 매우 중요하다. 인도의 정신성을 지나치게 **특수화**된 것, 현자나 신비가들만이 접근할 수 있는 것이라는 극단적인 입장으로 귀착시켜버리는 경향이 만연되고 있으며, 사람들은 신화를 통해서 특히 잘 드러나는 범인도적 태도를 망각하고 있다. 사실 지반 묵타가 획득한 "시간으로부터의 이탈"은 대부분의 사람들은 접근할 수 없는 입멸이나 엑스터시에 해당된다. 하지만, "시간으로부터의 이탈"이 해탈의 왕도(순간적 깨달음의 상징을 상기할 것)이기는 해도, 이것을 획득하지 못한 사람들이 모두 가차없이 무지와 노예의 운명을 짊어진다는 의미는 아니다. 인드라와 나라다의 신화가 보여주고 있듯이, 환상에서 해방되는 데에는 시간의 존재론적 비실재성을 의식하고 우주적 대시간의 리듬을 "현실화"시키는 것으로도 충분하다. 따라서 요약하자면, 인도는 오로지 지속과 환상 속에서 살아가는 무지한 자의 상황과 "시간에서 이탈"하려는 현자나 요가 수행자의 상황이라는 시간에 관한 두 가지 상황을 알고 있을 뿐만 아니라, 그 중간의 제3의 상황도 알고 있다. 그것은 자신의 시간(역사적 시간) 속에서 살아가면서도, 역사적 시간의 비실재성을 계속 의식하면서 대시간을 향해서 열려져 있는 자의 상황이다. 인드라의 두번째 계시를 통해서 밝혀진 이 상황은 「바가바드기타」 속에 상세히 설명되어 있다. 또한 현대 인도의 대가들에 의해서 대중을 위하여 저술된 구도문학에 특히 잘 제시되어 있다. 이 세번째 태도가 시간에 관한 "원시인"의 태도를 연장하고 있다는 점을 주목하는 것은 참으로 흥미로운 일이다.

제3장 "결박의 신"과 매듭의 상징

공포의 최고신

뒤메질이 인도-유럽 신화에 등장하는 공포의 최고신에 대하여 부여한 역할은 잘 알려져 있다. 지상권(至上權)의 기능 자체에서 볼 때 공포의 최고신은 사법의 최고신과 대립되며(바루나는 미트라에, 유피테르는 피데스에 대립된다), 항상 군사적 수단으로 투쟁하는 전쟁의 신과 비교할 때 공포의 최고신은 또다른 무기로서 주술의 독점권을 가지고 있다. "따라서 바루나가 관계되는 전쟁 신화는 없다. 그러면서도 바루나는 신들 가운데 무적의 존재이다. 그의 최대 무기는 '아수라(고대 인도의 선신[善神]이었으나, 후에 제석천과 싸우는 귀신으로 팔부중[八部衆]의 하나가 되었다/역주)의 마야'로서, 형태와 마력을 창조한 최고신의 이 주술은 바루나로 하여금 세상을 통치하고 평정하도록 한다. 더욱이 그의 무기는 실물이든 비유이든 간에, 보통 끈, 매듭, 포승(파샤) 등의 형태로 표현된다. 반대로 전쟁의 신, 전사의 신인 인드라는 벼락을 다루는 신이자 무수한 결투, 위험, 승리의 영웅이다." 그리스에서도 이와 똑같은 대립관계를 볼 수 있다. 제우스는 투쟁하면서 힘든 전쟁을 버텨나가는 반면, "우라노스는 상대와 투쟁하지 않고, 그의 전설에서 전쟁의 흔적은 찾아볼 수 없는데도 왕들 가운데 가장 두렵고 왕위찬탈이 가장 힘든 왕이다. 실수 없는 단 한번의 포박으로, 우라노스는 꼼짝 못하게 한다. 좀더 정확하게 말하자면, 불굴의 대항자가 있으면 '묶어서' 지옥에 사슬로 매어 놓는다." 북유럽 신화에서 "오딘은 이승에서나 저승에서나 전쟁의 수호자이자 주역이다. 그러나 산문으로 쓰여진 「에다 *Edda*」를 보나 「에다」의 시편을 보나 그 자신은 싸우지 않는다.…… 그에게는 일련의 주술적 재능이 있는데, 편재의 재능, 즉각 이동할 수 있는 재능, 변장술, 무한한 변신의 재능, 특히 대적자를 눈멀게 하고 귀 먹게 하고 마비시키는 재능, 대적자가 쓰는 무기의 효력을 빼앗는 재능" 등이 그것이다." 끝으로 로마 전승에서, 전능한 주술사로서 전쟁에 개입하는 유피테르의 주술적 방식에 대립되는 것은 마르스의 순수하게 군사적이고 정상적인 방법이다.[2] 인도에서는 이런 대립이 때로는 훨씬 선명하게 나타난다. 예를 들면 인드라는 바루나가 "결박"해놓은 희생자들을 "풀어줌으로써" 구출한다.[3]

예상대로 뒤메질은 "묶는 자"와 "푸는 자"의 이 양극성을 의례와 관습 등 한층 구체적인 영역을 통해서 증명하려고 한다. "현혹적인 공포의 폭군, 전능한 끈으로 결박하는 자, 야만적인 루페르크단과 열광적인 근위 기병대의 창시자"인(「호라티우스와 쿠리아티우스 형제 *Horace et les Curiaces*」[1942, p. 68]) 로물루스는 로마 신화가 "역사화"된 차원에서의 바루나와 우라노스, 유피테르에 해당된다. 로물루스가 구현한 인도-유럽의 주술적 주권자, "결박"의 지배자로서의 원형에 근거하면, 그에 관한 모든 "이야기"나 그가 창시한 사회-종교제도를 설명할 수 있다. 뒤메질은 플루타르코스의 전기(「로물루스 Romulus」, 26)를 상기시키는데, 그에 따르면 로물루스 앞에는 "대중들을 헤치기 위한 막대기와 로물루스가 묶으라고 명령한 자들을 곧바로 결박하기 위한 가죽끈으로 무장한 남자들이 행진했다"고 한다.[4] 로물루스가 창시한 주술-종교단인 루페르크는 **기사계급**에 속해 있었고 손가락에 그것을 표시하는 반지를 끼고 있었다.(「미트라-바루나」 p. 16) 그와는 반대로 엄격하고 정태적인 사법적 종교를 대표하는 플라멘 디알리스단은 말을 타서도 안 되고(아울루스 겔리우스, X, 15), "반지는 구멍이 나고 속이 비어 있도록 세공된 것이 아니면 끼지를 못했다." "만약 결박당한 사람이 들어오면 그를 풀어주고, 묶었던 끈은 안뜰의 연못을 통해서 지붕 위로 올려져 거기에서 길로 던져야만 한다. 플라멘 단원(플라민)은 모자이든 허리띠이든 다른 어느 곳이든 매듭을 지어서는 안 된다. 만약 태형을 가하려고 한 사람을 데려왔는데, 이 사람이 플라민의 발에 매달려 애원을 한다면, 그날 이 사람을 때리는 것은 신성모독이다."(아울루스 겔리우스, 「아테네 야화 Noctes Atticae」, X, 15)[5]

뒤메질이 구성하고 탁월히 분석해놓은 자료를 다시 검토하는 것은 문제 밖의 일이다. 우리는 전혀 다른 계획을 가지고 있다. 즉 훨씬 광범위한 비교 차원에서 "결박의 신"과 "결박"의 주술에 관한 모티브를 따라가면서, 그 의미 작용을 찾아내고 인도-유럽에서 주술적 지상권을 보여주는 종교집단과는 다른 종교집단에서 그 기능을 규정해보려고 하는 것이다. 이미 많은 전공논문을 낳은 이 거대한 소재를 철저히 규명할 수는 없다.[6] 그러나 우리의 의도는 방법론적 영역에 있다. 한편으로는 민족학자와 종교사가들이 축적해놓은 풍부한 목록을 십분 활용하고, 한편으로는 인도-유럽의 주술적 지상권이라는 특수영역에 관한 뒤메질의 연구성과를 활용하여, 우리는 다음과 같은 점을 생각해보려고 한다. 첫째, 어떤 의미에서 "결박하는 최고신"의 개념이 인도-유럽의 종교체계 특유의 것, 특징적인 것이라고 할 수 있는가. 둘째, "결박"의 모티브에 집중된 신화, 의례, 미신의 주술적-종교적 내용은 어떤 것인가. 우리가 이런 계획 속에 포함되는 위험, 특히 뒤메질이 명쾌하게 고발한 "혼란주의"(「로마의 탄생 *Naissance de Rome*」 1944, p. 12 이하)의 위험을 모르는 것은 아니다. 그러나 여기에서 우리의 관심사는 불규칙한 평행관계에 의해서 인도-유럽의 모든 사실을 **설명**하려는 것보다는 동일한 형태의 주술적-종교적 "복합체"들의 도표를 작성하고, 가능하다면 "결박"에 관한 인도-유럽의 상징과 형태론적으로 유사한 다른 체계들과의 관계를 규정하는 것이다. 그렇게 함으로써 우리는 이러한 비교에 의해서 일반 종교사, 특히 인도-유럽의 종교사에 대한 관심을 제기할 수 있게 될지를 판단할 수 있을 것이다.

바루나의 상징

베르게뉴와 귄테르트의 뒤를 이어 뒤메질은 바루나의 주술적 힘을 환기시켰다. 이 신은 진정으로 "결박의 왕"으로서, 수많은 찬가와 의례들의 목적은 다름아니라 "바루나의 포승"에서 인간을 보호하고 해방시키려는 데 있었다.(예를 들면, 「리그 베다」, I, 24, 15 ; VI, 74, 4 ; VII, 65, 3 ; X, 85, 24 등) 사야나는 「리그 베다」

(I, 89, 3)에 주석을 달면서, 바루나라는 이름을 "그가 악한 자들을 올가미로 칭칭 감는다는 사실, 즉 빠져나오지 못하게 한다는 사실"에 의해서 설명한다. "그대가 묶여 있는 자들을 그 끈에서 풀어주기를!"(「아타르바 베다」, VI, 121, 4) 바루나의 올가미는 미트라와 바루나 모두에게 부여되기도 하고(「리그 베다」, VII, 65, 3에 보면 "그들은 많은 올가미를 지녔으니……"), 심지어는 아디탸 제신 전체에 부여되기도 한다.(「리그 베다」, II, 27, 16에 "배신자, 기만자에게 향해진 당신들의 올가미……") 그러나 멀리서 사람들을 묶었다가 풀어주는 주술적인 힘을 가진 것은 무엇보다 바루나이다.[7] 그 때문에 이 포박하는 능력으로 그의 이름을 설명하기까지도 했다. 바루나의 우라노스적 성격을 부각시켰던 전통적인 어원(바르브르노티, "덮다", "가두다")을 버리고 오늘날에는 H. 피터슨이 제기하여 귄테르트(위의 책, p. 144)와 뒤메질(「우라노스-바루나 *Outanós-Varuna*」, p. 49)이 수용한 해석을 따르고 있다. 또 인도-유럽어의 또다른 어근인 우에, 즉 "묶다(산스크리트어 바라트라는 "가죽끈, 동아줄", 레트어 웨루, 웨르트는 "실을 꿰다, 수를 놓다", 러시아어 베레니카는 "끝없는 줄"을 의미한다)"[8]에서 유래한 것으로 보기도 했다. 바루나는 손에 동아줄을 들고 있는 모습으로 표현되며,[9] 제의에서 매듭을 비롯한 모든 것은 바루나식이라고 이야기된다.[10] 뒤메질은 포박하는 지배자의 이러한 주술적 힘을 바루나의 지상권으로 설명한다. "지상권이 주술적이듯이 바루나의 끈도 주술적이다. 이 끈은 사법, 행정, 왕권 및 민중의 안녕 등 일체의 '권력'으로 불리는, 지도자가 소유하고 있는 신비한 힘의 상징이다. 인도 및 기타 지역에서 왕홀과 포승, '단다'와

'파샤'는 이 모든 것을 구현하는 특권을 나누어가지고 있다."(「우라노스-바루나」p. 53)

의심의 여지가 없는 정확한 말이다. 그러나 "통치권자"로서의 측면, 더 나아가서 "통치권자-주술사"로서의 측면일지라도 초기 베다 문헌부터 바루나가 보여준 복합적인 특성을 보여주기에는 불충분하다. 바루나를 "천신(天神)" 계열에만 분류할 수도 없지만, 그가 천신 고유의 특성을 소유하고 있는 것도 사실이다. 그는 비슈바-다르샤타, 즉 도처에 보이며(「리그 베다」VIII, 41, 3), 두 세계를 나누었으며(VII, 86, 1), 바람은 그의 숨결이다.(VII, 87, 2) 미트라와 바루나는 "하늘을 지배하는 막강하고 지고한 두 군주"로서, "뇌성벽력 속에 오색 구름과 더불어 모습을 드러내며 신성한 기적으로 비를 내리게 한다."(V, 63, 2-5) 이러한 우주적 구조는 일찌감치 그에게 달과 비에 관계되는 특성[11]을 부여하여, 시간이 흐름에 따라서 바루나는 대양의 신이 되었다.[12] 이와 같은 우주적-천공적(天空的) 구조는 전지(全知, 「아타르바 베다」, IV, 16, 2-7), 무류(無謬, 「리그 베다」, I, 35, 7)와 같은 바루나의 다른 기능과 위세를 설명해준다. 바루나는 사하슈라크샤, 즉 "1,000개의 눈"(「리그 베다」, VII, 34, 10)을 가지고 있는데, 이것은 별들을 나타내는 신화적 표현인 동시에, 적어도 처음에는 천신을 지칭할 때만 사용할 수 있었던 표현이다.[13] 이후에 지상권의 위엄은 확대되었고 천신으로서의 위력도 증강되었다. 즉 바루나는 별에 거처하면서 우주를 지배하고 있기 때문에 모든 것을 **보고**, 모든 것을 **안다**. 또한 그는 무엇이라도 **할 수 있다**. 왜냐하면 그는 우주적인 힘이며, 우주질서의 수호자로서 법을 위반하는 자들을 "포박"하여 (즉 질병이나 무능에 의해서) 징벌하기 때문이다. 이처럼 우리가 "천상적 측면"과 "왕권적 측면"이라고 부르는 것 사이에는 주목할 만한 대칭관계가 있어서, 이 두 측면은 상호대응하고 상호보완한다. 즉 하늘은 우주의 최고신이 그러하듯이 초월적이고 유일하다. 모든 최고천신(最高天神)[14]에서 나타나는 수동적 경향은 "행동하지 않고도 행동하는", "정신력"에 의해서 직접 작용하는 최고신의 "주술적" 위세와 잘 합치된다.

바루나의 구조는 복잡하기는 해도 항상 하나의 구조를 가지고 있다. 다시 말해서 그의 여러 가지 양상 사이에는 내적인 통일성이 존재한다. 우주의 힘이자 우라노스적인 바루나는 항상 전지전능하고, 필요에 따라서는 "심령의 힘"에 의해서, 주술에 의해서 "결박"하기도 한다. 그런데, 그의 우주적 측면은 한층 더 풍부하다. 그는 천신일 뿐만 아니라 월신(月神)이고 수신(水神)이기도 하다. 베르게뉴와, 최근에 와서 아난다 쿠마러스와미[15]가 강조했듯이, 아마도 상당히 일찍이부터 "밤"과 관련되는 어떤 기조가 바루나에게 있었다. 베르게뉴는 「타이티리야 삼히타」, I, 8, 16, 1의 주해자를 주목했는데(위의 책, III, p. 213), 그에 따르면 바루나는 "암흑처럼 둘러싸는 자"를 지칭한다고 한다. "밤"과 관계되는 바루나의 이 측면은 "밤하늘"이라는 우라노스적 의미로만 해석되는 것이 아니라, 좀더 넓은 의미, 진정으로 우주론적이고, 나아가서는 형이상학적인 의미에서도 해석된다. 밤도 역시 잠재성이자 배(胚)이자 비(非)발현[16]이고, 바루나의 바로 이와 같은 밤의 양상이 그로 하여금 수신이 되게 했고(베르게뉴, III, p. 128), 악마 브리트라와 동일시되게 하는 길을 터놓았다. "브리트라-바루나"의 문제는 여기에서 언급할 일은 아니기 때문에, 이 두 존재 사이에는 공통적 특성 이상의 것이 있다는 점만을 상기시켜두겠다. 두 이름 사이의 어원적 유사성(베르게뉴, III, p. 115 ; 쿠마러스와미, p. 29 이하)을 고려하지 않는다고 해도, 이 둘 모두 물, 그중에서도 특히 "가두어둔 물"("위대한 바루나는 바다를 감추어……"[「리그베다」, IX, 73, 3])과 관련이 있으며, 바루나와 마찬가지로 브리트라도 때로는 "마술사"라고 불린다[17]는 사실을 지적해둔다.(가령, II, 11, 10) 어떤 관점에서 보면, 브리트라와 바루나의 이와 같은 여러 가지 동일화는 바루나의 다른 양상과 기능과 마찬가지로, 서로 소통되고 서로를 정당화시켜준다. 밤(비발현), 물(잠재적인 것, 배종[胚種]), "초월"과 "비행동(최고천신의 특성)"은 한편으로는 모든 종류의 "끈"과 신화적이고 형이상학적인 연대성을 가지고 있을 뿐만 아니라, 다른 한편으로는 물을 "가두고", "저지하고", "잡아둔" 브리트라[18]와도 그러한 연대성을 가지고 있다. 우주적 차원에서 보면 브리트라도 "결박"하는 자이다. 모든 대(大)신화가 그렇듯이, 브리트라의 신화도 다가적이어서 한 가지 의미로만 해석되지 않는다. 신화의 주요 기능 중의 하나는 직접적인 의식에서나, 반성적 의식에서나 다양하고 이질적인 현실의 여러 차원을 통일시키는 데 있다고까지도 말할 수 있다. 이처럼, 브리트라의 신화에서도, 여러 다른 가치들 외에 "형태", 즉 우주적 생명의 표출을 방해하는 "저지", "결박"의 가치, 비발현적인 것으로의 회귀가 가지는 가치를 주목할 수 있다. 물론 브리트라와 바루나의 유사성에 대해서 지나치게 언급할 필요는 없다. 하지만, 멀리서 죄인들을 결박하는[19] "밤의", "행동하지 않는", "주술사"

바루나와 물을 "가두어두는" 브리트라 사이의 구조적 유사성은 부정할 수 없다. 이 둘의 행동은 각각 개인적 차원과 우주적 차원에서 생명을 "저지"하고 죽음을 가져오는 결과를 초래한다.

고대 인도의 "결박의 신"

베다 시대 인도에서, 바루나만이 "결박"의 신은 아니었다. 주술적 무기를 사용하는 신으로는 인드라, 야마, 니르티도 있다. 인드라는 브리트라를 묶을 포승(시나)을 가져와서(「리그 베다」, II, 30, 2), 끈을 사용하지 않고도 그를 결박했다고 한다.(II, 13, 9) 그러나 베르게뉴(위의 책, III, p. 115, 주 1)는 베다 문헌에 대해서 언급하면서, "이것은 명백히 신화의 이차적인 전개로서 인드라가 악마의 계책을 역용했다는 의미"임을 지적했다. 바루나나 브리트라나 모두 각자의 마야를 가지고 있지만, 다른 신들, 가령 마루트 신군(神群)이나(「리그 베다」, V, 53, 6), 트바슈트르(X, 53, 9), 아그니(I, 144, 1), 소마(IX, 73, 5), 아슈빈 쌍신(雙神)(V, 78, 6 ; 베르게뉴, III, p. 80 이하 참조)도 마찬가지이다. 그러나, 한편으로 악마적 요소와 선신적(善神的) 요소가 이들 신(트바슈트르, 마루트의 여러 신들) 속에 공존하고 있다는 의미에서 양가적(兩價的)인 종교적 존재와 만나고 있는 셈이다. 또 한편으로는 "주술사"라는 속성은 이들 특유의 어떤 것이 아니라, 경배 중의 경배로서 신격에 부여된 것이다. 숭배하고 싶은 신에게 붙여주는 마술사(마인)라는 위세도 그런 것이다. 이러한 것은 종교사, 특히 인도 종교사에서 잘 알려진 현상으로서, 그 "제국주의적" 성향은 성공적인 종교 형태가 하나라도 있으면 기타 다른 신의 속성을 흡수하여 성의 여러 영역까지 판도를 확장시키려고 한다. 우리의 경우에서, 신의 고유 영역과는 다른 위세와 힘을 합병하려는 이 경향은 그것이 특히 원시종교의 구조와 관계된다는 점, 즉 "주술자"의 위력의 합병이라는 점에서 더욱 흥미롭다. 그런데 이러한 합병으로 가장 득을 보는 것은 인드라이다. "그는 마야로써 마술사(마인)를 제압했다"고 하는데, 이것은 수많은 문헌에서 중심 사상을 이룬다.(베르게뉴, III, p. 82) 인드라의 "주술" 가운데 으뜸은 변환의 능력이다.[20] 그러나 특정적이고 동질적인 그의 다양한 현현(황소 등)과 어떤 존재(신, 악마, 인간)라도 어떤 동물 형태를 띨 수 있도록 하는 무한한 주술력을 구분해볼 기회가 앞으로 있을 것이다. 물론 신화적-종교적 현현의 영역과 변신의 영역 사이에는 상호간섭과 차용과 혼동이 있으며, 특히나 베다의 신화 체계처럼 유동적인 영역에서는 이쪽과 저쪽을 구분한다는 것이 그리 쉬운 일이 아니다. 그렇지만 현상학적 관점에서 볼 때는 바로 이러한 불명확성과 유동성이 유익하다. 왜냐하면, 이들은 상호침투, 상호흡수되는 종교 "형태"의 성향을 잘 드러내주기 때문이고, 이러한 변증법적 관점은 원시종교의 현상을 이해할 수 있도록 해주기 때문이다.

다시 인드라로 돌아오자. 여러 경우에서 그는 꼭 "주술사"만은 아니다. 그도 바루나와 브리트라처럼 "결박"한다. 대기가 그의 올가미이므로, 그는 이 올가미로 적대자들을 둘러싼다.(「아타르바베다」, VIII, 8, 5-8) 인드라에 해당되는 이란의 신 베레트라그나는 적대자들의 손을 결박한다.(「야슈트」, 14, 63) 하지만 이것은 이차적 특징으로서, 선사시대에 올가미를 무기 삼아 실제로 사용했다는 사실로 설명된다.[21] 원시적 사고의 관점에서 보면 어떤 무기라도 **주술적 수단**이 되는 것은 사실이다. 그러나 바루나가 싸우지 않고 움직이지 않고 주술적으로 자신의 "끈"을 사용하다면, 인드라는 순수한 전쟁의 신인데도 실전에서 이런 주술적 수단을 사용한다.[22]

죽음의 신인 니르티와 야마는 또다른 결박의 신으로서, 이들의 예는 더욱 시사적이다. 야마의 끈(야마샤 파드비샤, 「아타르바 베다」, VI, 96, 2 ; VIII, 7, 28)은 보통 "죽음의 끈"(미르티유파샤, 「아타르바 베다」, VII, 112, 2 ; VIII, 2, 2 ; 셰프텔로비츠, p. 6 참조)이라고 불린다. 니르티는 야마가 파멸시키려는 사람들을 묶는다.(「아타르바 베다」, VI, 63, 1-2 ; 「타이티리야 삼히타」, V, 2, 4 3 ; 「샤타파타 브라흐마나」, VII, 2, 1, 15) 그래서 사람들은, 바루나의 끈으로부터 구원해달라고 바루나에게 애원했듯이, "니르티의 끈"(「아타르바 베다」, I, 31, 2)을 물리쳐달라고 신들에게 기원한다. "바루나의 끈"에서 풀려나기 위해서 아그니, 소마, 루드라(귄테르트, p. 122)에게 비는 경우가 있듯이, 인드라도 "바루나의 끈"에서 해방시켜줄 뿐만이 아니라 사신의 결박에서 풀어주기도 하는 것으로 알려져 있다(가령 「아타르바 베다」 IX, 3, 2-3에 보면, 인드라의 도움으로 악마 비슈바바라의 포승을 끊는다). 질병이 바로 "올가미"이므로, 죽음은 최고의 "결박"인 셈이다. 이 말은 야마와 니르티에게 이러한 속성이 단지 중요한 요소일 뿐만 아니라, 진정한 구성 요소라는 것을 설명해준다.

질병과 죽음, 이것은 거의 전세계에 가장 대중적으로 유포되어 있는 "결박"의 주술적-종교적 복합체을 구성하는 두 요소이다.

이들의 유포과정이 지금 우리가 당면해 있는 문제 가운데 몇몇 양상을 밝히는 데에는 적합하지 않다고 해도, 앞으로 그 문제는 연구검토할 기회가 있을 것이다. 그러나 인도를 마무리하기에 앞서서, 우리가 주목할 가장 중요한 현상 몇 가지를 간추려보기로 하자. 첫째, 위대한 아수라인 바루나는 죄인들을 주술적으로 결박하는데, 사람들은 결박하지 말아달라고 혹은 풀어달라고 그에게 기원한다. 둘째, 브리트라는 물을 가둬두는데, 그의 신화 가운데 몇몇 양상은 바루나의 밤, 달, 물과 관계되는 측면과 대응한다. 바루나의 이런 양태는 "비발현적인 것", "봉쇄된 것"을 표현한다. 셋째, 인드라는 아그니와 소마처럼 바루나의 결박과 사신의 속박으로부터 사람들을 해방시킨다. 신화에서 인드라가 브리트라의 신체를 자디잘게 베었듯이, 이 "결박"을 "자르고 끊는다." 따라서 인드라는 자신 고유의 전투 수단 이외에도, 마법사 브리트라를 제압하기 위해서 "주술적 수단"을 사용한다. 올가미도 무기의 한 종류로 간주되어야 겠지만, 어쨌든 이 "결박"이 그의 근본적 특성은 아니다. 넷째, 반면 올가미, 동아줄, 매듭은 사신(야마, 니르티) 및 여러 병마의 특징을 이룬다. 다섯째, 베다 문헌 가운데 민간에 잘 알려진 부분을 보면, 이들 악마의 끈을 물리치는 주문은 인적(人敵)을 "결박"하는 주술보다 많지 않다.

이처럼 요약된 것인데도 문제가 그리 단순하지 않다는 것을 알 수 있다. 그래도 몇 가지 주요 추세는 드러난다. 즉 신들의 위업이라는 신화적 차원에서 보면, 한편에 바루나와 브리트라의 주술적 무(無)행동이 있고, 다른 한편에 인드라의 행동이 대치하고 있다. 질병과 죽음이라는 인간적 차원에서 보면, 한편으로는 사신과 악마에게 올가미와 매듭의 중요성이 있고, 다른 한편으로는 민간 요법과 마법에서 "결박"의 주술적 사용이 있다. 이처럼, 베다 시대부터 "결박"이라는 복합체는 주술적 지상권의 영역의 특징이자 구성요소를 이루면서, 동시에 상향(우주적 차원[브리트라])으로, 하향(죽음의 차원[야마, 니르티]과 마법의 차원)으로, 이 주술적 지상권의 경계를 넘어서고 있다. 다른 인도-유럽 지역과 비교할 때, 이와 같은 리스트에 어떤 요소를 새로 추가할 수 있는지를 검토해 보기로 하자.

트라키아인, 게르만인, 코카서스인

귄테르트(위의 책, p. 154)가 보여주었듯이, 비문에서 확인된 트라키아의 신 다르잘레스라는 이름은 "묶는다"는 개념을 포함하고 있는 어근으로 설명이 가능하다(아베스타어 "다러제이티"는 "묶는다"를 의미하고 "더르즈"는 "동아줄, 올가미"를 의미한다). 그러나 이 신에 대해서는 알려진 바가 거의 없다.[23] 틀림없이 게토 트라키아의 신 데르젤라테스도 이와 동일한 어원이 관계되는데, 이 신은 사람들이 풍작을 기원하는[24] 다르잘레이아 축제를 벌이던 오데소스 지역에 잘 알려져 있고,[25] 토미스 지역에서는 데르조라는 글이 새겨진 반지를 통해서 확인된다.[26] 또한 이 어원은 트라키아-프리지아의 여신 벤디스[27], 리투아니아의 여신 벤티스[28], 일리리아의 여신 빈두스[29]의 명칭에도 적용된다. 불행히도 끝의 두 여신에 대해서는 알려진 것이 거의 없다. 일리리아인들의 인신제물이 혹시 빈두스에게 바쳐졌던 것은 아닐까?

게르만 지역과 트라키아-프리지아 지역 및 코카서스 지역에 보존되었던 몇몇 의례는 훨씬 더 의미심장하다. 타키투스는 셈네스족의 연례 대제전에 관해서 언급하면서(「게르마니아 Germania」, 39), 관중들은 몸을 결박당한 후에라야 제전에 참가할 수 있었다고 덧붙인다. 이 의식에 관해서 풍부하게 주해하고 수많은 유사 사례를 인용한 클로스는 이런 의식이 국신(國神)에 대한 복종을 나타내는 것으로 생각했고(p. 564 이하, p. 609 이하, p. 643, p. 668), 반면에 페타초니는[30] 이 의식을 신명심판(불에 손을 넣어도 데지 않는 자, 싸워서 이기는 자를 무죄로 하던 중세의 심판 방식/역주) 쪽으로 분류했다. 어쨌든 이 의식을 미트라교의 통과의례와 비교할 근거는 충분하다. 미트라교의 통과의례에서 신도는 손을 등 뒤로 묶었다고 한다.[31] 또한 첫번째 적을 죽일 때까지 카티족이 마치 "사슬처럼" 지니고 다니던 쇠반지(「게르마니아」, 31)를 생각할 수 있고, 알바니아인의 의례적인 결박(스트라본, XI, 503), "백색의 조르주"[32]를 신봉하는 그루지야인들이 걸고 다니던 사슬, 아르메니아 왕들의 "속박"의 의례(타키투스, 「로마 편년사 Annales」, XII, 45 ; 클로스, p. 619), 그리고 오늘날 알바니아의 몇몇 관습[33]을 생각할 수 있다. 이 모든 의례에서 노예와 같은 태도가 나타나는데, 신도는 마치 주인 앞의 노예나 포로처럼 보인다. 이처럼 "결박"은 일종의 예속의 표시로서 구체화된다.[34] 셈네스족의 의례에서 일리리아의 영향을 보고, 또한 이 의례를 남부 지방을 중심으로 하는 달과 지옥에 관계되는 문화권 고유의 것으로 귀속시키려고 한[35] 클로스(p. 620)의 생각이 아마 옳을 것이다. 그러나 이 의례 이외에도, 게르만인의 경우 "결박"의 이 복합체 속에서 통합되는 다른 요소들을 찾아볼 수 있다. 예를 들면, 교수형에 의한 의례적 죽음은 "밧줄의 신(Haptagud)" 오딘에게 붙는 형용사를 설명해준다(클로스, p. 609). 또한 게르만의 장례의 여신들은 죽은 자들을 끈으로 끌고가며[36], 전쟁의 여신들(고[古]스칸다나비아어의 디시르[Disir], 고[古]고지 독일어의 이디시[Idisi])은 제압하려고 하는 자들을 끈으로 묶는다.[37] 이런 특징들은 주목해둘 만하다. 왜냐하면 야마와 니르티의 수법을 상기시킬 뿐만 아니라, 이제 우리가 인용할 사실들에 의해서 한층 명확해질 것이기 때문이다.

이란

이란에 관한 자료는 두 종류로, 죽을 운명의 인간을 끈으로 묶는 악마 아스토비도투슈에 대한 암시[38]와 이란의 전쟁 신과 영웅의 무훈이 그것이다. 예를 들면 프레둔은 악마 아즈닥을 디마반드 산에 묶어놓는다(「딘카르드 *Dīnkard*」, IX, 21, 103). 또 티슈트리아 신은 마법사 파이리카를 이중 삼중으로 묶어놓으며(「야슈트」, 8, 55), 베레트라그나는 적의 팔을 비끄러매놓는다(「야슈트」, 14, 63). 셰프텔로비츠가 지적했듯이[39], 샤 나메의 일화 가운데, 아흐리만은 올가미를 가지고 있는데, 이것 역시 운명의 신의 결박에 관한 문제이다. 이란에 바루나에 대응하는 결박의 최고신이 없는 이유는 설명될 수 있다. 즉, 보통 생각하듯이 바루나의 자리를 최고신 아후라 마즈다가 차지하고 있든, 혹은 뒤메질이 암시하듯이(「대천사의 탄생 *Naissance d'Archañges*」, 1945, p. 82 이하, p. 100 이하), 아메샤 스펜타(불사자로서 신성한 존재)인 아샤(우주 대자연의 섭리/역주)가 차지하고 있든 간에, 두 경우 모두 조로아스터의 개혁에 의해서 정화되고 교화된 실체들이 관계되므로 이들의 본성 안에서 바루나의 "주술"을 발견한다는 것은 생각하기도 힘들다. 아후라 마즈다에게 최고 존재로서의 요소가 잔존해 있다고 해도 "공포의 지상권"의 흔적은 전혀 엿볼 수 없고, 또 가끔 운명의 신이 된다고 하지만(「야스나」, 1, 1, p. 253), 최고천신들이 흔히 가지는 너무나도 평범한 특징이기 때문에 거기에서 무슨 결론을 끌어낼 수 없다. 그러나 조로아스터의 개혁 이전에 베다의 바루나에 해당되는 이란의 신에 대해서 우리가 아는 바가 거의 없다는 것 때문에 인도에서 바루나의 "결박"하는 특성이 비(非)아리아적 영향에 의한 것이라고 결론짓는 것은 신중치 못한 일이고, 잘못된 일임에 틀림없다. 사실상 그리스의 우라노스도 자신의 적을 결박하는데, 뒤메질이 보여주었듯이(「우라노스-바루나」, 여러 곳), 우라노스 및 우라노스 계열의 신화에서 인도-유럽적인 도식의 흔적을 찾아보는 것은 충분한 근거가 있다. 어쨌든 이란에 관한 자료에서 확인된 사실들은 우리가 인도의 신화체계에서 밝혀내었던 모티브들 가운데 다음 두 가지를 포함한다. 첫째는 악마를 결박하는 신이나 영웅이고, 둘째는 신바트 다리(橋)로 데려가기 전에 사람을 끈으로 묶는 죽음의 악마이다. 아마도 조로아스터의 개혁의 결과로, 인도 신화체계에서 중요한 자리를 차지하는 다른 두 모티브(바루나의 "주술"과 우주에 의한 "결박[인드라의 경우, 대기가 그의 올가미로서, 대기로 적을 둘러싼다/역주])는 더 이상 나타나지 않게 된 것 같다.

민족학적 유사성

우리의 역사적, 문화적 관점을 확대시키기도 전에, 또 "결박"의 복합체를 더욱 광범위한 유사 상징군에 통합시키기도 전에 인도-유럽계의 자료에 관하여 일반적 결론을 내리는 것은 무의미한 일이다. 그러나 지금부터는 인도유럽의 신들과 사자를 결박하는 사신의 집단에서 어떠한 민족학적 유사성을 주목할 수 있을 것이다. 이란의 남녀 신 바유-아스토비도투슈와 가장 근접하는 형상은 중국의 바람과 그물의 신인 포의(包儀)인데, 이 포의가 뱀의 여신 나쿠라와 밀접한 관련이 있다는 사실은 이 신이 지옥과 관계되는 문화권에 속해 있다는 것[40]을 말해준다. 야마, 니르티, 아스토비도투슈 및 게르만 여신의 동아줄과 가장 합치되는 대응물은 태평양 지역에서 발견된다. 오스트레일리아의 아란다족의 경우, 악마 팀바르크나는 밤새 인간의 영혼을 묶은 후 끈을 세게 조여 죽인다.[41] 데인저 제도의 사신 바에루아는 죽은 자를 밧줄로 묶은 채 사자의 왕국에서 끌고 다닌다.[42] 허비 제도에서, 불가사의한 나무를 타고 지옥에 내려간 망자의 영혼은 자신을 기다리고 있는 아캉가 신의 올가미를 보지만 도저히 피할 수 없다.[43] 산 크리스토발 섬에서는 "영혼의 어부"가 바위에 앉아서 영혼을 낚는다.[44] 솔로몬 제도에서는 고인의 친척이 망자의 영혼을 낚아 유해(두개골, 턱뼈, 치아 등)와 함께 상자에 넣는다.[45] 허비 제도의 주술사는 마법의 함정을 가지고 있어 파멸시키고 싶은 자의 영혼을 함정 속에 잡아넣는다.[46] 다른 문화권에서도 동일한 풍습을 볼 수 있지만[47], 사신이 영혼을 "낚아", "끈으로 묶는" 방법이 주술사의 살인 수법과 얼마나 유사한지를 주목하는 것이 중요하다. 두 마술 사이의 이 유사성이 "결박"의 문제를 밝히는 데 기여하게 된다.

이미 고찰했듯이, 인도-유럽족에서는 올가미, 매듭, 밧줄의 모티브가 별개의 여러 집단 사이에, 즉 특정의 신이나 영웅, 악마, 의례, 풍습 사이에 골고루 분할되어 있었다. 셈족 사회에서는 문제가 전혀 다른 양상으로 나타난다. 셈족에게 모든 종류의 주술적 결박은 거의 보편적으로 신(악마)의 위력이다. 엔릴과 그의 아내 닌쿠르삭(=닌릴) 같은 최고신들이나 엔-주(=신) 같은 월신들은 배신의 죄를 지은 자들을 그물에 잡아넣는다.[48] 태양신인 샤마슈 역시 올가미와 밧줄로 무장하고 있는데, 사람들은 묶여 있는 사람을 풀어달라고 그에게 기원한다. 니사바 여신은 질병의 악령을 끈으로 묶는다. 악마는 악마대로 올가미를 가지고 있는데, 특히 질병의 악령이 그러하다(사람들은 흑사병의 악령에게 "너의 그물로 바빌로니아 사람들을 묶어 전멸시켜라"[49]라고 기도한다). 벨(=엔릴)에게는 이렇게 말한다. "아버지 벨이시여, 올가미를 던지소서. 올가미마다 적의에 가득 차소서."[50] 탐무즈는 "올가미의 왕"[51]이라고 불리지만, 신화에서는 그 자신이 "묶여서" 올가미에서 풀어달라고 간청한다.[52] 사람들은 사슬과 올가미에서 풀어달라고 마르두크에게 빈다. 그 역시 결박의 신이기 때문이다. 인드라와 마찬가지로, 마르두크도 투사답게 "영웅적"으로 올가미와 밧줄을 사용한다. 천지창조의 시편 「에누마 엘리슈」에서는 베다에서의 바루나-인드라의 이분법을 상기시키는 두 종류의 "결박"을 구분하고 있다. 수신이자 지혜의 신인 에아는 원초의 괴물 아프수, 뭄무와 "영웅적"으로 싸우는 것이 아니라, 주문으로 이들을 "결박"한 후 죽여버린다(「에누마 엘리슈」, I, 60-74). 마르두크는 절대적 지상권(그때까지는 천신 아누에게 속해 있었다)이라는 특권을 신들의 회의를 통해서 부여받은 후에야, 또한 이 회의에서 왕홀과 왕좌와 팔루(IV, 29)를 수여받은 후에야 바다의 괴물 티아마트의 제패에 착수하는데, 그때야말로 "영웅적" 전투를 치르게 된다. 그래도 마르두크의 주무기는 역시 "아버지 아누로부터 선물받은" "그물"이다.[53] 마르두크는 티아마트를 "묶고"(IV, 95) 목숨을 빼앗는다. 이어서 그는 티아마트를 도왔던 모든 신들과 악마들을 묶는데, 이것을 시편에서는 이렇게 말하고 있다. "이들 신들과 악마들은 그물에 던져져 옴짝달싹 못한 채로 깊은 동굴 속에 놓여졌다." (IV, 111-114, 117, 120) 이 영웅적 전투로 마르두크는 지상권을 획득하고 주술적 지상권도 동시에 소유하게 된다. 민간요법과 마법에서 밧줄, 매듭, 올가미 등이 가지는 주술적 가치까지 생각한다면, 메소포타미아 지역에 대한 이와 같은 간략한 연구는 거의 전적으로 혼돈의 인상을 줄 것이다. "결박"는 모든 종교적 "형태"에 의해서 흡수될 정도로, 주술적-종교적으로 볼 때 매력있는 개념인 듯하다. 이런 혼란 뒤에서 하나의 "역사"를 재구성할 수 있을지를 명확히 하려면 메소포타미아 종교 전문가가 이 문제를 인계받는 것이 바람직할 것 같다.

매듭의 주술

이제는 주술행위 속에 나타나는 결박과 매듭의 형태학을 전반적으로 고찰해보자. 가장 중요한 요소들을 두 개의 큰 항목으로 분류할 수 있는데, 첫째는 전쟁이나 주술에서 인적에 대하여 사용된 주술적 결박, 또한 "결박 끊기"라는 역작용이고, 둘째는 야생동물이나 질병, 주술, 악마, 죽음에 대한 방어수단으로서의 상서로운 매듭과 결박이다. 몇 가지 예만 들어보기로 하자. 첫번째 범주에는 적대자에게 향해진 주술적 올가미(「아타르바 베다」, II, 12, 2 ; VI, 104 ; VIII, 8, 6), 적군이 지나는 길에 왕자가 던진 밧줄(「카우시타키 삼히타」, XVI, 6), 적의 집 부근에 묻어둔 동아줄, 적의 배를 전복시키기 위해서 배에 감춰둔 밧줄[54], 고대 주술[55]이나 현대의 미신[56]에서 온갖 화(禍)를 당하게 하는 매듭 등이 들어간다. "결박 끊기"는 이미 「아타르바 베다」(VI, 14, 2 이하)에서 사용되었다. 그런데 이와 유사한 관념체계에서, 중대한 일정 기간(임신, 결혼, 죽음)에는 예방책으로서 몸에 어떠한 매듭도 지녀서는 안 된다고 기록된 것을 민족학 문헌에서 볼 수 있다.[57]

두번째 범주에는 치료, 악령의 방어, 주술적 활력의 보존 기능을 매듭과 끈에 부여한 모든 풍습이 포함된다. 이미 고대[58]에, 치료를 목적으로 환부를 묶었는데, 오늘날까지도 같은 방법이 민간요법에서 활발히 사용되고 있다.[59] 매듭, 줄, 밧줄로써 질병과 악령을 방어하려는 풍습은 훨씬 더 널리 퍼져 있다.[60] 특히 출산기간 동안에는 더욱 그러하다.[61] 세계 곳곳에서 부적 삼아 매듭을 지닌다.[62] 신혼부부를 보호하기 위해서[63] 혼례에서 매듭이나 끈을 사용하는데, 알다시피 육체적 결합을 방해할 위험이 있는 것 또한 바로 이 매듭이라는 점은 의미심장하다. **하지만 이러한 양면성은 매듭과 끈의 주술적-종교적 사용에서 항상 발견되는 그런 것이다.** 매듭은 질병을 불러들이는 동시에 질병을 물리치고 치유하기도 한다. 그물과 매듭은 마술을 걸기도 하지만, 마술로부터 보호하기도 한다. 또한 이 그물과 매듭은 출산을 방해하기도 하고 돕기도 하며, 신생아를 가호하기도 하고 병들게도 하며, 죽음을 가져오기도 하고 물리치기도 한다. 요컨데, 이런 주술적 의례, 의료-주술적 의례에서 핵심적인 것은 어떤 "결박"에, 모든 "묶는" 행위에 존재하고 있는 힘에 가해지는 방향성이다. 그런데 이 **방향성**은 **긍정적**일 수도 있고, **부정적**일 수도 있다. 이러한 대립성을 사람들은 "상서롭거나" "불길한" 의미로, 또는 "방어"와 "공격"의 의미로 이해하게 된다.

주술과 종교

이러한 모든 신앙과 의례가 우리를 **주술적** 사고의 영역으로 이끌어가게 되는 것은 당연하다. 그러나 이와 같은 민간의례들이 주술에 속한다는 사실 때문에, "결박"의 일반적 상징이 주술적 사고만의 산물이라고 간주할 수 있을 것인가? 우리는 그렇지 않다고 생각한다. 인도-유럽족에 있어서 "결박"의 의례와 상징이 지옥 및 달의 요소를 포함하고 있으며, 그 결과 강력한 주술적 영향력을 나타낸다고 해도(이 점은 확실치 않다), 진정한 종교체험을 표출하고 있는 동시에, 주술적이 아니라 **종교적인** 인간관과 세계관을 표현하고 있는 다른 자료들을 설명해야 할 일이 남아 있다. 예를 들면 우리가 앞에서 개관한 메소포타미아의 자료를 일괄적으로 주술적 해석에 맡길 수만은 없다. 히브리인들의 경우, 문제는 훨씬 명확하다. 성서에 "죽음의 끈"에 관한 언급이 있는 것은 사실이다(가령 사무엘하 22 : 6 "음부의 줄이 나를 두르고 사망의 올무가 내게 이르렀도다," 시편 18 : 6도 참조. 또 시편 116 : 3-4 "사망의 줄이 나를 두르고 음부의 고통이 내게 미치므로, 내가 환란과 슬픔을 만났을 때에 내가 여호와의 이름으로 기도하기를 여호와여, 주께 구하오니 내 영혼을 건지소서 하였도다!"). 그러나 이런 끈 가운데서도 가장 두려운 것은 바로 야훼로서, 예언자들은 죄인들을 벌하기 위해서 손에 그물을 들고 있는 야훼의 모습을 묘사한다. "저희가 갈 때에 내가 나의 그물을 그 위에 쳐서, 공중의 새처럼 떨어뜨리고"(호세아 7 : 12), 또한 "내가 또 내 그물을 그 위에 치고, 내 올무에 걸리게 하여 그를 끌고 갈대아 땅 바벨론에 이르리니"(에스겔 12 : 13, 17 : 20 참조), "내 그물을 네 위에 치고"(에스겔 32 : 3) 등이 그것이다. 또한 지극히 깊고 진정한 욥의 종교적 체험 역시 이와 동일한 이미지를 발견함으로써 신의 전능함을 표현한다. "하나님이 나를 굴하게 하시고 자기 그물로 나를 에워싸신 줄은 알아야 할지니라."(욥기 19 : 6) 유대 기독교도들은 악마가 병자를 "매어놓고" 있는 것으로 알았지만(누가복음 13 : 16), 그러면서도 "결박의 주(主)"로서의 최고신에 대해서 언급하고 있다. 이처럼 같은 민족에게서도 죽음의 끈, 질병의 끈, 주술의 끈, 신의 끈[64] 등 "결박"에 있어서의 주술적-종교적 다가성을 발견할 수 있다. 랍비 아키바는 "살아 있는 모든 존재 위에 그물 하나가 펼쳐져 있다"(「피르케 아보트」 3, 20 ; 셰프텔로비츠, p. 11 참조)라고 쓴 바 있다. 이 말은 "주술적" 혹은 "종교적"인 생명관만을 표현하는 것이 아니라, 오히려 세계 속의 인간 상황 자체를 그 전반적인 복합성 속에서 표현하고 있다는 점에서 적절하다. 유행하고 있는 용어를 사용하여 실존의 조건을 표현하고 있는 것이다.

실제로 "생명의 끈"은 많은 나라에서 인간의 운명을 상징한다. "장막 줄을 그들에게서 뽑지 아니하겠느냐 그들이 죽나니 지혜가 없느니라"(욥기 4 : 21 ; 7 : 6도 참조)라고 욥은 쓰고 있다. 모든 인간과 마찬가지로 아킬레우스도 "어머니가 그를 낳았을 때 운명이 아마실로 묶어놓은 것을 받아 겪어야 했다."(「일리아스 *Ilias*」, 20, 128 ; 24, 210도 참조) 운명의 여신들은 인생의 실을 잣는다. "그가 어머니로부터 태어난 날, 운명의 여신들(파르케 : 인간의 생사를 관장하는 세 여신들/역주)이 방추에 끼어넣은 운명을 그가 겪게 될 것이니……"(「오디세이아 *Odyssey*」, 7, 198)[65] 뿐만 아니다. 우주 자체가 하나의 직물, 거대한 그물로 생각되었다. 예를 들면, 인도의 사변에서 바람(바유)은 실로 꿰듯이 이승과 저승, 모든 존재들을 연결시켜 대우주를 "직조"한다.(「브라다라냐카 우파니샤드」, III, 7, 2) 이와 마찬가지로 생기(生氣 : 프라나)는 인간의 생명을 "직조"한다("누가 그에게 생기를 직조해주었는가?", 「아타르바 베다」, X, 2, 13). 결과적으로 매우 복잡하게 얽힌 상징이 두 개의 핵심적 사실을 표현하게 된다. 즉 한편으로는 우주에 있어서나 인생에 있어서나 모든 것은 보이지 않는 짜임에 의해서 서로 연결되어 있고 또 한편으로는 몇몇 신들은[66] 최종적으로 우주의 장대한 "짜임"을 이루게 되는 이 "실"의 주인이라는 것이다.

종교와 주술의 "기원"에 관한 문제처럼 미묘한 문제에서, 어원이 어떤 결정적 논거를 제공하는 일은 드물지만, 뭔가를 시사하는 경우는 종종 있다. 셰프텔로비츠와 귄테르트는 여러 어족(語族)에서 "묶는" 행위를 가리키는 단어가 동시에 "마법에 걸리다"를 표현하는 데 사용된다는 점을 지적했다. 가령 터키-타타르어에서 "바그, 바즈, 보즈"는 "주술"과 "줄, 끈"을 동시에 의미한다.[67] 그리스어 $καταδέω$는 "꽁꽁 묶다"와 "매듭을 지어 주술로 묶다"를 의미한다 (이 단어에서 $κατάδεσμος$, "동아줄, 마법으로 호리다"가 나왔다 [「그리스의 비문 *Inscr. Graec.*」, III, 3, p. V ; 셰프텔로비츠, p. 17]). 라틴어 파시눔(fascinum, "마력, 주문")은 파시아(fascia, "띠, 대"), 파시스(fascis, "다발")과 연관이 있으며 리가레(ligâre, "묶다"), 리가투라(ligâtûra, "묶는 행위")는 동시에 "마법으로 호리다"와 "주문"을 의미한다(로마어 레가투라[legatura]도 "묶는 행위", "마법을 걸다"를 의미한다). 산스크리트어에서 "(말, 소에) 쟁기를 달다, 묶다"를 의미하는 "유크티"는 "주술적 수단"이라는 뜻도 있으며, 요가의 여러 힘은 때로 "결박"[68]에 의한 주술로 이해되기도 한다. 이들 어원은 모두 묶는 행위가 본질적으로 주술적인 것임을 확인시켜준다. 여기에서 우리는 마법 걸기, 주술에 의한 결박, 매혹 등 극도로 "전문화"된 분야를 다루고 있다. 어원적으로 렐리기오(religio)는 신에게의 "집착"의 한 형태를 가리키는 것이기도 해도, 이 렐리기오를 "주술"의 의미로 이해하는 것은 경솔한 일이다.(귄테르트, p. 130에서 그러했다) 주술과 마찬가지로 종교는 그 본질 자체에 "속박"의 요소를 내포하고 있기는 하지만, 두말할 것도 없이 그 강도도 다르고, 특히 그 방향이 상반되는 것이기 때문이다.

"한계상황"의 상징

여러 가지 다른 상징적 복합체가 거의 동일한 방식으로 우주의 구조와 세계 속의 인간의 "상황"을 규정짓고 있다. 바빌로니아어 마르카수("연결, 줄")는 신화 가운데서 "사물을 결합시키는 우주원리", "우주를 함께 받치고 있는 버팀목, 힘, 신의 율법"[69]을 가리킨다. 또한 장자(莊子)는 "창조 전체의 사슬"[70]로서의 도(道)를 말하고 있는데, 이것은 인도의 우주론에서 사용한 용어를 상기시킨다. 한편 미궁은 종종 "풀어야 할 매듭"으로 여겨지며, 이러한 개념은 곤란, 위험, 죽음, 통과의례의 개념을 포함하고 있는 형이상학적, 의례적 총체에 속한다.[71] 인식이나 지혜 등과 관계되는 다른 차원에서도 유사한 표현을 만날 수 있다. 즉 환각(인도의 경우, 바루나의 주술인 마야와 동일한 단어이다)으로부터의 "해방"이 그러하며, 비실재의 베일을 "찢고" 존재의 "매듭"을 "풀기"가 그러하다. 이러한 것은 세계 속의 인간의 상황을 어떤 관점에서 검토하든지 간에, 그 상황은 항상 "결박, 속박, 포박" 등의 개념을 내포하는 키워드를 통해서 표현된다는 인상을 준다. 주술적 측면에서 볼 때, 사람들은 악마나 주술사의 결박으로부터 자신을 보호하기 위해서 매듭과 부적을 이용한다. 종교적 측면에서 인간은 신에게 "묶여져" 있음을, 신의 올가미에 잡혀 있음을 느낀다. 그러나 죽음도 또한 실제(시체는 "끈으로 묶인다")로든, 은유적(악마가 망자의 영혼을 "묶는다")으로든 인간을 묶는다. 더 나아가서 삶 그 자체가 "직물"이거나(우주적 규모의 주술적 직물인 마야일 수도 있다), 인간 각자의 삶을 매달고 있는 "실"이기도 하다. 이 여러 가지의 관점들은 몇 가지 공통점이 있다. 어디에서든 인간의 궁극적인 목표는 "결박"에서 해방되는 것이다. 미궁의 신비적 통과의례의 경우, 의례 과정중에 신참자들은 사후에 영혼이 매듭을 만나게 될 경우 스스로 그것을 풀 수 있도록 미궁처럼 뒤얽힌 매듭을 푸는 법을 배우게 되는데, 이런 의례는 무지의 장막을 "찢고" 존재의 사슬로부터 영혼을 해방시키고자 하는 철학적, 형이상학적 의례에 해당된다. 인도적 사변을 지배하고 있는 것이 바로 이러한 해탈에의 갈증이며, 그것의 가장 특징적인 용어는 "속박-해방", "결박-해박(解縛)", "구속-석방" 등 양극적인 표현이라는 점은 이미 알고 있다.[72] 똑같은 표현이 그리스 철학에서도 통용된다. 플라톤의 동굴에서 사람들은 사슬에 매여져 움직이지도 못하고 고개를 돌리지도 못한다.(「국가론 *De Republica*」, VII, 514 a 이하) 영혼은 "타락한 후, 사슬에 매여 갇혀져 있었다…… 영혼은 무덤 속에, 동굴 속에 있다고 하는데, 이념에 의지하자 그 결박에서 해방된다……."(플로티노스,「엔네아데스 *Enneads*」, IV, 8, 4 ; IV, 8, 1도 참조, "지성을 향한 발걸음은 영혼에게 그 속박으로부터의 해방이 된다")

"결박"의 복합체가 가지는 다가성(우리는 우주론적, 주술적, 종교적, 통과의례적, 형이상학적, 구제론적 측면에서 고찰했다)은 아마도 **사람들이 이 복합체 속에서 자신들의 상황을 나타내주는 원형을 알아보았다**는 사실에서 기인하는 것 같다. 그 때문에 이 복합체는 무엇보다 철학적 인간학의 문제를 제기하도록 한다. 이 문제에서 순수하게 철학적인 연구는 원시인의 어떤 "한계상황"에 관한 이런 자료들을 소홀히 하지 않게 함으로써 가치를 더하게 될 것이다. 현대의 사고가 구체적 인간을 재발견했노라고 자부한다고 하지만, 사실상 그 분석 대상은 주로 현대 서구인의 조건이며, 따라서 이 조건은 보편성의 결여라는 점에서, 단순하고 삭막한 일종의 인간적 "지역주의"라는 점에서 결함을 가지게 된다.

한편으로, "결박"의 복합체는 종교사에서 고도로 흥미를 가지고 있는 문제를 제기한다. 아니, 제기한다기보다는 구성한다고 하는 편이 옳겠다. 주술과 종교 사이의 관계에 의해서뿐만 아니라, 특히 주술적-종교적 형태의 증식, 이 형태의 "생리학"이라고 부를 수 있는 것을 우리에게 밝혀주기 때문이다. 우리는 주술적-종교적 삶의 여러 차원(우주론, 신화, 주술 등)에서뿐만 아니라, 이 각 차원의 여러 단계(대[大]주술과 소[小]주술, 공격적 마술과 방어적 마술 등)에서 실현되려고 하는 "결박"의 원형을 보고 있는 느낌이다. 어떤 의미에서는, **역사적인 혹은 역사화된 "공포의 지배자"가 자신의 모델인 "결박의 신"을 모방하려고 애쓴다면, 마법사 역시 공포의 지배자와 그의 초월적 모델을 모방하고 있는 것**이라고까지 말할 수 있다. 형태상으로 볼 때 물을 "가두어두는" 브리트라와 죄인들의 "묶어두는" 바루나, 사자들을 "그물"에 가두고 있는 악마, 적대자들을 주술로 묶고 다른 마법사들의 희생자는 풀어주는 마법사 사이에 어떠한 단절도 없다. 이들 작용의 구조는 모두 똑같다. 현재 우리의 지식 수준에서 볼 때, 이와 같은 균일성이 모방이나 **"역사적" 차용**(역사-문화학파에서 "역사적"이라는 용어에 부여하는 의미로서)에서 유래하는 것인지, 아니면 이 모든 작용이 **세계 속의 인간의 상황 자체**에서 기인한다는 사실, 즉 이 작용들이 여러 문화권의 다양한 차원에서 연속적으로 실현되고 있는 동일한 한 개의 원형의 변화형이라는 사실에 의해서 이 균일성이 설명되는 것인지는 확실히 규정하기 어렵다. 다만 적어도 몇몇 복합체(가령 인도-유럽족의 주술적 지상권의 복합체)의 경우에서는, 그것이 **역사적**으로 밀접한 관련이 있는 신화적-의례적 총체임에는 틀림없는 것 같다. 그러나 "결박"에 관한 인도-유럽의 복합체가 역사적으로 실재했다고 해서, 그렇다고 세계에 유포되어 유사한 복합체와 관련을 맺고 있는 다른 모든 주술적-종교적 풍습과 신앙이 반드시 "역사적"인 것이라는 의미는 아니다(즉 동일한 근원에서 파생되었다거나, 직접적, 간접적 영향이나 차용의 결과라는 의미는 아니다). 인도-유럽의 특정사례가 이러한 결론을 반드시 포함하는 것도 아니지만, 이런 결론을 배제하는 것도 아니므로, 신중을 기하기 위해서 이 문제는 열어놓는 것이 좋겠다고 덧붙이는 바이다.

상징과 역사

그러나 비교 삼아 유사한 사례를 인용해보겠다. 의례적 상승과 마술적 비행이라는 복합체가 바로 그것이다. 상승을 그 본질적 요소의 하나로 포함하는 여러 신앙과 체계(의례적, 신화적 체계) 사이에서 어떤 역사적 관계(계통관계, 차용관계)를 파악해낼 수 있다고 해도[73], 상승 및 비행의 상징의 형태학은 이 역사적 관계를 훨씬 뛰어넘는 것이다. 상승에 관한 모든 사회적 의례와 상징을 배양한 토대가 되는 역사적 원천을 확인하는 데 언젠가 성공하게 된다고 해도, 또 그 결과 이들이 확산되어나간 메커니즘과 단계를 명확히 할 수 있는 입장이 된다고 해도, 상승의 꿈이라든가 몽상, 미적 환상의 상징은 여전히 설명되어야 할 문제로 남을 것이다. 이 미적 환상이란 것은 상승과 비상의 복합체에 집중되어 있을 뿐만 아니라, 상승의 의례, 신화, "철학적 원리"를 통해서 밝혀진 동일한 가치들로 이미 조직되어 있는 복합체를 제시한다. 우리는 다른 곳에서 이러한 비교연구 방법을 제시한 바 있다.[74] 여기에서는 "무의식(꿈, 환각, 백일몽)"의 차원에서, 또한 "초의식"과 의식(미적 환상, 의례, 신화, **철학적 원리**)의 차원에서 일관성 있게 체계적으로 나타나는 동일한 원형적 상징의 비(非)역사적 표현을 우리가 취급하고 있다는 것으로 결론짓기로 한다. 또 무의식과 잠재의식에 의한 표현은 의식적 표현의 구조 및 가치와 완전히 합치되는 구조와 가치를 보여준다는 점도 강조해두고 싶다. 의식적 표현은 그 가치가 "논리적"으로 타당하다는 의미에서 "합리적"인 것이므로, "규범적"인 논리(고전적 논리라든가 상식의 논리)에 대해서 반드시 이질적인 것만은 아닌 잠재의식과 초의식의 "논리"에 대해서 언급할 수 있을 것이다. 따라서 적어도 잠재의식의 어떤 영역은 의식적-초의식적 경험을 지배하고 조직하기도 하는 동일한 원형들에 의해서 지배된다는 가설을 잠재적으로 수용하기로 하자. 이런 사실에서 보면, 어떤 상징적 복합체(우리의 경우는 "상승"의 복합체나 "결박"의 복합체)의 다양한 변화형들을 꿈이나 신화, 의례, 신학, 신비학, 형이상학 등의 여러 차원에서 원형을 "실현"시키려고 하는 일련의 무한한 "형태"로서 간주할 수 있는 근거가 마련된다.

물론 이 "형태"들이 모두 자연발생적인 것은 아니며, 이상적인 원형에 직접 의존하고 있는 것도 아니다. 이들 형태 가운데 대부분은 이들이 기존 형태의 진화 또는 모방이라는 의미에서 "역사적"인 것이다. "결박"의 주술 가운데 어떤 변형들은 난데없이 유인원의 양상을 보이기도 한다. 이들 변형체가 주술적 지상권이라든가 장례신화 등 기존의 "역사적 형태"들을 한정된 차원에서 모방했다는 인상이 든다. 그러나 종교적 복합체의 비정상적인 변화형도 유인원적 외관을 띠는 경우가 일반적이므로 신중하게 고려해야 한다. 한층 확신이 서는 것은, 역사적 형태가 부차적인, 중요하지 않은 차원에서 실현되었을 때조차도 가능한 한 자신의 원형에 접근하려는 경향을 보인다는 점이다. 이 현상은 인류의 종교사 도처에서 확인된다. 지방의 어떤 여신이라도 대(大)여신을 지향한다. 어떤 도시라도 "세계의 중심"이 **된다**. 어떤 주술사라도 제의가 극에 달하면 우주의 최고 존재가 되었음을 주장한다. 원형을 향한 바로 이 성향, 완전한 형태의 복원을 향한 바로 이 성향(의례, 신화, 신성은 그 어떤 것이나 이 **완전한 형태**의 변형일 따름인데, 종종 퇴색된 변형일 경우도 많다)이 종교사를 가능하게 한다. 이런 성향이 없었더라면, 주술적, 종교적 체험은 번개처럼 나타났다가 덧없이 사그라지는 수많은 신이나 신화, 교리의 형태를 계속 창조해냈을 것이고, 학자들은 끝없는 새로운 유형들의 증식으로 도저히 체계를 세울 수가 없었을 것이다. 그러나 종교 형태는 일단 "실현"되고 "역사화"되면, 시간적이고 공간적인 조건에서 해방되어 보편화되고 원형을 되찾는 경향이 있다. 결국 승승장구하는 종교 형태의 "제국주의"도 모든 신성현현으로 하여금 "일체자"가 되게 하는 이 경향, 다시 말해서 신성현현 **자체만**으로도 성이 남김없이

표명되도록 하고 성의 무한한 형태학을 합병하려는 이 경향에 의해서 설명된다.[75]

이러한 일반적 관점이 어떠하든 간에, "결박"의 주술적-종교적 복합체는 한 개의 원형, 혹은 한 개의 원형군(그 가운데 몇 가지를 언급한 바 있다. 즉 우주의 직물, 인간 운명의 실, 미궁, 존재의 사슬 등)과 대응한다. "결박" 및 매듭, "결박으로부터의 해방"의 모티브가 가지는 양가성과 이질성은 이들 원형이 "실현"되는 차원이 얼마나 다채롭고 다양한지를 확인시켜준다. 물론 그렇다고 해서 문제의 주술적-종교적 복합체와 관계되는 어마어마한 자료 가운데에서, **역사적으로 연관성이 있는** 어떤 집단을 변별하지 못한다는 의미는 아니고, 또 이들 집단이 상호 의존관계에 있다던가 공통된 원천에서 파생된 것이라고 생각할 수 없다는 의미도 아니다. 이런 것은 바로 귄테르트, 뒤메질, 클로스가 인도-유럽 영역에서 각기 다른 관점을 가지고 행한 연구였다. 빈의 역사-문화학파[76]의 원리에 충실한 클로스가 미국이나 멜라네시아의 "결박"의 의례와 신화를 역사적으로 볼 때 인도-유럽의 모든 형태를 탄생시킨 동일한 원천에 속한다고 설명하는 것을 들으면, 그의 의견을 따르는 데 주저하게 될 것이다. 오히려 의례적 "결박"에 관한 인도-유럽의 복합체를 코카서스 기원으로 보는 그의 가설(p. 643)이 훨씬 설득력 있다. 즉 피노-우그리아 어족과 터키-타타르 어족은 "결박"의 의례와 신화에 대해서 알지 못하고 있는데, 바로 이 점이 이 복합체의 기원을 남방에서 찾아야 한다는 사실을 말해주는 것이다. 아닌게아니라, "백색의 조르주"의 사슬에 관한 그루지야의 의례와 가장 유사한 의례가 인도에서 발견된다. 또 곤드족 주술사(판다)⁷⁷⁾가 칼리-두르가 축제(곤드족은 이 축제를 즈바라라고 부르는데, 이 단어는 힌디어로 "귀리"를 뜻하는 자바라에서 파생되었다. 이 사실은 이 축제의 농경 기원을 증명해준다)의 아흐레 동안 목에 두르고 있는 쇠고리도 그러하고, 모헨조다로⁷⁸⁾에서 발견된 여성상과 "원초의 시바" 상의 목에 걸린 쇠고리도 그러하다. 물론 곤드족의 현재 제의가 인더스 강의 원시사(原始史) 문화로부터 직접 파생된 것으로 보는 것은 신중치 못한 일이겠지만, 코퍼스가 설정한 이들 사실 사이의 유사성은 충분한 관심을 끈다.⁷⁹⁾

어쨌든 메소포타미아 종교의 고층(古層)에서 "결박"이나 "매듭" 등의 모티브가 자주 등장하는 점에 대해서는 아직도 설명의 여지가 남아 있다. 이러한 모티브의 빈발현상은 인도-유럽족의 경우와는 달리 하나의 신학적이고 의례적인 체계를 구성하지 못함으로써 종교생활 전반에서 인정받지 못하게 된 방계(傍系)의 변화형을 의미하는 것인가? 즉 무한한 증식을 거쳐 신적이고 악마적인 힘으로 변화되어 신에게 부속되거나 주술사에게 이용되는 변화형을 의미하는 것인가? 확실한 것은, "결박"의 복합체가 신이든 인간이든 공포의 최고 존재의 구조 자체 속에 유기적으로 통합된 것은 오직 인도-유럽어족의 경우뿐이라는 점, 또 뒤메질의 연구가 훌륭하게 보여주었듯이 의례적, 신화적, 신학적 차원에 대해서 일반적으로 적용되는 **일관된 체계**를 보여주는 것도 오직 인도-유럽어족의 경우뿐이라는 점이다. 그러나 우리는 인도-유럽어족에게조차, 공포의 최고 존재라는 개념에 집중된 이 체계가 "결박"과 관련된 주술적-종교적 형태 및 상징의 창조적 힘을 모두 규명해주지는 못한다는 점을 앞에서 보여주려고 했고, 심지어는 주술,

신화, 종교 자체의 차원에서 이 사실에 대한 설명을 구해보려고도 했다. 즉 이것을 세계 속의 인간이라는 상황 자체에서 기인하는 것(자연발생적 "기원")으로도 볼 수 있고, 기존의 형태에 대한 다소 맹목적인 모방에서 기인하는 것(역사적 "생성")으로도 볼 수 있다. 그러나 어떤 쪽의 설명을 택하든 간에, 공포의 최고신에 대해서 인도-유럽어족이 가지고 있는 개념의 복합성은 이제 확실해졌다. 이 복합적인 개념에서 사람들은 선사시대의 역사를 알아보기 시작했고, 이질적인 종교적 전통에 대한 우연한 차용을 식별할 채비를 갖추게 되었다. 그 구조로 말미암아 종종 이 개념을 오로지 주술적인 것으로 규정하는 것은 적절치 못하다. 한편으로는 인도 자체에서 바루나와 브리트라의 "결박"이 가지는 우주발생론적이고 형이상학적인 가치를 강조한 바 있었고, 또 한편으로 히브리인의 경우는 이 복합체에 의해서 유발된 종교 체험이 겉으로만 보기에는 두렵도록 "옭아매는" 신의 "올가미"에서 매우 순수하고 심오한 종교 생활의 자양분을 발견할 수 있다는 것을 입증해준다.

제4장 조개의 상징에 관한 고찰

달과 물

굴, 바닷조개, 달팽이, 진주는 물의 우주론뿐만 아니라 성적인 상징과 밀접한 관련이 있다. 이것들은 실제로 물, 달, 여성에 집중되어 있는 신성한 힘에 참여하며, 더욱이 조개와 여성의 생식기의 유사성, 굴, 물, 달의 결합관계, 조개 속에서 형성된 진주의 산부인과적이고 태생학적인 상징 등 여러 가지 이유에서, 이 신성한 힘의 표상이 된다. 굴과 조개의 주력(呪力)에 대한 신앙은 선사시대부터 현대에 이르기까지 전세계에서 발견된다.[1] 이러한 개념의 기원을 이루는 상징은 아마도 "원시적" 사고의 심층부에 속하는 것이었겠지만, 그후에 "활성화"와 다양한 해석을 거쳤다. 굴과 조개는 농경의례와 혼인의례, 장례에, 또 의상 장식이나 장식적 모티브에 나타난다. 물론 이들의 주술적-종교적 의미는 반감되거나 퇴화되기는 했어도 말이다. 몇몇 민족에게 조개는 아직도 장식적 모티브가 되면서도, 그 주술적 가치는 흔적도 남아 있지 않다. 옛날에는 생식력의 표상이자 초월적 실재의 상징이던 진주가 이제는 서양에서 "보석"의 가치밖에는 가지지 못하게 되었다. 이 상징의 계속적인 퇴화는 이 장 끝에서 더욱 명확히 드러날 것이다.

물과 굴의 도상적인 결합은 콜럼버스 발견 이전의 아메리카에서 풍부하게 입증된다. 말린체 언덕의 "툴라 부각"은 굴과 나선형, 이중의 원이 잠겨 있는 물에 둘러싸인 신의 모습을 나타내고 있다.[2] 「누탈 사본 *Codex Nuttall*」에는 물-물고기-뱀-게-굴의 도상 복합체가 압도적이다.[3] 「드레스덴 사본 *Codex Dresden*」에서는 굴껍질에서 흘러나오는 물을 묘사하거나, 똬리를 튼 뱀 형상의 항아리를 가득 채운 물을 표현한다.[4] 멕시코의 폭풍신은 자잘한 바닷조개가 매달린 금줄을 차고 있었다.[5] 또 월신은 거대한 바다 달팽이를 상징으로 삼고 있었다.[6]

고대 중국에서는 굴의 상징이 한층 잘 보존되었다. 고대 중국에서 조개류는 달의 신성성에 참여하는 동시에 물이 가지는 여러 힘을 확장시켜주었다. 「여씨춘추(呂氏春秋)」(기원전 3세기)에 보면 이렇게 쓰여 있다. "달은 모든 음(陰)의 근원이다. 만월에 방합(蚌蛤)은 가득 차고 모든 음은 풍요로와진다. 달이 어두워지면(달의 순환주기의 마지막 밤), 굴은 속이 비고 모든 음은 여위기 시작한다"[7] 묵자(墨子, 기원전 5세기)는 진주조개인 방(蚌)이 숫컷 없이도 생겨나는 것을 지적하고 다음과 같이 덧붙였다. "따라서 방이 진주를 결실로 맺을 수 있는 것은 자신의 온갖 음력(陰力)을 집중시켰기 때문이다."[8] 또 유안(劉安, 기원전 2세기)은 "달은 음의 근원이다. 그 때문에 달이 기울면 물고기의 뇌가 줄어들고, 달이 사라지면 나선형 단각패류의 살집이 차지 않는다"라고 말한다. 유안은 다른 장에서 이렇게 덧붙인다. "쌍각조개와 게, 진주, 거북이는 달과 더불어 커졌다 작아졌다 한다."[9]

음은 무엇보다도 여성적인, 달의, "축축한" 우주적 에너지이다.

따라서 특정 영역에 적극적인 음이 과도하면 여성의 성 본능을 자극하게 되며 "음탕한 여자들이 남자들을 타락시키게 된다."(「일주서(逸周書)」, 54장, 칼그렌, 위의 책, p. 38에서 인용) 사실상 음양의 원리와 인간 사회 사이에는 신비한 대응관계가 존재한다. 천자의 수레는 비취(양이 풍부하다)로 장식되었고, 왕비의 수레는 음의 상징인 공작 깃털과 조개로 장식되었다. 대립적이고 상호보완적인 음양 두 원리의 순환이 장애 없이 순조로울 때 우주적 생명의 리듬도 정상적인 흐름을 따르게 된다. 순자(荀子)는 이렇게 쓰고 있다. "경옥(비취)이 산에 묻혀 있으면, 그 산의 나무들은 열매를 맺을 것이다. 깊은 물이 진주를 생산해내면, 연안의 초목은 말라죽지 않을 것이다."(칼그렌, 같은 책, p. 40) 경옥과 진주의 이 상징적 양극성이 중국의 장례의상에 다시 나타나는 것을 나중에 보게 될 것이다.

월상(月相)이 굴에 미치는 영향에 대해서는 고대에도 유사한 생각을 가지고 있었다.

루킬리우스는 "달은 굴에 양분을 주고, 성게를 채우고, 홍합에 힘과 활력을 준다"고 말한 바 있다. 플리니우스(「박물지 *National History*」, II, 41, 3)와 아울루스 겔리우스(「아테네 야화」, XX, 8)를 비롯한 여러 작가들도 유사한 현상을 주목했다고 주장한다. 기능을 이해할 수 없는 고대의 어떤 상징을 이어받은 이 반과학적 전승이 18세기까지 유럽에 존속하고 있었음에 틀림없다.[10]

수태의 상징

굴과 바닷조개가 가지는 달에 관련된 상징이나 물과 관계되는 기원(起源) 이상으로, 이들과 외음부와의 유사성은 조개의 주술적 가치에 대한 신앙을 유포시키는 데 기여했을 가능성이 매우 크다.[11] 더욱이 이 유사성은 몇몇 쌍각 연체동물을 지칭하는 용어 자체에 들어 있기도 하다. 굴을 의미하는 고(古)덴마크어 쿠데피스크(kudefisk, kude는 여성의 외음부를 가리킨다 ; 칼그렌, p. 34, 주 참조)가 그 증거이다. 조개와 여성 생식기의 동일시는 일본에서도 확인된다.[12] 바닷조개와 굴은 모태의 주술적 힘을 나누어 가진다. 마치 마르지 않는 샘처럼, 여성 원리의 상징으로부터 용솟음치는 창조력이 바닷조개와 굴 속에 발휘된다. 마찬가지로, 부적이나 장신구로서 피부에 붙여놓은 굴이나 바닷조개나 진주는 여성에게 수태력을 침투시켜주는 동시에 액이나 악운으로부터 보호해주기도 한다. 아캄바족 여성들은 굴껍질로 장식된 허리띠를 매고 있는데, 첫아이를 낳고 나면 허리띠를 더 이상 매지 않는다.[13] 더욱이 굴은 가장 좋은 결혼선물이기도 하다. 인도 남부에서 어린 처녀들은 조개 목걸이를 하고 있으며[14], 현대 인도의 치료법에서는 정력 증진과 최음을 위해서 진주 가루를 사용한다.[15] 이것은 부분적으로밖에 알려지지 않았던 원시적 상징을 구체적이고 직접적인 차원에서 "과학적"으로 적용시킨 예라고 할 수 있다.

진주의 우주론적 기능과 주술적 가치는 베다 시대부터 알려져 있었다. 「아타르바 베다」의 한 찬가(IV, 10)는 진주를 이렇게 찬양한다. "바람에서, 공기에서, 벼락에서, 빛에서, 황금에서 태어난 조개가, 진주가 우리를 두려움에서 지켜주기를! 광명의 으뜸으로 대양에서 태어난 조개와 더불어, 우리는 나찰(羅刹)들을 죽이고 악마들을 제패하도다. 조개와 더불어, 우리는 질병과 궁핍을 극복하도다. 조개는 만병통치약이고, 진주는 공포에서 우리를 지켜주네. 하늘에서, 바다에서 태어나 신두 강에 실려온 조개, 황금에서 태어난 조개는 우리에게 수명연장의 보물(마니)이라네. 바다에서 태어난 보물이여, 구름에서 태어난 보물이여, 신과 아수라의 화살을 사방에서 막아주소서. 그대는 황금 가운데 하나("진주"는 황금을 가리키는 여러 이름 중의 하나이다), 그대는 달(소마)에서 태어나 수레를 장식하고 화살통 위에서 빛을 발하네. 수명을 연장해주소서! 신들의 뼈는 진주로 만들어져 바다의 품에서 태어나고 죽는다네. 수명과 원기와 힘을 위해서, 백년 장수를 위해서 나는 이제 그대를 따르노라. 진주여, 수호하시라!"

한편 한방에서는 진주를 수태력과 부인과적 효력에 있어서 특효약으로 친다.[16] 일본의 민간신앙에 따르면, 섭조개 가운데 어떤 것은 분만을 돕는다. 태패(胎貝)란 이름도 그런 이유에서 나왔다. (안데르손, 「황토의 아이들 *Children of the Yellow Earth*」, p. 304) 중국에서는 분만을 촉진시키는 특성이 있는 굴 종류를 임산부에게 주지 않도록 조심한다.(칼그렌, p. 36) 음의 원리를 유난히 많이 포함하고 있는 굴은 분만을 손조롭게 하고 때로는 분만을 촉진시킨다. 조개 속에 싸여 있는 진주와 태아 사이의 유사성은 중국 학자들에 의해서 강조된 바 있다. 「비아(脾雅)」(11세기)에서 말하기를, 방 조개는 "여자가 뱃속에 태아를 품고 있듯이, 조개를 배고

있다. 그 때문에 방 조개는 '진주의 배(蚌胎)'라고 불린다."(칼그렌, p. 36)

그리스인에게 진주는 사랑과 결혼의 표상이었다.[17] 그렇지 않아도 조개는 전(前) 그리스시대부터 대여신들과 밀접한 관계를 맺고 있었다.[18] 아프로디테가 바다 거품에서 태어난 후 다다른 장소인 키프로스 섬에서는 아프로디테에게 조개를 바치곤 했다(플리니우스, 「박물사」 IX, 30 ; XXXII, 5). 소라에서 탄생한 아프로디테에 관한 신화는 아마도 지중해 세계에 널리 퍼져나갔던 것 같다. 디필로스의 시를 번역한 플라우투스는 그에 관한 전승을 알고 있었다. "네가 조개에서 태어났다고들 말한다(*Te ex concha natam esse autumnant*)."[19] 시리아에서는 이 여신을 "진주 부인"이라고 불렀고, 안티오키아에서는 마르가리토라고 불렀다.[20] 그밖에도 아프로디테-조개의 이 복합체는 조개가 새겨진 많은 조각을 통해서 확인된다.(데오나, 위의 책, p. 402) 그리스에도 바닷조개와 여성 생식기의 유사성이 알려졌음에 틀림없다. 소라에서 태어난 아프로디테는 이 여신과 음의 원리 사이의 신비한 관계를 잘 밝혀주었다. 조개의 의례적 기능에 동기를 부여한 것이 바로 탄생과 재생의 이 상징이다.[21] 만물의 모태의 상징으로서 조개가 가지는 창조력 덕분에, 조개는 장례에서 특이한 위치를 차지한다. 이와 같은 재생의 상징은 쉽사리 소멸되는 것이 아니어서, 재생을 상징하던 조개는 로마의 수많은 묘비에서 기독교 미술로 건너갔다.(데오나, p. 408) 더욱이, 죽은 여인은 종종 베누스와 동일시된다. 베누스는 석관 위에서 비둘기를 밟고 있는 반라상(半裸像)으로 표상되는데(같은 책, p. 409), 죽은 여인은 무궁하게 재생되는 삶의 이 원형과 동일시됨으로써 그 부활을 보장받는 것이다.

여러 지방에서 바닷조개, 진주, 달팽이는 사랑과 결혼의 상징으로 나타난다. 카마데바 상(像)은 조개로 장식되어 있다.²²⁾ 인도에서는 커다란 조개껍질을 불어서 결혼식을 알린다.²³⁾ 바로 이 조개껍질(투르비넬라 피룸[Turbinella Pyrum : 소라/역주])이 비슈누의 2대 주요 상징 가운데 하나이다. 다음의 기도문이 이 조개껍질의 종교적 가치를 잘 보여준다. "이 조개껍질의 입구에 월신이 있고, 그 양측에 바루나가 머물고, 그 등에 프라자파티가, 그 꼭대기에 갠지스 강, 사라스바티 강, 삼계의 모든 신성한 강이 흐르도다. 그곳에서 바수데바의 명에 따라서 사람들은 목욕재계를 하고, 조개껍질 안에는 브라만의 수장이 머물더라. 이처럼 우리는 이 신성한 조개껍질을 찬양하도다. 영광되어라, 그대 신성한 조개껍질이여. 만신의 축복이 있으라, 오, 그대, 바다에서 태어나 비슈누가 손에 쥔 그대여. 우리는 신성한 조개껍질을 찬양하고 명상하노라. 환희 속에 우리 열광하도다!"²⁴⁾

아즈텍인들에게 달팽이는 보통 수태, 임신, 분만을 상징했다.²⁵⁾ 「바티칸 사본 *Codex Vaticanus*」의 도판 26에 대해서, 킹스보로는 연체동물(바다달팽이)과 분만 사이의 관련에 대해서 토착민들이 설명한 내용을 다음과 같이 옮겨놓고 있다. "이 바다동물이 그 껍질에서 나오듯이, 사람도 어머니의 배에서 태어난다"²⁶⁾ 「텔레리아노-레멘시스 사본 *Codex Telleriano-Remensis*」의 도판 11에 대해서도 토착민의 해석은 동일하다.(같은 책, VI, p. 122)

조개껍질의 의례적 기능

이제부터는 수많은 종교의식과 농경의례, 통과의례에 조개껍질과 굴과 진주가 쓰이는 이유를 동일한 상징에 의해서 쉽게 설명할 수 있다. 수태와 분만을 촉진하는 굴과 진주는 수확에 대해서도 좋은 영향을 미친다. 풍요의 상징이 의미하는 힘은 모든 우주 영역에서 나타난다.

인도에서는 사원에서 행해지는 의례뿐만 아니라 농경의례, 혼례, 장례에서도 소라를 불었다.(잭슨, 「조개 나팔 Shell-Trumpets」, p. 3에 정리해놓은 참조를 볼 것) 샴에서 승려들은 파종이 시작될 때 조개껍질을 분다.(잭슨, 「아즈텍의 달 숭배 The Aztec Moon-Cult」, p. 3). 말라바르 해안에서 만물을 딸 때 사제는 소라를 부는 남자의 인도로 사원에서 나온다.(같은 책, p. 3) 아즈텍에서도 조개껍질은 동일한 의례적 기능을 가진다. 즉 어떤 사본을 보면, 소라를 울리는 사제를 앞세우고 행진하는 꽃과 양식의 신을 표현하고 있다.(같은 책, p. 4)

우리는 바닷조개와 굴이 탄생과 재탄생의 상징을 어김없이 표현하고 있음을 보았다. 통과의례는 상징적 죽음과 부활을 포함하고 있는데, 조개껍질은 육체적 탄생을 보장하고 용이하게 하는 것뿐만 아니라, 효과적인 영적 재탄생(부활)의 행위를 의미하기도 한다. 알공킨족의 경우, 통과의례중에 신참자를 조개껍질로 때린다든가, 부족의 우주 신화와 전승을 이야기하면서 조개껍질을 보여주는 이유도 그 때문이다.[27] 또한 조개껍질은 아메리카의 여러 부족의 종교 생활과 주술에서 중요한 자리를 차지한다.(잭슨, 「조개 나팔」, p. 17 이하 참조) 오지브와족의 "대의단(大醫團)"이나 위네바고족의 "의료제례"에 들어가기 위한 입단의식에서 조개껍질은 불가결한 요소이다. 지원자의 죽음과 부활은 수달 가죽 주머니에 넣어놓은 마술조개를 손으로 만짐으로써 이루어진다.[28]

조개껍질과 통과의례, 좀더 일반적으로 말해서 조개껍질과 종교의례 사이의 이와 같은 신비한 관계는 인도네시아, 멜라네시아, 오세아니아에서도 발견된다.[29] 토고의 부락 입구는 조개껍질로 눈을 해넣은 우상으로 장식되어 있는데, 이 우상 앞에 사람들은 조개껍질을 쌓아 봉헌물로 삼는다.(안데르손, 「황토의 아이들」, p. 306) 다른 지역에서는 강이나 샘, 나무에 조개껍질을 바치기도 한다.(같은 책, p. 312) 재판소에 조개껍질을 두는 이유 역시 조개껍질의 주술적-종교적 힘에 의해서 설명된다.(같은 책, p. 307) 중국 사회에서나 원시사회에서나, 우주 원리의 하나를 구현하는 이 표상이 법의 정당한 적용을 보장해주기 때문이다. 우주적 생명의 상징으로서 조개껍질은 규범에 대한 일체의 위반, 사회의 리듬(사회의 질서)에 반하는 일체의 범죄를 적발해내는 힘을 가지고 있다.

외음부와의 유사성 때문에 바닷조개를 비롯한 많은 종류의 조개들은 모든 주술, 사술(邪術, jettatura), 악의(mal'occhio, 이 단어의 정확한 뜻은 악의, 적의에 찬 눈이다/역주])를 예방해주는 것으로 여겨진다. 조개 목걸이, 바닷조개로 장식된 팔찌, 부적, 심지어는 단순히 조개를 그린 그림까지도 여성과 아이들, 가축들을 액, 질병, 불임으로부터 보호해준다.[30] 이 상징 —— 우주적 생명의 근원과의 동일시된다 —— 은 조개껍질의 다채로운 영험을 북돋아주는데, 곧 우주적, 사회적 생활의 모든 규범을 보존하고, 행복과 수태를 촉진하며, 임신한 여성에게는 안산(安産)을, 통과의례중의 신참자에게는 영적 "갱생"을 보장해주는 것이 그것이다.

장례신앙에서의 조개껍질의 역할

바닷조개와 굴의 성적이고 부인과적인 상징은 영적인 의미를 내포하고 있다. 통과의례에 의해서 실현된 "제2의 탄생"은 우주적 생명을 받쳐주는, 이 마르지 않는 샘 때문에 가능한 것이다. 장례에 쓰이는 조개와 진주의 용도도 여기에서 연유한다. 죽은 사람은 생전에 그의 생명을 돋워주고 지배했던 우주적 힘과 떨어질 수 없기 때문이다. 중국의 무덤에서 경옥(비취)이 발견되는 것도 마찬가지 이유에서이다. 양(陽) —— 남성, 태양, 건성[乾性]의 원리 —— 이 침투되어 있는 경옥은 본질상 해체와 대립한다. "시체의 구혈(九穴)을 비취와 금으로 막으면, 시체는 부패를 면하게 된다"라고 연금술사 갈홍(葛洪)은 쓰고 있다.[31] 「도홍경(陶弘景)」(5세기)에서는 다음과 같은 설명한다. "고대 분묘를 열었을 때, 내부에서 시체가 살아 있는 듯이 보이면, 시신 내부와 외부에 대량의 황금과 비취가 있음을 알라. 한 왕조의 관례에 따라서, 시신의 부패를 방지하기 위해서 태자와 제후는 진주로 장식된 수의를 입히고 옥관에 넣어 매장되었다."[32] 여러 저자들이 의문을 표시하던 갈홍의 주장, 즉 경옥으로 "시체의 구혈을 막았다"는 이 주장은 최근의 발굴에 의해서 입증되었다.[33]

경옥과 조개껍질은 모두 피안 세계에서 좋은 운명을 받도록 해준다. 경옥이 시체의 부패를 막는다면, 진주와 조개껍질은 망자에게 새로운 탄생을 준비시켜준다. 「예기(禮記)」에 따르면, 관은 "다섯 줄의 자개"와 "비취판"으로 장식³⁴⁾되었다고 한다. 진주 조개 이외에, 섭조개 중에서도 가장 크면서도 가장 얄팍한 신(蜃)조개가 중국의 장례에 사용되었다. 섭조개와 쌍각조개는 분묘바닥에 놓여졌다.(칼그렌, 「수태의 상징 *Some fecundity symbols*」, p. 41) 이렇게 사용된 데에 대해서 정현(鄭玄)은 다음과 같이 주석을 달고 있다. "하관에 앞서서, 무덤 바닥을 신조개로 덮어 습기를 막도록 했다."(같은 책) 사람들은 사자의 입에 진주를 넣어두며, 한 왕조에 통용되던 군주에 대한 장례절차에 따르면 "오래 전부터 이 의례에 대해서 확립된 관습에 따라 군주의 입에 쌀, 진주, 비취를 채워넣는다."³⁵⁾ 보패는 불소채(不召寨)의 선사시대 주거지에서까지 발견된 적이 있다.³⁶⁾ 중국 원사시대의 도자기에도 조개껍질의 상징이 역력하게 나타난다.

인도의 장례에서도 조개는 중요한 역할을 담당한다. 죽은 사람이 살던 집에서 묘지에 이르는 길을 따라서 사람들은 조개를 불고 또 여기저기 뿌린다. 어떤 지방에서는 사자의 입에 진주를 가득 채운다(안데르손, p. 299). 이런 관습은 보르네오에서도 발견되는데, 아마도 인도의 영향으로 토착의례에 이식된 듯하다.³⁷⁾ 아프리카에서는 무덤 바닥 한 층을 조개로 깐다.³⁸⁾ 이런 풍습은 고대 아메리카의 모든 민족에게서 흔히 나타난다. 선사시대 주거지, 특히 분묘에서는 바닷조개, 민물조개, 천연진주, 인공진주가 다량으로 출토된다. 구석기시대에 속하는 로제리 동굴(도르도뉴 지방의 베제르 계곡)의 발굴 결과, 시프레아 피룸이라던가 시프레아 루리다

같은 많은 지중해산 조개들이 빛을 보았다. 해골에는 조개들이 쌍을 맞춰 이마에 네 개, 양손에 한 개씩, 양발에 두 개씩, 무릎과 발목 옆에 네 개씩 좌우대칭으로 놓여 있었다. 카비용 동굴에는 8,000개 가량의 바닷조개가 매장되어 있었는데, 대부분은 빨간색으로 물들여졌고, 10분의 1은 구멍이 뚫려 있었다.[39] 크로마뇽에서는 구멍 뚫린 300개 이상의 리토리나 리토레아 조개가 나왔다. (데슐레트, 위의 책, p. 208) 다른 곳에서는 조개껍질로 덮힌 여자 해골이 구멍 뚫린 조개껍질로 만든 관(冠)과 장식을 한 남자 해골 옆에서 발견되기도 했다. 콤베 카펠레의 사람들도 구멍 뚫린 조개를 엮은 줄로 장식했다.[40] 이러한 것은 메나주로 하여금 다음과 같은 의문을 가지게 했다. "왜 로제리-바스(도르도뉴 지방)의 해골은 지중해산 조개로 만든 목걸이를 했고, 크로마뇽의 해골은 대서양산 조개로 만든 장식을 했는가? 왜 그리말디(코트다쥐르)의 지층에는 대서양 연안에서 채취한 조개껍질이 풍부한가? 그리고 랭스 근교에서 채취되는 제3기의 조개껍질이 어떻게 벨기에의 퐁-타-레스에서 발견된 것인가?"[41] 아마도 제4기의 유목생활만이 이 사실을 설명해줄 수 있을 것이다. 어쨌든 이것은 선사시대 인간에게 조개껍질이 가지는 주술적-종교적 중요성을 입증해준다.

또 왕조기(王朝期) 이전의 이집트 분묘에서도 조개껍질이 발견되었다. 이집트인들은 오랫동안 홍해에서 나온 조개껍질을 부적으로 삼았다.[42] 크레타 섬의 발굴에서도 많은 조개껍질이 나왔다. 파에스토스의 신석기 층에서는, 진흙으로 빚은 여성상 옆에서 펠룬쿨루스 조개가 발견되었다. 이 조개껍질의 종교적 의미는 의심의 여지가 없다.[43] 아서 에번스 경은 발굴을 통해서 조개껍질의 주술적 가치와 의례적 기능을 한층 명확히 정의할 수 있었다.(「미노스의 궁전 Palace of Minos」, I, p. 517 이하 참조). 더욱이 조개껍질 모티브의 문양도 매우 풍부하게 나타나는데, 이 문양이 그토록 빈번한 이유는 모티브의 장식적 가치 때문이라기보다는 그 상징성 때문이다.(같은 책, p. 519, 그림 377-378) 이런 관점에서 볼 때, 괄목할 만한 하나의 발견이 아누 지방에서 펌펠리에 의해서 이루어졌다. 안데르손의 권위 있는 견해에 따르면, 이 발견은 유럽-아프리카 문화권과 동아시아간의 이동을 확실히 입증해주게 된다.(안데르손, p. 298) 안데르손도 나름대로 앙소촌(仰韶村)의 사정(沙井) 고분(진번[鎭番] 사막)에서 조개껍질을 발견했다. 선사시대 주거지인 그곳에서 발견된 유골 항아리는 "상문(喪文)"과 "보패문(寶貝文)"으로 불리는 특징적인 문양(죽음-재탄생의 상징이라는 점은 의심의 여지가 없다)을 보여준다.(안데르손, 같은 책, p. 322 이하) 매우 오래된 일본의 풍습 가운데, 자신의 몸에 조개가루를 바름으로써 재탄생을 보장받는 풍습 역시 위와 유사한 신앙에 의해서 설명된다. (쿠르트 징거, 위의 책, p. 51)

진주와 조개껍질이 장례에서 담당하는 역할은 아메리카 대륙의 원주민들에게 결정적인 중요성을 띠고 있었던 것 같다. 이 점에서 잭슨이 수집한 자료는 충분히 설득력이 있다.[44] 플로리다의 인디언들에 대하여, 스트리터는 다음과 같이 쓰고 있다. "클레오파트라 시대의 이집트와 같이, 플로리다에서 왕릉은 진주로 장식되었다. 소토의 병사들은 향유를 넣어 방부처리를 한 시신이 누워 있는 목관을 대사원에서 발견했다. 시신 곁에는 진주가 가득 담긴 조그만 바구니가 있었다. 톨로메코 사원은 진주로 풍부했다. 높은 벽과 지붕은 산호로 되어 있었고 진주와 깃털로 장식된 목걸이가 벽에 걸려 있었다. 왕의 관 위에는 진주가 박힌 방패가 놓여 있었고, 사원 한가운데에는 진귀한 진주가 가득 찬 항아리들이 있었다."[45] 윌로비는 버지니아 인디언의 왕을 미라로 만드는 의식을 묘사하면서, 진주가 장례에서 가지는 핵심적 역할에 대해서 이미 지적한 바 있다.[46] 젤리아 누탈은 멕시코의 피라미드 꼭대기에서 두터운 조개껍질 층을 발견했는데, 그 한가운데가 무덤이었다.[47] 이런 것들은 아메리카 인디언에 관한 일부 자료에 불과하다.[48] 몇몇 지역(가령 유카탄 지방 등)의 경우, 진주와 조개 옆에 쇠조각[49]이 있는 것은 사자를 주술적 에너지의 원천과 어떻게든 접근시켜보려고 했음을 말해준다. 크레타 섬과 마찬가지로, 중국에서 쇠는 경옥과 황금에 부여된 역할을 담당한다.[50]

마들렌 콜라니는 마학세이 동굴(라오스)에서 손도끼와 수정, 많은 양의 시프레아 조개를 발견했고,[51] 더불어서 손도끼의 장례에서의 역할과 주술적 기능까지 해명하는 데 성공했다.[52] 이 물건들은 모두 피안에서의 최상의 조건을 사자에게 보장해주기 위해서 무덤에 놓였던 것들이다.

굴껍질과 바닷조개껍질로 이루어진 거대한 패총이 서로 상당히 거리가 떨어져 있는 수많은 선사시대 주거지에서 발견된 적이 있다. 가령 시프레아 모네타 조개는 코카서스 북쪽 쿠반에 있는 유명한 지하묘지(기원전 14세기)에서 발견되었고, 다른 종류의 조개가 서(西) 우랄의 아나니노 문화에 속하는 키에우 근교의 스키타이 묘지에서 발견되었다. 유사한 패총들이 보스니아, 프랑스, 영국, 독일을 비롯하여, 특히 고대인들이 이미 호박(琥珀)을 찾아냈

던 발트 해안에서 확인된 바 있다.[53]

여러 가지 장례의식 과정에서 진주가 담당하는 중요한 역할은 인공진주의 존재에 의해서 추측된다. 니벤호이스는 보르네오 원주민들이 흔히 사용하는 인공진주 —— 돌이나 도자기로 제작 —— 에 대해서 연구했다. 가장 오래된 인공진주의 기원은 확실치 않지만, 최근 것은 싱가폴에서 나왔고, 대부분은 야블로네츠(보헤미아), 버밍엄, 무라노 등 유럽에서 제작된 것이다.[54] 마들렌 콜라니는 라오스의 농경의례, 제물희생, 장례의식 등에서 진주가 담당하는 역할에 대해서 이렇게 설명한다. "죽은 사람들은 천상의 생활을 위해서 진주를 마련한다. 사람들은 시신의 구멍마다 진주를 채워넣는다. 오늘날에는 진주로 장식된 허리띠, 모자, 의복과 더불어 시신을 매장한다. 시체가 부패되고 나면, 진주는 떨어져나와……"[55] 마들렌 콜라니는 트란 닌의 거석 옆에 묻혀 있는 유리로 제작된 많은 양의 작은 진주알을 발견했다. 어떤 것은 수백 개씩 되기도 했다. "아마도 이 옛 진주들은 모래톱 지대에 살고 있는 이 사람들의 생활에서 중요한 역할을 했던 것 같다. 우리가 발견한 진주는 사자들에게 쓰이도록 땅에 묻혀 있었다. 이 진주들은 니벤호이스가 제시한 진주보다 한결 단순하다. 이것들이 단순히 장례적 기능만 가지고 있었는가? 그점을 모르겠다."(위의 책, p. 199) 고지(高地) 라오스의 이 옛 진주 옆에는 청동 방울이 있었다. 그렇지 않아도 금속과 진주(조개껍질 등)의 결합은 빈번해서, 태평양 몇몇 지역에서도 존속되고 있었다. 마들렌 콜라니는 "오늘날 보르네오에서 다야크족의 여자들은 여러 개의 방울로 만든 목걸이를 하고 있다"라고 지적했다.(같은 책, p. 199, 그림 24)

인공진주의 사용은 원래의 형이상학적 의미가 퇴화되어, 오로지 주술적이기만한 부차적 의미로 밀려난 명백한 예이다. 진주의 신성한 힘은 바다로부터의 기원과 부인과적 상징에서 오는 것이었다. 주술적 제의와 장례에서 진주와 조개를 사용하던 종족들마다 모두 이 상징을 의식하고 있었으리란 법은 없다. 설령 이러한 관계를 의식했다고 해도, 사회의 극소수의 사람들에 한정된 것이었음에 틀림없다. 하지만 그러한 지식이 반드시 있는 그대로 보존되지는 않았다. 이 종족들이 자기들과 교류하고 있는 상위 문화권의 종족에게서 진주의 주술적 개념을 차용한 것이든, 혹은 시간이 흐르면서 그들 특유의 개념이 이질적인 요소의 간섭으로 부식된 것이든 간에, 중요한 사실은 몇몇 종족은 "신성한 모델"을 모방하기 위해서 인공 제품을 의례에 도입했다는 점이다. 이런 예는 한두 가지가 아니다. 메소포타미아의 라피스-라줄리의 우주론적 가치는 이미 알려져 있다. 이 돌이 띠고 있는 푸른빛은 별이 총총한 하늘의 바로 그 푸른빛이며, 그 신성한 힘을 이 돌이 나눠가지고 있다.[56] 이와 유사한 개념을 콜럼버스 발견 이전의 아메리카에서 발견할 수 있다. 에콰도르의 한 섬에 있는 몇몇 고분에서 스물여덟 개의 라피스-라줄리 조각을 발견했는데, 모두 원통형에 아름다운 광택을 띠고 있었다. 그런데 얼마 후에 이 라피스-라줄리 석편(石片)이 이 섬 원주민의 것이 아니라고 밝혀졌다. 아마도 어떤 신성한 의례를 치르기 위해서 대륙에서 이 섬으로 건너온 사람들이 남겨놓고 간 것임에 틀림없다.[57]

서아프리카에서도 푸른 색의 인조석에 대해서 예외적인 가치를 부여한다는 점을 지적해야 겠다. 위너는 그에 관해서 매우 풍부한 자료를 수집했다.[58] 이런 돌의 상징성과 종교적 가치에 대한 설명은 하늘의 색깔을 가졌다는 것 때문에 이들이 나눠가지는 신성한 힘의 개념에서 찾을 수 있다. 이 개념은 흔히 무시되거나 왜곡되었고, 혹은 선진 문화의 숭배물이나 상징을 그 정상적인 의미를 취하지 못한 채로 거듭 차용한 이들 종족 내부의 어떤 요소 때문에 "변질"되기도 했다. 이집트, 메소포타미아, 동로마 제국으로부터 극동까지 침투해들어간 그 유명한 색채 모조보석이 의심할 여지없이 이들의 자연 모델에서 파생된, 혹은 이들 모조보석에 내포되어 있는 기하학적 상징성에서 파생된 주술적 의미를 특정 시기에 소유했으리라는 것도 가정해볼 수 있다.[59]

조개껍질의 신성한 힘은 나선형을 본질적 요소로 하는 장식 모티브뿐만 아니라 조개껍질의 **이미지**에까지 전파된다. 감숙성(甘肅省)에서는 "보패문"으로 장식된 마창기(馬廠期) 유골단지가 많이 발견되었다.[60] 한편 안데르손은 반산(半山)의 유골단지의 지배적인 문양을 네 개의 화려한 소용돌이문으로 해석했다.[61] 주목할 사실은 이 모티브가 거의 유골단지에서만 나타난다는 점이다. 이 모티브는 일상적 용도의 항아리에서는 절대로 나타나지 않는다.[62] "보패문"("상문")의 형이상학적, 의례적 가치는 이처럼 잘 입증되어 있다. 중국도기 특유의 이 장식 모티브는 사자숭배 의식에서 능동적 역할을 한다. 조개껍질의 이미지나 조개껍질의 도안적 표상에서 파생되는 기하학적 요소는 사자로 하여금 풍요와 탄생과 생명을 지배하는 우주의 힘과 소통하도록 한다. 종교적 가치가 조개껍질의 **상징**에 있기 때문이다. **이미지**는 그것이 실제 조개껍질에 의해서 나타나든, 혹은 단순히 소용돌이문이나 "보패문" 같은 장식적 모티브에 의해서 작용하든 간에, 사자숭배 의식에서 유효하다. 바로 이 점이 중국 선사시대 주거지에서 "보패문"으로 장식된 유골단지와 조개껍질이 그토록 많이 출토되는 이유를 설명해준다.[63]

더욱이 이 장례장식의 모티브가 가지는 주술적 기능이 중국에서만 입증되는 것은 아니다. 한나 리드는 중국 선사시대의 자기에 새겨진 "상문"과 스칸드나비아의 거석문화에 속하는 유골단지에 새겨진 그림 사이의 유사성을 지적했다.[64] 한편 안데르손은 감숙성의 유골단지와 남러시아의 채색도기 사이의 어떤 유사점을 주목했는데, 이 유사점에 대해서는 보가예프스키 교수도 연구한 바 있다. 또한 소용돌이 모티브는 유럽, 아메리카, 아시아 여러 곳에서도 발견된다.[65] 그러나 이 소용돌이의 상징이 무척 복합하고, 그 "기원"은 아직도 불확실하다는 점을 덧붙여야 겠다.[66] 어쨌든 잠정적으로나마 소용돌이의 상징적 다가성 및 달, 벼락, 물, 다산, 탄생, 사후의 생과의 밀접한 관계를 주목할 수 있을 것이다. 더욱이 조개껍질이 사자숭배 의식에만 관련되어 있는 것이 아니라는 점을 기억해두기 바란다. 조개껍질은 인간과 집단생활의 본질적 행위 일체, 즉 탄생, 성년식, 결혼, 죽음, 농경의례, 종교의례 등에 모두 나타난다.

주술과 의술에서의 진주

진주의 역사는 최초의 형이상학적 의미의 퇴화현상을 증명해주기도 한다. 어떤 시기에는 영험하고 신성한 힘이 풍부한 대상이자 우주론적 상징이던 것이 시간이 흐름에 따라서 미적 특성이나 경제적 가치로 평가받는 장식품으로 변화되는 것이다. 그러나 절대적 **실재**의 상징인 진주로부터 "가치의 대상"으로서의 오늘날의 진주로 변화하기까지는 여러 단계를 거쳐야 했다. 예를 들면 동양 의학이나 서양 의학에서 진주는 중요한 역할을 했다. 타쿠르는 출혈과 황달에 대한 처방으로 사용되기도 하고, 귀신 씌인 증세나 광증을 치료하기도 하는 진주의 의술적 특성에 대해서 상세히 분석했다.[67] 이 인도의 연구가는 오랜 의학적 전통을 계승한 것에 지나지 않는다. 카라카나 수크루타 등의 유명한 의사들은 당시에 이미 진주의 사용을 권하고 있었다.[68] 카슈미르의 의사인 나라하리(1240년 경)는 자신의 저서인 「라자니간투」에서 진주가 눈병을 치료해주고 중독에 대해서 해독 효능이 있으며 결핵을 치유해주고 힘과 건강을 보장해준다고 쓰고 있다.[69] 「카타사리트사가라」에는 진주는 마치 연금술의 영약처럼 "독, 악마, 노쇠, 질병을 내쫓는다"라고 쓰여 있다. 「하르샤카리타」는 진주가 월신의 눈물에서 생겨났고, 이러한 기원 —— 달은 "치유의 효능이 뛰어난 암브로시아(그리스 신화의 신들이 먹는 식물로, 꿀보다 달고 방향이 있으며 불로불사의 효력이 있다고 한다/역주)의 원천이다 —— 으로 인해서 진주는 모든 중독에 대한 해독제가 된다는 점을 상기시킨다.[70] 중국 의술에서는 구멍을 뚫지 않은 "순결한 진주"만을 사용했는데, 이 진주는 안질에 특효라고 생각되었다. 아라비아 의술도 진주에 대해서 동일한 효능을 인정하고 있었다.[71]

18세기부터는 유럽 의술에도 진주에 의한 치료법이 퍼져나갔고, 곧 이 보석에 대한 엄청난 수요가 확인되었다.(쿤츠와 스티븐슨, 위의 책, p. 18) 알베르투스도 그 사용을 권장했다.(같은 책, p. 311) 말라히아스 가이거는 「마르가리톨로지아 *Margaritologia*」(1637)에서 간질, 광증, 우울증의 치료에 진주를 사용하여 성공을 거두었다고 주장하면서 진주의 치료법에 전적으로 몰두했다.(같은 책, p. 312) 신장 강화와 우울증 치료에 대한 진주의 효능을 강조한 저자도 있다.(같은 책, p. 312) 프랜시스 베이컨은 진주를 장수를 위한 약 가운데 분류했다.(같은 책, p. 313)

다양한 문명권에서 진주가 가지는 의학적 역할은 처음에 종교나 주술에서 진주가 차지하던 중요성을 계승한 것일 뿐이라는 점은 말할 나위도 없다. 물에서 파생되는 힘과 생식력의 상징을 지니고 있던 진주는 후에 강장제, 최음제가 되었고 동시에 광증과 우울증의 치료제가 되었다. 광증과 우울증은 모두 달의 영향에 의한 질병으로[72], 따라서 여성, 물, 에로티즘의 모든 상징에 대해서 민감하게 작용하게 되어 있다. 안질의 치료제이자 해독제로서의 기능은 진주와 뱀 사이의 신비한 관계에서 온다. 많은 지역에서 이 보석이 뱀 머리에서 떨어졌다거나 용의 목구멍에 들어 있다고 믿고 있었다.[73] 중국에서는 용의 머리에는 항상 진주나 다른 보석이 들어 있다고 생각했고,[74] 진주를 입에 물고 있는 용을 그린 미술작품이 많이 있다.[75] 이 도상적 모티브는 매우 오래된, 매우 복잡한 상징에서 오는 것인데, 이 주제는 우리와는 동떨어진 분야이다.[76]

마지막으로, 프랜시스 베이컨이 진주에 대해서 부여한 **장수**의 가치는 의미심장하다. 이 보석이 원래 가지고 있던 가치 가운데 하나가 바로 그것이다. 조개와 더불어 몸에 진주를 지님으로써,

우주의 에너지, 다산성, 풍요성의 근원 그 자체에 접근하게 된다. 이러한 내면적 이미지가 인간이 발견한 새로운 우주와 더 이상 대응하지 않게 되었어도, 또한 여러 가지 다른 이유에서 이러한 사고가 퇴색되어버렸어도, 한때 신성했던 이 대상은 그 가치를 계속 보존하고 있었다. 다만 그 가치 자체는 다른 차원에서 규정되었다.

주술과 의술의 경계에서 진주는 **부적**으로서의 양의적(兩義的) 역할도 가지고 있다.[77] 옛날에는 풍요성을 부여하고 **사후**의 이상적 운명을 보장해주었던 것이 점차로 호운(好運)의 확실한 원천이 된 것이다.[78] 인도에서는 이런 개념이 상당히 후세에까지도 보존되었다. "호운을 바라는 사람은 항상 진주를 부적으로 몸에 지녀야 한다"라고 부다바타는 말한다.[79] 처음에는 주술과 성적-장례적 상징 속에서 역할하던 진주가 의술에 파고든 증거는, 어떤 지역에서는 조개껍질이 약효를 가지고 있다는 사실에서 찾을 수 있다. 중국에서는 조개껍질이 주술사에게 중요한 것만큼 의사에게도 예사로 쓰인다.[80] 이것은 아메리카의 몇몇 부족에게도 마찬가지이다.[81]

주술과 의학이 인정하는 가치 이외에도 조개껍질은 화폐로도 종종 사용되었다. 이에 대해서 잭슨 및 다른 몇 명의 저자들이 제공해준 자료가 그것을 충분히 입증해준다.[82] 중국에서 조개껍질이 화폐로 사용된 점에 대해서 밝힌 바 있는 칼그렌은 이마 위에 동전 한닢을 붙여놓는 풍습은 조개껍질이 부적으로 널리 지녀지던 시대에 대한 무의식적 추억일 따름이라고 생각한다.[83] 조개껍질과 진주가 가지는 상징적인 신성한 가치는 점차로 세속화되었다. 그러나 이런 가치 전환에도 불구하고 이 물건들의 "귀중한" 본질은 전혀 상처입지 않았다. 이들 속에는 시종 **힘**이 응축되어 있었고,

힘이자 본질이었다. 또한 이들은 "실재"와 생명과 풍요와 끊임없이 밀접한 관련을 맺고 있었다.

진주의 신화

원형적 이미지는 "구체적" 가치부여의 작용이 있더라도 그 형이상학적 가치를 고스란히 간직하는 법이다. 진주가 경제적 가치를 가지게 되었다고 해도 그 종교적 상징은 조금도 사라지지 않는다. 오히려 종교적 상징은 끊임없이 재발견되고 회복되고 풍부해진다. 실제로 이란의 사변이나 기독교, 그노시스주의에서 진주가 차지하는 중요한 역할을 상기해보자. 동양 기원의 전승에서는 진주의 탄생을 섭조개 속을 뚫고 들어간 빛의 결실로 설명한다.[84] 즉 진주는 불과 물의 결합의 결과라는 것이다. 성 에프렘은 이 고대의 신화를 이용하여 처녀수태와 불의 세례에 의한 그리스도의 영적 탄생을 설명한다.[85]

한편, 스티그 비칸더는 진주는 무엇보다 구세주에 관한 이란의 상징이었음을 지적했다.[86] "구원받은 구세주"와 진주의 동일화는 이중의 상징성을 가능하게 했다. 즉 진주는 인간의 영혼과 그리스도를 모두 표상할 수 있었다. 오리게네스는 그리스도와 진주의 동일화에 대해서 다루기 시작했고, 많은 저자들이 그의 뒤를 이었다.(에즈만,「불의 세례 Le baptême de feu」, p. 192 이하) 마카리오스파의 것으로 보이는 한 문헌에서, 진주는 한편으로는 왕으로서의 그리스도를, 또 한편으로는 왕의 후예인 기독교도를 상징하고 있다. "왕관을 장식하는 위대하고 고귀하고 장엄한 진주는 왕에게만 어울린다. 왕만이 진주를 지닐 수 있다. 다른 어느 누구도 진주를 지니도록 허락받지 못한다. 이처럼 고귀하고 신성한 정신에서 태어나지 못한 인간은, 천상의 종족이나 왕족의 일원이 될 수 없는 인간은, 신의 아들이 아닌 인간 —— '영접하는 자 곧 그 이름을 믿는 자들에게는 하느님의 자녀가 되는 권세를 주셨으니' (요한복음 1 : 12) —— 은 말로 다할 수 없는 빛이신 주의 이미지를 담고 있는 고귀한 천상의 진주를 지닐 수 없다. 이 말은 곧 그런 인간은 왕의 아들이 될 수 없다는 뜻이다. 진주를 몸에 지니고 소유하는 자들은 그리스도와 더불어 영원히 살고 통치할 것이다." (「복음서 강화 Homélie」 XXIII, 1, 에즈만, 위의 책 pp. 192-193에서 인용 및 번역).

유명한 그노시스주의의 저서인 「토마스 행전 Actes de Thomas」에서 진주의 탐색은 인간의 타락과 그 구원이라는 영적인 드라마를 상징한다. 동방의 한 왕자가 흉악한 뱀이 지키고 있는 진주를 찾아 이집트에 도착한다. 이 진주를 손에 넣으려면 왕자는 수많은 통과의례적 시련을 겪어내야만 하는데, 이 일을 성취시키는 것은 하늘에 계신 아버지에 대한 그노시스적 이미지인 왕 중의 왕, 자신의 부왕(父王)의 도움으로만 가능하다.[87] 이 문헌의 상징은 매우 복잡하다. 진주는 암흑세계에 떨어진 인간의 영혼을 나타낼 뿐만 아니라, "구원받은 구세주" 그 자신을 가리키기도 한다. 인간과 진주의 동일화는 마니교와 만다야교의 많은 문헌을 통해서 만날 수 있다. 살아 있는 성령은 "바다에서 건져낸 진주처럼, 최초의 인간을 투쟁 밖으로 잡아내었다."(「케팔라이아」, p. 85, 에즈만, p. 195에서 인용) 성 에프렘은 세례의 신비를 두 번 다시 얻을 수 없는 진주에 비유한다. "잠수부 역시 바다에서 진주를 건져올린다. 바다에 뛰어들어(세례를 받아), 바다 속에 감춰진 순수를, 신의 왕관을 장식하는 진주를 건져내어라."(에즈만, p. 197에 인용)

성 에프렘은 다른 곳에서 고행자 및 승려의 문제를 언급하면서, 고행을 "제2의 세례"에 비유했다. 진주를 찾는 사람이 발가벗고 대양 속에 뛰어서 바다괴물 사이에서 길을 헤쳐나가야 하듯이, 고행자도 "이 세상 사람들" 사이를 발가벗고 들어간다.(에즈만, p. 198) 이 책에서는 나체의 상징 이외에도 침례중에 세례 지원자를 엿보는 바다괴물에 대한 암시를 읽을 수 있다(다음 장 참조). 그노시스(신에 대한 직관적 인식)는 "숨겨져" 있으며, 도달하기 힘겹다. 구원의 길에는 장애물이 도처에 깔려 있기 때문이다. 진주는 이 모든 것을 상징하고, 그 이외의 또다른 것도 상징한다. 이 현상 세계에 진주가 출현한 것은 기적이며, 타락한 인간 사이에 진주가 존재한다는 것은 역설이다. 진주는 감각적으로 표착할 수 있게 된 초월자의 신비, 우주 속의 신의 현현을 의미한다. 그노시스주의와 기독교의 신학에 의해서, 실재와 죽음 없는 생에 대한 옛 상징은 새로운 가치를 띠게 된다. 즉 불멸의 영혼, "구원받은 구세주", 그리스도-왕이 그것이다. 원시적이고 본원적인 상징으로부터 그노시스적인 정통적인 사변에 의해서 완성된 가장 복잡한 상징에 이르기까지, 진주의 다양한 의미작용의 연속성을 다시 한번 강조해두고 싶다.

제5장 상징체계와 역사

세례, 대홍수, 물의 상징

우리가 앞에서 제시한 물의 상징과 밀접한 관계를 맺고 있는 몇 개의 상징군 가운데, 특히 물의 상징은 훨씬 광범위하고 복잡하다. 다른 저서를 통해서 그 구조를 해명해보려고 했으므로 독자들이 참조하기 바란다.(「종교사 개론」, p. 168 이하) 「종교사 개론」에는 물의 신성현현에 관한 문헌을 비롯하여 이 신성현현에 가치를 부여하는 상징을 분석해놓은 문헌 가운데서 핵심적 자료들을 추려놓았다. 여기에서는 그 가장 중요한 특징 중의 몇 가지만 보기로 한다.

물은 잠재성의 보편적 총체를 상징한다. 물은 **근원이자 원천으로서**, 모든 존재 가능성의 저장소이다. 또 물은 모든 형태에 **선행하며** 모든 창조를 **받쳐준다**. 모든 창조의 모델이 되는 이미지는 물결 한 가운데 갑자기 "나타나는" 섬의 이미지이다. 반대로 침수는 형태 이전으로의 퇴행, 존재 이전의 미분화 상태로의 회귀를 상징한다. 물 위로의 부상(浮上)은 우주 창조의 형성행위를 재현하는 반면, 침수는 형태의 해체를 의미한다. 바로 그런 이유에서 물의 상징은 죽음과 재생을 모두 내포하고 있다. 물과의 접촉은 항상 재생을 함축한다. 해체 뒤에는 "새로운 탄생"이 뒤따르기 때문이기도 하고, 침수는 생명의 잠재력을 풍부하게 하고 증대시키기 때문이기도 하다. 물에 의한 천지개벽설은 인류학적 차원에서 볼 때 물질생성론, 즉 인류가 물에서 태어났다고 보는 신앙에 해당된다. 대홍수, 혹은 주기적인 대륙의 침몰("아틀란티스" 형의 신화)을 인간의 차원에서 보면 영혼의 "제2의 죽음(지옥의 '습기'와 습원[濕原=leimon])"에 해당되거나 세례에 의한 통과의례적 죽음에 해당된다. 그러나 천지개벽의 측면에서 보나, 인류학적 측면에서 보나, 침수는 결정적 소멸을 의미하는 것이 아니고, 무형태와의 일시적 재통합을 의미한다. 이 재통합 이후에는 우주론적, 생물학적, 구제론적 해당 요인에 따라서 새로운 창조, 새로운 생명, 새로운 인간이 뒤따르게 된다. 구조의 관점에서 볼 때, "홍수"는 "세례"에 비교되어, 사자에 대한 헌주(獻酒)는 신생아의 재계의식 또는 건강과 수태를 보장해주는 춘계 목욕의식에 비교된다.

 몇몇 종교집단에서 물은 변함없이 그 기능을 유지하고 있어서, 형태를 해체, 소멸시키고, 정화와 재생기능으로 "죄를 씻어준다." 물은 고유의 양식을 초월할 수 없기 때문에, 즉 **형태**를 통해서 표명될 수 없기 때문에, 창조를 선행하고 또 창조를 소멸시키는 것이 그 운명일 수밖에 없다. 물은 가능성, 배아(胚芽), 잠재성의 조건을 초월할 수 없다. 모든 **형태**는 물과 분리되어 물을 초월하여 표현된다. 반대로, 모든 "형태"는 물에서 분리되는 것과 동시에 잠재적인 존재이기를 멈추고 시간과 생명의 법칙 밑으로 들어간다. 즉 형태는 한계를 획득하고, 우주 생성에 참여하고, 역사를 체험하고, 부패하며, 결국에는 주기적인 침수에 의해서 재생되거나

"천지개벽"이라는 필연적 귀결로 이어지는 "대홍수"를 반복하지 않는 한, 그 실체를 잃게 된다. 재계의식이나 물에 의한 의례적 정화는 창조가 있었던 무시간적 순간(in illo tempore)을 전격적으로 실재화하는 것을 목적으로 한다. 이런 의식들은 세계의 탄생이나 "새사람"의 탄생에 대한 상징적 반복인 것이다.

한 가지 핵심적인 특징이 여기에 나타난다. 즉 물의 신성성뿐만 아니라 물에 의한 천지창조나 세계의 종말에 나타난 구조는 **물의 상징성에 의해서만 전모가 드러난다는 점이다**. 물의 상징만이 무수한 신성현현 각각의 계시를 모두 통합할 수 있는 유일한·"체계"이기 때문이다.(「종교사 개론」, p. 383 참조) 그런데 이 법칙은 모든 상징에 대해서도 타당한 법칙이다. 즉 상징적 **총체**는 여러 신성현현의 다양한 의미작용에 가치를 부여한다(또한 교정해주기도 한다). 예를 들면, "죽음의 물"은 물의 상징의 구조를 알 때에만 그 깊은 의미를 드러낸다. 상징의 이러한 특성은 그 어떤 상징의 "체험"이나 "역사"에 대해서도 중요한 작용을 한다.

물의 상징의 중요한 윤곽을 더듬어보면서 우리는 명백한 한 가지 문제에 대해서 조망해보았다. 즉 기독교에 의해서 시작된 물에 대한 새로운 종교적 가치부여의 문제가 그것이다. 교회의 사제들은 그리스도의 역사적 드라마에 충실하면서도, 기독교 이전에 보편적인 물의 상징이 가지고 있던 가치를 활용했다. 물론 이런 가치가 새로운 의미로 윤색될 수도 있는 위험은 각오하고 있었다. 우리는 다른 책(「종교사 개론」, p. 175)에서, 하나는 물의 구제론적 가치에 관계되고, 또 하나는 죽음과 재탄생이라는 세계의 상징과 관계되는 두 가지 교부신학 텍스트에 대해서 언급했다. 테르툴리아누스(「세례에 관하여 *De baptismo*」, III-V)에게, 물은 최초에 "성령의 자리였으므로 성령은 다른 모든 원소보다 물을 택하셨고 ……성령은 살아 있는 피조물을 지으라고 물에게 최초로 명하셨다.……훗날 세례를 통해서 물이 생명을 낳게 될 때 우리가 놀라워하지 않도록, 물은 생명 있는 것을 최초로 만들어냈다. 인간을 만들 때에 신은 물을 사용하여 작품을 완성시켰다.……태초에 물을 영광되게 한 그 옛날의 특권에 의해서, 자연의 모든 물은 하나님이 기도를 들어주시기만 한다면 칠성사(七聖事)에서 성화(聖化)의 힘을 획득하게 된다. 기도의 말이 떨어지자마자, 성령은 하늘에서 내려와 물 위에 임하시어 그 수태력으로 축성하신다. 이렇게 축성된 물에 축성력이 스며들어…… 옛날에 육체를 치유하던 것이 이제 영혼을 치유하고, 시간 속에서 건강을 주던 것이, 영원 속에서 구원을 주게 된다……."

침수에 의해서 "옛 사람"은 죽고 재생된 새로운 존재가 태어난다. 이 상징은 요한네스 크리소스토무스에 의해서 탁월하게 표현되었는데(「요한네스 설교집 *Homil. in Joh.*」, XXV, 2), 그는 세례의 상징의 다가성에 대해서 언급하면서 이렇게 쓰고 있다. "세례는 죽음과 매장, 생명과 부활을 나타낸다.……무덤 속에 들어가듯이 우리의 머리를 물 속에 담글 때, 옛 사람은 완전히 물에 잠겨 매장되어버린다. 우리가 물에서 나올 때, 동시에 새사람도 나타난다."

방금 보았듯이, 테르툴리아누스와 요한네스 크리소스토무스가 내린 해석은 물의 상징의 구조와 완전히 일치된다. 그러나 물에 대한 기독교적 가치부여에서는 "역사"와 관련된, 이 경우 신성한 역사와 연관된 새로운 몇 가지 요소들이 개입된다. P. 룬트베르크,

장 다니엘루, 루이 베르나르 등은 최근의 연구를 통해서, 세례의 상징이 성서적 인유를 어느 정도 내포하고 있는지를 충분히 보여 주었다.[1] 특히 바다괴물과의 결투를 위해서 물 속 깊이 하강하는 것으로 세례의 가치를 부여한 것이 있는데, 이 하강에는 그 모델이 있다. 즉 물과 죽음으로의 하강을 의미했던 그리스도의 요단강으로의 하강이 그것이다. "키릴루스는 세례 때에 요르단 강 속으로 들어가 강 속에 숨어 있는 용의 힘을 분쇄하려고 한 그리스도의 이미지를 따라서, 세례반(洗禮盤) 속으로의 하강을 해룡이 살고 있는 죽음의 물 속으로의 하강으로 보았다. 키릴루스는 이렇게 쓰고 있다. '욥에 따르면, 베헤못은 물 속에 살면서 그 아가리 속으로 요르단 강을 받아들이고 있었다. 그런데 이 용의 머리를 부숴버려야 했던 예수는 물 속으로 내려가 이 억센 놈을 단단히 묶음으로써 우리가 전갈이나 뱀 위로 걸어갈 수 있는 힘을 얻도록 했다.'[2] 세례 지원자들에게 다음과 같이 경고한 것도 키릴루스이다. '용이 길가에서 지나가는 사람을 노리고 있으니, 물리지 않도록 주의하라! 그대는 정령의 아버지에게 가는 길에 반드시 이 용을 통과해야만 한다.'"(베르나르, p. 272에서 인용) 곧 보게 되겠지만, 이러한 하강 그리고 바다괴물과의 결투는 다른 여러 지역에서도 확인되는 통과의례적 시련을 구성한다.

이어서 대홍수의 대형(對型, antitypos : 성서 속의 어떤 사실이 미리 원형표상에 의해서 예시되는 것/역주)으로서의 세례에 대한 가치부여가 뒤따른다. 승리를 거두고 물에서 나온 새로운 노아, 그리스도는 새로운 종족의 시조가 된다.(저스틴, 다니엘루의 「미래의 성사 *Sacramen entum futuri*」 p. 74에 인용) 이처럼 대홍수는 수중 심처로의 하강을 나타낼 뿐만 아니라, 세례를 표상하기도 한다. 유스데이누스에 따르면, 대홍수는 그리스도에 의한 구원의 이미지이자 죄인에 대한 심판의 이미지이다.(다니엘루, 「미래의 성사」, p. 72) "따라서 대홍수는 세례를 통해서 완성된 바로 그 이미지였다.……노아가 죄 많은 인류를 전멸시켰던 죽음의 바다에 대적하다가 떠올라왔듯이, 새로 세례를 받는 자는 세례반 속으로 내려가 해룡과 최후의 전쟁을 치루고 승리자로서 물에서 나오게 된다……."(같은 책, p. 65)

그런데, 세례의식에서 그리스도는 또한 아담과 대비된다. 아담-그리스도의 대비관계는 성 바울로의 신학에서 이미 중요한 자리를 차지하고 있다. 테르톨리아누스는 "세례로써 인간은 신과의 유사성을 회복하게 된다"고 주장한다(「세례에 관하여」, V). 성 키릴루스에게 "세례는 죄의 정화이자 선택의 은혜일 뿐만 아니라, 그리스도 수난의 대형이기도 하다."(다니엘루, 「성서와 예전 Bible et Liturgie」 p. 61에서 인용) 또한 세례를 위한 나체 역시 의례적이고 형이상학적인 의미를 내포하고 있다. 그것은 "부패와 죄의 낡은 옷"을 벗는 것을 의미하는데, "세례자는 그리스도를 좇아 아담이 죄를 지은 후 입었던 이 옷을 벗어버리게 된다."(다니엘루, p. 25) 또한 그것은 원초의 순결, 타락 이전의 아담의 상태로의 회귀를 의미하기도 한다. 키릴루스는 이렇게 쓰고 있다. "오, 놀라워라! 그대들은 수치심 없이 모든 사람들 앞에서 발가벗고 있구나. 낙원에서 수치심 없이 발가벗고 있던 최초의 아담의 이미지를 실로 너희 안에 지니고 있기 때문이다."(다니엘루, 위의 책, p. 56에서 인용)

세례의 상징은 성서의 풍부한 창조, 특히 낙원에 대한 풍부한 레미니선스에 제한을 두고 있지 않지만, 우리로서는 이 몇몇 문헌으로 충분하다. 우리는 세례의 상징에 대한 설명보다는 기독교가 가져온 혁신의 상황에 초점을 맞추고 있다. 초기 교회의 사제들은 오로지 전조론(前兆論 : 신약에 기술된 것은 이미 구약에서 예시, 상징되어 있다는 설/역주)으로서 상징을 고찰했다. 즉 구약성서와 신약성서 사이의 대응관계를 발견하는 데에만 전념했다.[3] 현대의 저술가들은 그러한 예를 따라가는 경향으로 흐르고 있다. 다시 말해서 기독교적 상징을 비기독교권의 종교에 의해서 보편적으로 확인된 "일반적" 상징의 틀 속에 끼워넣는 것이 아니라, 오로지 구약성서에만 결부시키는 것이다. 이 저자들에 의하면, 기독교적 상징을 통해서 나타나는 것은 상징의 일반적이고 직접적인 의미가 아니라, 성서적인 가치부여 작용이다.

이러한 태도는 충분히 납득이 간다. 최근 25년간, 성서연구 및 전조론 연구의 비약적 발전은 혼합종교적인 비의와 그노시스에 의해서 기독교를 설명하려는 경향에 대한 반동을 나타내는 동시에 몇몇 비교학파의 "혼동주의"에 대한 반발을 나타냈다. 기독교적 예전(禮典)과 상징은 유대교와 직접적으로 결부된다. 기독교는 다른 역사적 종교, 즉 유대인들의 종교에 깊이 뿌리박고 있는 또 하나의 역사적 종교이다. 따라서 어떤 성사(聖事)나 상징을 설명하거나 잘 이해하려면 구약성서에서 그 "형상"을 찾는 수밖에 없다. 기독교의 역사주의적 관점에서 볼 때에는 이보다 더 자연스러운 일은 없다. 즉 계시는 하나의 **역사**를 가지고 있었다. 시간의 여명기에 이루어진 최초의 계시는 여러 나라 사이에서 아직도 살아

남아 있기는 하지만, 반쯤은 잊혀지고 삭제되고 손상되었다. 유일한 접근로는 이스라엘의 역사를 통하는 길뿐이다. 계시는 구약성서 속에만 완전하게 보존되어 있기 때문이다. 앞으로 고찰하게 되겠지만, 유대-크리스트교는 다른 모든 나라의 "역사"와는 달리, 유일하게 **진실한** 역사이자 유일하게 의미를 가지고 있는 역사(신이 이 역사를 만들었기 때문이다)인 신성한 역사와의 접촉을 잃지 않으려고 한다.

계시이기도 했던 **역사**와 관련을 맺고자 노심초사하고, 또 고대 말기에 범람했던 여러 비의종교 및 그노시스파의 "입문자들"과 혼동되지 않도록 주의를 기울이던 기독교 교회의 사제들은 논쟁적 태도를 고수해야만 했다. "이교(異敎)"의 거부는 그리스도의 메시지가 승리를 거두는 데 있어서 불가결한 것이었기 때문이다. 이런 논쟁적 태도가 오늘날까지도 엄격하게 유지될 수 있었을지에 대해서는 의문이다. 우리는 신학자로서 말하고 있는 것이 아니며, 그럴 책임도, 자격도 없다. 하지만 자신의 동포들의 신앙에 대해서 책임을 느끼지 않는 사람에게는 세례에 관한 유대-크리스트교의 상징이 세계적으로 유포되어 있는 물의 상징과 전혀 모순되는 것이 아니라는 점은 명백하다. 거기에서 일체의 것이 재발견된다. 노아와 대홍수는 수많은 전승에서, 새로운 인류의 신화적 시조가 될 단 한 사람을 빼고 "전인류(사회)"에 종말을 고한 대재난을 그 대응물로 가지고 있다. "죽음의 물"은 고대 오리엔트, 아시아, 오세아니아 신화에서 라이트모티브를 이룬다. 물의 특성은 특히 "죽이는 데" 있다. 물은 형태를 분해하고 소멸시킨다. 물에 그토록 "배아"가 풍부하고, 창조력이 뛰어난 것은 바로 그 때문이다. 세례 때의 나체의 상징은 더 이상 유대-크리스트교 전통만의 특성이 아니다. 의례상의 나체는 완벽함과 충만함을 의미한다. "낙원"은 "옷"의 부재, 다시 말해서 "소모(시간의 원형적 이미지)"의 부재를 함축하고 있다. 낙원에의 노스탤지어는 비록 그 표현방식은 무한히 변화될지라도, 세계 공통적인 것이다.(「종교사 개론」, p. 327 이하 참조) 모든 의례적 나체는 무시간적 모델, 낙원의 이미지를 내포한다.

심연의 괴물은 수많은 전승을 통해서 만날 수 있다. 영웅, 입문자는 심연 끝까지 내려가 바다괴물과 대적한다. 이것은 통과의례의 전형적인 시련이다. 물론 다양한 변형이 있기는 하다. 때로는 절대적 실재와 신성의 첨예한 상징인 "보물"을 용이 지키고 있는 경우도 있다. 수호하는 괴물에 대한 제의상(=통과의례상)의 승리는 곧 불사성의 획득을 의미한다.(「종교사 개론」, p. 182 이하, p. 252 이하) 기독교도에게 세례는 하나의 성사인데, 그것은 그리스도가 세례를 창시했기 때문이다. 그렇지만 세례는 상징적인 시련(=괴물과의 싸움), 죽음, 부활(=새사람의 탄생)이라는 통과의례의 과정을 취한다. 유대교와 기독교가 이런 신화와 상징을 주변 민족의 종교에서 "차용"해왔다고 말하고 있는 것은 아니다. 유대교는 이 모든 것들이 이미 내포되어 있었던 종교적 선사(先史)와 종교적 긴 역사를 계승했기 때문에 그렇게 할 필요가 없었다. 또 이런저런 상징이 유대교에 의해서 완벽한 형태로 "고스란히" 보존되어 있을 필요조차도 없었다. 다만 한 무리의 이미지들이 모세 이전 시대부터 어렴풋이나마 존속하고 있는 것으로 충분했다. 이런 이미지들은 어느 때라도 강력한 종교적 현실성을 회복할 수 있었기 때문이다.

초기 교회의 사제 가운데 어떤 사람들은 기독교가 제시한 원형적 이미지와 인류의 공통자산으로서의 이미지 사이의 대응관계에 대한 관심을 추정해보기도 했다. "그들의 변함없는 관심 가운데 하나는 표현이 풍부하고 영혼을 설득하는 위대한 상징들과 새로운 종교의 교리 사이의 상관관계를 비신도들에게 구체적으로 제시하는 것이었다." 죽은 자의 부활을 부정하는 자들에 대하여 안티오크의 테오필루스는 신이 계절과 밤과 낮의 시작과 끝 등 위대한 자연현상을 다스리고 있다는 징표($\tau \varepsilon \chi \mu \dot{\eta} \rho \iota \alpha$)로써 호소했다. 그는 이렇게까지 말했다. "종자와 과실에게 부활이 없다고 할 것인가?" 로마의 클레멘스에게 "낮과 밤은 우리에게 부활을 보여준다. 밤이 사그라지면 낮이 일어나고, 낮이 가면 밤이 온다."(베르나르, 위의 책, p. 275) 기독교 호교론자들에게 이미지는 기호와 메시지를 풍부히 담고 있는 것이었다. 이미지는 우주의 리듬을 중개로 성을 **보여주었다**. 신앙이 가져온 계시라도 이미지가 가지고 있던 "원초"의 의미를 깨뜨리지는 못했다. 다만 새로운 가치를 덧붙였을 따름이다. 물론, 신자에게는 이 새로운 의미가 다른 의미들을 압도한 경우도 있었다. 즉 새로운 의미**만이** 이미지에 가치를 부여하고, 이미지를 계시로 변화시킬 수 있었다. 중요한 것은 그리스도의 부활이지, 자연에서 읽을 수 있는 "징표"가 아니었다. 대부분의 경우, 사람들은 영혼 깊숙한 곳에서 신앙을 발견한 후에야 이 "기호들"을 이해했다. 그러나 신앙의 신비는 기독교적 체험, 신학, 종교심리학의 관심사이지, 우리의 연구 범위는 아니다. 우리의 관점에서는 한 가지 사실만 중요할 뿐이다. 즉 **모든 새로운 가치부여 작용은 항상 이미지의 구조 자체에 의해서 조건 지어졌다는 점이다.**

이미지는 스스로의 의미가 완성되기를 **기다리고 있다**고 말할 수 있을 정도이다.

세례의 이미지를 분석하면서 베르나르 신부는 "기독교의 교의적 표상 및 상징체계와 자연적 상징에 의해서 활성화된 원형 사이의 관계"를 인정한다. "만약 상징적 이미지들이 세례 지원자들의 막연한 기대에 응답하지 못했다면, 어떻게 이들이 자신에게 제시된 상징적 이미지들을 이해할 수 있었겠는가?"(위의 책, p. 276) 저자는 "많은 가톨릭 교도들이 그러한 체험에 의해서 신앙의 길을 찾았다"는 점에 대해서 놀라지 않는다.(같은 책)'물론 원형의 체험이 신앙의 체험을 가로막는 것은 아니라면서, 베르나르 신부는 계속 말을 잇는다. "사람들은 종교적 상징과 영혼의 관계에 대한 공통된 인식을 통해서 서로 만날 수 있지만, 그래도 신자와 비신자는 구분된다. 따라서 신앙이란 이런 종류의 인식과는 별개의 것이다.[……]신앙행위는 원형적 표상의 세계에서 분할작용을 한다. 그렇게 되면, 뱀, 용, 암흑, 사탄은 사람들이 거부하는 것들을 지칭하게 된다. 사람들은 구원을 매개해줄 수 있는 유일한 표상으로서, 역사적 공동체에 의해서 제시된 표상만을 인정하는 것이다."(같은 책, p. 277)

원형적 이미지와 기독교적 상징

그러나 베르나르 신부도 인정하고 있듯이, 기독교적 성례의 이미지와 상징이 신자로 하여금 "내재적인 신화나 원형에 눈뜨게 하는 것이 아니라, 신성한 힘이 역사에 개입한다는 것을 깨닫게

한다고 해도, 이 새로운 의미로 인해서 원래의 의미의 영속성을 부인하게 되어서는 안 된다. 기독교는 자연적 종교의 위대한 형상과 상징을 이어받으면서, 영혼의 깊은 곳에 대한 그 잠재력과 힘까지도 이어받았다. 그 때문에 신화적이고 원형적인 차원은 다른 차원에 종속되어 있으면서도 여전히 존재하게 된다. 기독교도는 신화를 통해서 혹은 내재적인 원형의 체험 하나만으로 자신의 영적 구원을 추구하려고 하지 않을 수는 있었겠지만, 그렇다고 해서 영적 인간에 대하여, 소우주에 대하여 신화와 상징작용이 의미하고 행하는 모든 것까지 거부할 수는 없었다. […] 태양, 달, 나무, 물, 바다 등 위대한 이미지를 그리스도와 교회가 받아들였다는 것은 이 이미지들이 나타내고 있는 감정적인 힘의 복음화(福音化)를 의미한다. 그리스도의 강생(降生)을 단순히 육체의 획득으로 생각해서는 안 된다. 신은 집단 무의식에까지 개입하여, 그것을 구원하고 완성시킨다. 그리스도는 지옥까지 내려간다. 그렇지 않고서야 구원이 우리의 무의식에 말을 해오는 것도 아니고, 자신의 범주를 구사하는 것도 아닌데, 어떻게 우리의 무의식에까지 도달할 수 있다는 말인가?"(L. 베르나르, pp. 284-285)

이 문헌은 "내재적" 상징과 신앙 사이에 존재하는 관계에 대한 중요한 해명을 제시한다. 우리도 언급한 바 있지만, 신앙은 현재 고찰하고 있는 문제와는 별개의 문제이다. 그럼에도 불구하고 그 양상 가운데 한 가지가 우리의 흥미를 끈다. 기독교 신앙은 **역사적** 계시에 의존한다는 점이 그것이다. 기독교도의 입장에서 볼 때, 역사적 계시는 시간 속에 나타난 신의 현현으로서, 이미지와 상징의 효력을 보장해준다. "내재적"이고 보편적인 물의 상징은 세례의 상징에 대한 유대-크리스트교의 지역적이고 역사적인 해석에도 불구하고 소멸되지도, 해체되지도 않았다. 좀더 단순하게 표현하자면, 역사는 "내재적" 상징의 구조를 근본적으로 변화시키는 데 성공하지 못했다는 의미이다. 역사는 끊임없이 새로운 의미를 덧붙여가지만, 이것이 상징의 구조를 파괴하지는 못한다. 여기에서 파생되는 결과가 역사철학과 문화형태학의 경우에 어떻게 나타나는지를 후에 검토하게 될 것이다. 지금은 몇 가지 예만 들기로 한다.

우리는 세계목의 상징을 언급한 바 있다. 기독교는 이 상징을 통합, 확장시켜 사용했다. 선악의 나무를 목재로 해서 만들어진 십자가는 우주목을 대신하게 되었다. 그리스도 자신이 한 그루의 나무로 묘사된다.(오리게네스) 크리소스토무스의 것으로 추정되는 「복음서 강화」는 십자가를 "대지에서 천상으로 올라가는 나무"로 묘사한다. "이 불사(不死)의 식물은 천지의 중심에 서 있다. 우주의 강건한 받침이자 만물의 연결이자 사람이 사는 온 땅의 버팀목이자 우주의 엮음 고리로서, 인간의 온갖 잡동사니를 그 안에 품고 있다……." "더욱이 비잔틴의 예배의식은 오늘날까지도 십자현양 축일(9월 14일/역주)이면, '골고다 언덕에 심어진 생명나무, 세기의 왕이 우리를 구원해준 나무, 대지 깊은 곳에서 올라와 대지의 중심에 우뚝 서서 우주 끝까지 축성한 나무'[4]를 찬양한다. 우주목의 이미지가 놀랍도록 순수하게 보존되어 있다. 십중팔구, 잠언 3:18, '지혜는 그 얻는 자에게 생명나무라, 지혜를 가진 자는 복되도다' 가운데의 그 지혜에서 그 원형을 찾아야 할 것이다. 이 지혜는 유대인들에게 곧 법이다. 기독교도들에게는 곧 신의 아들이다"라고 뤼바크 신부는 주석을 달고 있다.(앞의 책, p. 71) 또 하나의 가능한 원형을 들자면, 느부갓네살이 꿈에서 본 나무(다니엘 4 : 7-15)가 있다. "내가 본 즉 땅의 중앙에 한 나무가 있는데 고가 높더니" 등이 그것이다.

뤼바크 신부는 인도 전승에 나타난 우주목의 상징과 마찬가지로, 기독교의 십자가=세계목의 이미지는 "세계 보편의 옛 신화"를 계승하고 있다는 점을 인정한다.(위의 책, p. 75) 그러나 그는 기독교가 도입한 혁신을 강조할 것을 촉구하고 있다. 예를 들면 크리소스토무스의 것으로 추정되는「복음서 강화」를 보면 우주는 곧 교회임을 알 수 있다. "교회는 새로운 대우주이고 기독교도의 영혼은 축소판이다."(같은 책, p. 77) 그리고 불타와 그리스도, 산치-대탑의 기둥과 십자가 사이의 차이라는 것은 또 얼마나 일목요연한가.(같은 책, p. 77 이하) 불교나 기독교에서 이러한 이미지를 사용한 것은 결국 언어의 문제에 지나지 않는다는 점을 확신하면서도, 이 탁월한 신학자는 역사적 특수성의 중요성을 지나치게 과장하는 듯 하다. "그러나 각 경우에서 특정한 해석의 독창성의 종류와 정도가 어떤 것인지를 아는 것이 문제이다."(같은 책, p. 169, 주 101)

정말 그것이 문제인가? "특정한 해석"이라는 것은 결국 지방의 역사를 나타내고 있는데, 그것을 철저히 분석하는 것만으로 과연 만족할 수 있는가? 이미지, 상징, 원형에 접근하되 그 구조 자체 속에서, 또 모든 "역사"를 포괄하는(역사들을 혼합하는 것이 아니라) **전체성** 속에서 접근하는 방법은 없는 것인가? 많은 교부신학서와 예전서에서는 십자가를 사다리, 기둥, 산에 비교한다.(뤼바크,

pp. 64-68) 이런 이미지들은 "세계의 중심"을 나타내는, 세계적으로 입증된 정식이라는 것을 기억하고 있을 것이다. 십자가가 우주목과 동일시되었던 것은 세계 중심의 상징이었기 때문이다. 이것은 **중심의 상징**이 기독교 정신에 **자연스럽게 흡수되었다**는 증거이다. 하늘과의 소통이 이루어지고, 동시에 온 우주가 "구원"되는 것은 이 십자가(=중심)를 통해서이다. 그런데 이 **"구원"의 개념은 무궁한 갱신, 우주적 재생, 보편적 풍요, 신성성, 절대적 실재, 불사성 등의 개념을 반복하고 보완하고 있을 따름인데, 이 모든 개념은 세계목의 상징 속에서 공존하고 있다.**(「종교사 개론」, p. 234 이하)

특정 문화 가운데 수용되고 체험된 어떤 상징의 진가를 판단하기 위해서, 우리가 역사의 중요성, 신앙의 중요성(유대-크리스트교의 경우)을 부정하고 있는 것이 아니라는 점을 잘 이해하기 바란다. 후에 이 점에 대해서 강조할 기회가 있을 것이다. 그러나 상징을 그 자신의 역사 속에 제대로 "위치"시킨다고 해서 본질적인 문제(즉 어떤 상징에 대한 "특정한 해석"이 아니라 상징 **전체**가 우리에게 밝혀주고 있는 문제)가 해결되는 것은 아니다. 한 가지 상징이 가지는 여러 가지 의미가 상호연관되고, 하나의 체계처럼 밀접한 관계를 맺는 것을 이미 보았다. 다양한 해석 사이에서 모순이 나타난다고 해도, 대부분의 경우는 표면상의 것에 지나지 않는다. 이런 모순들은 상징을 그 전체 속에서 파악할 때, 또 상징의 구조를 식별해낼 때, 완전히 용해되어버린다. 어떤 원형적 이미지에 대해서 완전히 새로운 가치가 부여되면 먼저의 가치들은 최후를 장식하고 완성된다. 십자가에 의해서 계시된 "구원"은 총체적 재생의 상징인 세계목에 대한 전(前) 기독교적 가치를 무효화하지 않는다. 오히려 십자가는 모든 다른 가치와 의미를 완성시켜준다.[5] 우주목=십자가의 동일화가 가져온 새로운 가치부여가 역사 **속에서** 일어났으며, 그리스도의 수난이라는 역사적 사건을 통해서 이루어졌음을 다시 한번 지적해둔다. 유대-크리스트교의 위대한 독창성은 역사를 신성현현으로 변용시켰다는 데 있다는 것을 곧 고찰하게 될 것이다.

또 한 가지 예를 들어보자. 알다시피 샤먼은 지옥으로 내려가서 악마가 빼앗아간 병자의 영혼을 찾아서 데려온다.[6] 오르페우스도 숨을 거둔 아내 에우리디케를 찾아 지옥으로 내려간다. 이와 유사한 신화는 다른 지역에도 있다. 폴리네시아, 북아메리카, 중앙 아시아(이 지역에서 신화는 샤먼이 구성한 구전문학에 속한다)에서는 죽은 아내의 영혼을 되찾기 위해서 지옥으로 내려간 영웅에 대해서 이야기한다. 폴리네시아와 중앙 아시아 신화에서는 그가 성공을 거두는 것으로 되어 있고, 북아메리카에서는 오르페우스처럼 실패한다. 성급하게 어떤 결론을 끌어내려고 하지는 말고, 세부를 확인해보자. 오르페우스는 야수를 길들이는 음악가이자 의사이고 시인이자 개화영웅이다. 요컨대 그는 "원시사회"의 샤먼이 담당하던 바로 그 기능을 통합하고 있다. 샤먼은 치료자이고 엑스터시 기법의 달인일 뿐만 아니라, 야수의 친구이자 주인으로서 야수의 소리를 흉내내고 동물로 변신할 수 있다. 또한 샤먼은 가수이자 시인, 개화자이기도 하다. 끝으로 예수 역시, 지옥으로 내려가 아담을 구원하고, 죄에 의해서 타락한 인간의 완전성을 회복한다(인간이 타락함으로써 나타난 결과의 하나는 바로 짐승에 대한 지배력의 상실이다).

과연 오르페우스를 "샤먼"으로 생각하고, 그리스도의 지옥하강을 엑스터시중의 샤먼의 지옥하강과 비교해도 좋은 것인가? 거기에 대해서는 모두 반대한다. 시베리아, 북아메리카, 그리스 및 유대-크리스트교 등의 여러 문화와 종교마다 이러한 하강은 제각각 아주 다르게 가치가 부여되기 때문이다. 일목요연하게 드러나는 그 차이점을 굳이 강조할 필요는 없겠다. 그러나 한 가지 요소만은 불변하는데, 그점을 잊어서는 안 된다. 즉 **영혼의 구원을 위해서 시도되는** 지옥하강의 모티브의 지속성이 그것이다. 이 영혼이 어떤 병자의 것이든(엄밀한 의미에서의 샤머니즘의 경우), 아내의 것이든(그리스, 북아메리카, 폴리네시아, 중앙 아시아 신화의 경우), 전 인류의 것이든(그리스도의 경우), 그것은 지금 우리에게 중요치 않다. 여기에서 하강이란 단순히 통과의례적이고 개인적인 이익을 추구하는 것이 아니라, "구제적인" 목적을 가지고 있다. 사람이 "죽고" 나서 다시 "소생"하는 것은 이미 체득한 통과의례를 완성하기 위해서가 아니라, 영혼을 구원하기 위해서이다. 한 가지 새로운 주석을 달면 통과의례의 원형이 가지는 특징을 나타낼 수 있다. 즉 상징적 죽음은 자신의 영적 완성(요컨대, 불사성의 획득을 의미한다)을 위해서만 필요한 것이 아니라, **다른 사람들**의 구원을 위해서도 실현된다는 것이다. 우리가 원시적 샤먼에게서, 또는 북아메리카나 폴리네시아의 오르페우스에게서 그리스도의 예시(豫示)를 보여주려고 한 것은 전혀 아니다. 다만 통과의례의 원형이 타자를 위한 "죽음(=지옥하강)"의 가치도 내포하고 있다는 것을 확인하려는 것뿐이다("지옥하강"의 과정이 들어 있는 샤머니즘의 집회는 신비체험이라고 할 수 있다. 샤먼은 "자기 밖"에 있다. 그의 영혼이 몸을 떠나 있기 때문이다).

 샤먼의 또 하나의 중요한 체험은 승천이다. "세계의 중심"에 서 있는 우주목을 타고 샤먼은 천상으로 올라가 최고신을 만난다. 모든 신비신학은 인간 영혼의 고양과 신과의 합일을 표현하기 위해서 상승의 상징을 사용한다. 샤먼의 승천이 불타, 마호메트, 그리스도의 승천과 동일시될 수 있는 요소는 하나도 없다. 각기 엑스터시 체험의 내용 자체가 다르기 때문이다. 그렇기는 해도 초월의 개념은 보편적으로 상승의 이미지로 표현되며, 신비체험은 그 종교적 원천이 어떤 것이든 간에 항상 승천을 내포하고 있다. 더구나, 몇몇 샤먼의 엑스터시 상태에는 역사적인 대(大)비의종교(인도, 극동, 지중해, 기독교)의 체험과 유사한 명시체험(明視體驗)이 끼어들기도 한다.

 교회 사제들의 말에 의하면, 신비적 삶은 낙원으로 회귀하는 데 있다고 한다.[7] 낙원회귀의 특징 가운데 하나는 바로 동물에 대한 지배권인데, 이것은 이미 샤먼과 오르페우스의 특권이기도 했다. 그런데 낙원으로의 복귀는 사람들이 보통 샤머니즘이라는 이름으로 뭉뚱그려서 지칭하는 원초적, 원시적 비의 속에서 발견된다. 우리는 다른 책을 통해서 샤먼이 법열 현상에 의해서 원초의 인간 상황에 접근한다는 것을 지적한 적이 있다. 법열상태중에 샤먼은 신과 다를 바 없는 최초 인간의 낙원적 존재를 회복한다. 실제로 많은 전승에서 인간이 천상의 신과 직접 소통하던 신화적 시간에 대해서 언급하고 있다. 원초의 인간들은 산이나 나무, 칡넝쿨을 기어오름으로써 실제로, 또 힘들이지 않고 하늘에 올라갈 수 있었다. 또 신들은 신들대로 정기적으로 땅으로 내려와 인간들과 뒤섞

였다. 어떤 신화적 사건(일반적으로는 의례상의 불찰)이 있은 후로 하늘과 땅의 소통은 단절되고 말았고(나무, 칡넝쿨 등이 끊어진다), 신은 하늘 깊숙이 물러앉았다(많은 전승에서는 천신의 이와 같은 은둔을 한가로운 신으로의 변모라고 풀이한다). 그러나 샤먼도 자신만의 비밀기법으로 천상계와의 소통을 가능하게 할 수 있고 —— 일시적으로, 또한 자기 자신만이 쓸 수 있는 용도로, 신과의 대화를 재개할 수 있다. 다르게 표현하자면, 샤먼은 역사("실추"이후, 즉 하늘과 땅의 직접적 소통의 단절 이후 흘러간 모든 시간)를 소멸시키고, **뒤로 되돌아가서** 원초의 낙원상태를 회복한다. 이러한 신화적인 비롯된 때(illud tempus)로의 복귀는 엑스터시 상태 속에서 이루어진다. 샤먼의 엑스터시는 낙원상태 회복의 조건도 될 수 있고, 결과도 될 수 있다. 어떤 쪽에 해당되든 간에, "원시인"의 신비체험 역시 법열상태에서의 "낙원"으로의 회귀를 통해서 얻어진다는 점은 명백하다.[8]

여기에서 우리가 유대-크리스트교의 신비신학을 샤머니즘에 의해서 설명하려는 것도 아니고, 기독교 속에서 "샤머니즘적 요소"를 찾아내자는 것도 아니다. 하지만 놓쳐서는 안 될 한 가지 중요한 문제가 있다. 즉 "원시인"의 신비체험은 기독교도의 신비한 삶과 마찬가지로 원초적 낙원상태의 회복을 내포하고 있다는 점이다. 따라서 **신비한 삶=낙원회귀의 등가성은 역사 속에 신이 개입함으로써 만들어지는 유대-크리스트교의 고유현상이 아니라, 태고로부터의 보편적이고 인간적인 "소여(所與)"이다.**

"신의 역사 개입", 즉 **시간 속에서** 이룩되는 신의 계시가 "무시간적 상황"을 부활시키고 강화시킨다는 점을 여기에서 다시 한번 지적해둔다. 유대-크리스트교는 다시는 반복되지 않고 한 방향으로만 흐르는 역사적 시간 속에서 계시를 받는 반면에, 원초의 인류는 신화의 형태로 계시를 보존했다. 그럼에도 불구하고, "원시인"의 신비체험이나 기독교도의 신비한 삶은 모두 동일한 원형으로 해석된다. 원초의 낙원 회복이 그것이다. 알다시피 역사── 여기에서는 신성한 역사를 말한다 ── 가 혁신한 것은 아무것도 없다. 원시인에게든 기독교도에게든, 낙원으로의 신비한 복귀를 이루어주는 것은 항상 비롯된 때로의 역설적 회귀, 시간과 역사를 소거하는 "뒤로의 비약"이다.

 그 결과 성서적이고 기독교적인 상징은 역사적 내용, 즉 "지방적"인 내용 ── 전체성에서 고찰된 보편적 역사에 비교하면 모든 지엽적 역사는 지방사(地方史)이다 ── 을 담고 있음에도 불구하고, 다른 통일성 있는 상징과 마찬가지로 보편적인 것이 될 수 있다. 심지어는 기독교에 "접근하기가 용이한 점"이 대부분 그 상징성 덕분이 아닌지, 또한 기독교가 취한 보편적 이미지로 인해서 그 메시지의 전파를 상당히 용이하게 한 것은 아닌지를 생각해보게 되기도 한다. 왜냐하면 비기독교도라면 대번에 한 가지 의문을 가지게 되기 때문이다. 어떻게 일개 지방사 ── 유대민족 및 유대-크리스트교 초기 공동체의 역사 ── 가 구체적, 역사적 시간 속에 드러나는 신의 현현 전체에 대한 모델이 될 수 있다는 말인가? 이 대답에 대한 준비가 되어 있다고 우리는 생각한다. 즉 신성한 역사는 비록 외부의 관찰자가 보기에는 지방사에 불과하지만, 초시간적인 이미지를 회복시켜 완전화한다는 점에서 규범적 역사가 될 수 있다.

그렇다면 기독교가 이전의 종교적 감정을 **혁신**했다는 말인가? 이런 느낌을 받지 않을 수 없고, 특히 비기독교도라면 더욱 그러할 것이다. 기독교에 공감하는 인도인이 있다면 그에게 가장 인상적인 혁신(그리스도의 메시지나 신성은 제외하고)은 시간에 대한 가치부여, 즉 시간과 역사에 의한 **구원**일 것이다.[9] 기독교인들은 순환적 시간의 가역성을 거부하고 불가역적인 시간을 믿는다. 시간을 통해서 표명되는 신성현현은 되풀이될 수 없는 것이기 때문이다. 다시 말해서 그리스도가 살고, 십자가에 못박히고, 부활한 것은 단 한 번 뿐이다. 그런 사실에서 순간의 충일함, 시간의 존재론화가 연유한다. 즉 시간이 "존재"하게 되는데, 이 말은 시간이 생성을 멈추고 영원으로 변모된다는 의미이다. 그러나 아무 순간이나 영원을 파고드는 것은 아니다. 오로지 "은총의 순간"만이, 계시에 의해서 변용된 순간만이 영원과 겹쳐질 수 있다는 점을 지적해둔다. 신이 시간을 통해서 현현되고, 초역사적인 의미와 구제론적 의지를 시간에 부여할 때, 시간은 하나의 가치가 된다. 초역사적인 의미와 구제론적 의지를 언급하는 이유는, 신이 역사에 개입할 때마다, 인간의 구원, 즉 역사와는 무관한 어떤 것이 항상 문제가 되었기 때문이다. 신의 말씀의 구현이라는 사실에 의해서 시간은 충만함이 되고, 이 사실 자체가 역사를 변용시킨다. 예수가 태어나고 고통받고 죽었다가 부활한 것을 목격한 시간이 어떻게 헛되고 공허한 것일 수 있겠는가? 어떻게 그런 시간이 역행 가능하고 무한히 반복될 수 있겠는가?

종교사의 관점에서 보면, 유대-크리스트교는 **역사적 사건의 신성현현으로의 변용**이라는 최상의 신성현현을 우리에게 제시한다. 이것은 시간의 신성현현화 이상의 어떤 것이다. 신성한 시간은 어느 종교에서나 볼 수 있는 것이기 때문이다. 이 경우는 초역사성의 극한을 보여주는 역사적 사건이다. 신이 유대교의 경우처럼 역사에 개입할 뿐만 아니라, 역사적 존재 속에 육화되어 역사적으로 조건 지어진 삶을 체험하는 것이다. 나사렛 예수는 겉으로만 보면 팔레스타인의 동시대인과 구별되지 않는다. 외견상으로는 신성이 역사 속에 완전히 숨겨져버렸던 것이다. 예수의 생리학, 심리학, "문화" 속에서 아버지 하나님을 알아볼 수 있게 하는 것은 아무것도 없다. 예수는 팔레스타인의 다른 모든 유대인과 마찬가지로, 먹고 소화하고, 갈증과 더위를 고통스러워한다. 그러나 실제로는, 예수의 존재를 구성하는 이 "역사적 사건"은 완전한 신의 현현이다. 역사적 사건에 최대한의 존재를 부여함으로써 자신 속에서 **역사적 사건을 구원하려는** 대담한 노력이 거기에 있다.

시간과 역사에 부여된 가치에도 불구하고, 유대-크리스트교는 역사주의로 빠지는 것이 아니라 역사의 신학으로 귀착된다. 사건이 가치를 가지게 되는 것은 그 사건 자체 때문이 아니라, 사건이 내포하고 있는 계시, 사건에 선행되고 사건을 초월하는 계시 때문이다. 역사주의는 기독교가 붕괴된 산물이다. 사람들이 역사적 사건의 초역사성에 대한 믿음을 상실하게 되었기 때문에 역사주의가 성립될 수 있었다.

그러나 기독교가 역사를 **구원하려고** 노력하고 있다는 한 가지 사실은 여전히 남아 있다. 그 이유는 첫째로 기독교가 역사적 시간에 가치를 부여하기 때문이며, 둘째로 기독교도에게 역사적 사건은 초역사적 메시지를 전달할 수 있는 것이 되기 때문이다. 문제는 이 메시지를 해독하는 데 있다. 그리스도의 강생 이래, 기독교는 우주에서의 신의 개입을 추구하는 것으로 여겨질 뿐만 아니라 (우주적인 신의 현현, 이미지, 상징 등을 사용함으로써), 역사적 사건 속에의 개입을 추구하는 것으로도 여겨진다. 이러한 시도가 항상 쉬운 것만은 아니다. 우주 속에 신이 존재하고 있다는 "기호들"을 별 어려움 없이 해독할 수도 있지만, 유사한 "기호들"이 역사 속에 위장되어 있을 수도 있다.

그리스도의 강생 이후로는 기적이 쉽게 식별되지 않는다는 점은 사실 기독교도들도 인정하고 있다. 가장 큰 "기적"은 바로 그리스도의 강생이었기 때문에, 예수 그리스도 이전에 **기적으로 명백히 현현되었던** 모든 것은 그리스도 도래 이후로는 의미도, 효용도 없게 되었다. 물론 교회가 승인한 기적이 그치지 않고 이어지기는 했지만, 모두 그리스도에 종속된 것으로서 유효하게 된 것이었지, 결코 "기적"이라는 내재적 특성 때문에 그런 것은 아니었다(교회는 "주술"이나 "악마"에 의한 기적과 은총에 의해서 내려진 기적을 신중하게 구별한다). 그러나 교회에 의해서 승인된 기적의 실재와 유효성은 기독교 세계에서 불가사의한 인식 불가능성이라는 큰 문제를 열어 놓았다. 왜냐하면 어떠한 가시적 징표를 나타내지 않고도 그리스도는 아주 가까이에 있을 수 있고 그를 **모방**할 수 있기 때문이다. 사람들은 외견상으로는 모든 사람들의 생과 똑같았던 **역사적 삶을 산 그리스도를 모방**할 수 있다. 결국 기독교도는 "공포와 전율"을 느끼며 모든 역사적 사건에 접근하게 된다. 진부하기 이를 데 없는 역사적 사건일지라도, 계속 **실재**함으로써(즉 역사적으로 조건 지어짐으로써), 신의 새로운 개입을 역사 **속에** 숨겨놓을 수 있다. 그때 이 사건은 초역사적 의미를 지닐 수 있게 되고 메시지를 담을 수 있게 된다. 따라서 기독교도에게 역사적 삶은 그 자체로서 영광된 것이 될 수 있다. 그리스도와 성자들의 삶이 그것을 증명해준다. 기독교와 더불어, 우주와 이미지만이 표명하고 계시하는 것이 아니라 역사도 표명하고 계시하게 되었다. 특히 표면상으로는 의미 없는 사건들로 구성되는 "사소한 역사"도 그렇게 하게 되었다.[10]

기독교는 역사를 폐기하기 위해서 역사 속에 개입한다는 점, 기독교도의 최대 희망은 모든 역사에 종지부를 찍게 될 그리스도의 재림이라는 점은 의심의 여지가 없는 이야기지만 또한 잊어서는 안 될 점이기도 하다. 어떤 관점에서 보면, 기독교도 각 개인에게는 이 종말과 종말에 이어질 영원, 되찾은 낙원은 **지금 당장부터** 가능하다. 그리스도가 예고한 **그때**는 이미 접근할 수 있으며, 그것을 얻은 자에게 역사는 존재를 멈춘다. 시간의 영원으로의 변환은 초기의 신도들과 더불어 시작되었다. 그러나 이런 시간의 영원으로의 역설적 변환은 기독교만의 전유물은 아니다. 우리는 인도에서도 똑같은 개념과 똑같은 상징을 발견했다. 카이로스(Káiros)에는 크사나가 대응되며, 이 둘 다 "시간에서 이탈"하여 영원성을 회복할 수 있는 "은총의 순간"이 될 수 있다. 마지막으로, 기독교도는 그리스도의 동시대인이 되고자 한다. 이 말은 역사 속에서의 구체적 실존 그리고 그리스도의 포교, 고통, 부활의 동시대성을 함축하고 있다.

상징과 문화

상징의 역사는 매혹적이고도 완전히 정당화될 수 있는 연구대상이다. 이 연구는 문화철학에 대한 가장 훌륭한 서론이 될 수 있으니 말이다. 이미지, 원형, 상징은 다양하게 체험되고 가치부여된다. 이처럼 다양한 현실화를 거친 산물은 대부분 "문화형태"를 구성하게 된다. 엘레우시스와 몰러카스 제도의 세람에서는 원시시대의 처녀 코레 페르세포네와 하이누웰레의 신화적인 모험담을 발견할 수 있다.[1] 구조적 측면에서 볼 때, 이 두 신화는 비슷하다. 그러나 그리스 문화와 세람 문화의 차이는 엄청나다. 문화형태학과 양식철학은 특히 그리스와 몰러카스 제도에서 젊은 처녀의 이미지를 취한 특이한 형태에 관심을 보일 것이다. 그러나 역사적 형성물로서의 이들 문화가 각각 독자적 양식으로 구성되어 상호 교환될 수 없는 것이라고는 해도, 이들의 문화를 이미지와 상징의 차원에서 비교해볼 수 있다. 바로 이러한 원형의 영속성과 보편성이 궁극적으로 문화를 "구원"해주는 것이며, 양식의 역사나 형태론을 넘어서는 문화철학을 가능하게 해주는 것이다. 모든 문화는 "역사 속으로의 실추"이다. 그와 동시에 모든 문화는 제한을 받는다. 그리스 문화의 비할 데 없는 아름다움, 기품, 완벽함에 속지 말기를 바란다. 그리스 문화 역시 **역사적 현상으로서** 보편적으로 받아들일 수 있는 것이 못 되기 때문이다. 예를 들어서 그리스 문화를 아프리카 사람이나 인도네시아 사람에게 알려주려고 해보자. 그들에게 메시지를 전달하는 것은 경탄할 만한 그리스 "양식"이 결코 아니다. 아프리카 사람이나 인도네시아 사람이 조상(彫像)이나 고전문학의 걸작에서 발견하게 되는 것은 바로 이미지이다. 서양인이 보기에 고대 문화의 역사적 **표현**을 통한, **아름답고 진실된** 것이라도 오세아니아인에게는 가치가 없다. 역사에 의해서 조건 지어진 구조와 양식을 통해서 표현되는 문화는 제한을 받는다. 그러나 문화에 선행하며, 문화에 의미를 부여하는 이미지는 영원히 살아 있고, 보편적으로 접근할 수 있다. 가령 인류의 4분의 3에 해당되는 사람들에게 "밀로의 비너스" 같은 그리스 걸작품이 가지는 보편적인 인간의 정신적 가치와 심오한 메시지는 이 조상의 형식적 완벽함에서 나오는 것이 아니라 이 조상이 제시하는 여성의 이미지에서 나온다는 점을 유럽 사람이라면 납득하기가 힘들 것이다. 그러나 이런 단순한 진실을 이해하지 못한다면, 유럽인이 아닌 사람과 유익한 대화를 시작해볼 희망은 아예 없다.

결국 문화를 "열어놓는" 것은 이미지와 상징의 존재인 셈이다. 오스트레일리아의 문화이든 아테네의 문화이든, 어떤 문화에서라도 인간의 한계상황은 이 문화가 받쳐주고 있는 상징에 의해서 완전하게 드러난다. 만약 다양한 문화양식을 받쳐주는 독자적인 이 정신적 토대를 무시하면, 문화철학은 인간 조건에 대해서 아무런 유효성도 없는 형태적이고 역사적인 연구가 되어버린다. 만약 이미지가 초월적인 것을 향한 "창구"가 되지 못했다면, 사람들은 위대하고 훌륭한 어떤 문화 속에서 질식하고 말았을 것이다. 우리는 양식상으로, 또 역사적으로 조건 지어진 모든 정신적인 창조에서 출발하여 원형에 다다를 수 있다. 코레 페르세포네와 하이누웰레는 둘 다 젊은 처녀의 비장하고도 풍요로운 운명을 우리에게 제시한다.

　이미지는 초역사적 세계를 향한 "입구"이다. 이미지의 가치는 그것만이 아니다. 이미지로 인해서 여러 다른 "역사들"이 소통할 수 있다. 기독교에 의한 중세 유럽의 통일에 대해서 흔히 언급해 왔다. 민간의 종교적 전승의 상동관계를 생각한다면 그것은 사실이다. 지방의 의례들 —— 트라키아에서 스칸디나비아까지, 타구스 강에서 드네프르 강까지의 지역 —— 이 하나의 "공통 분모"로 축소된 것은 기독교 성인전을 매개로 해서이다. 이 지역이 기독교화됨으로써 전유럽의 신과 예배장소는 공통의 명칭을 얻게 되었을 뿐만 아니라, 그들 고유의 원형과 그 보편적 가치를 재발견하게 되었다. 선사시대부터 토착신 혹은 지방신의 존재로 인해서 신성한 곳으로 여겨지던 갈리아 샘은 성모 마리아에게 봉헌된 이후 **전기독교도**에게 신성한 장소가 되었다. 용을 무찌른 자들은 모두 성 조지나 다른 기독교 영웅과 동일시되었고, 모든 폭풍신은 성 엘리아와 동일시되었다. 지방의 민간신화가 세계적인 것이 된 것이다. 기독교의 개화적 역할이 매우 커질 수 있었던 것은, 자신의 영토에 밀착하여 살고 있어 선조들의 전통 속에만 고립될 위험을 안고 있는 토착민들을 위하여 공통적인 새로운 신화적 언어를 창조했기 때문이다. 유럽의 오랜 종교적 유산을 기독교화함으로써, 기독교는 이 유산을 정화시켰을 뿐만 아니라, 기독교 이전 사람들의 오랜 관습, 신앙, 희망 가운데서 "구제"할 가치가 있는 것들을 모두 인류의 새로운 정신적 단계로 이행시켜놓았다. 신석기 시대의 의례와 신앙이 민간 기독교 속에 오늘날까지도 살아남아 있다. 죽은 사람에게 바치는 곡물 바구니가 그 예이다(동유럽과 에게 해연안 유럽의 콜리바[coliva]). 유럽 민간층의 기독교화는 특히 이미지에 힘입은 바가 크다. 이미지를 도처에서 발견할 수 있었으므로, 이들에게 재가치를 부여하고 재통합하여 새로운 이름을 부여하기만 하면 되었다.

전세계적인 규모로 반복되는 유사한 현상이 또다시 있으리라고는 기대하지 않기 바란다. 오히려 외국 민족이 역사 속에 들어오면 그 여파로 토착종교의 세력이 증가될 것이다. 이미 지적했듯이, 서양은 현재 "이국적"이고 "원시적"인 다른 문화들과의 대화를 추진하고 있다. 상징에 대한 연구가 가져다준 계시에서 아무 교훈도 끌어내지 못한 채 대화를 시작한다면 유감스러운 일이 될 것이다.

방법론에 관한 고찰

"자연현상 앞에서 인간 정신은 언제, 어디에서나 동일한 반응"을 보인다고 생각하여 인류학적이고 민족학적인 연구에서 오스트레일리아, 시베리아, 아프리카, 북아메리카의 신화를 나란히 인용하면서 아무런 지리적, 역사적 유사성이 없는 사례들을 모아놓은 타일러나 프레이저 같은 학자들의 "혼동주의적" 입장을 어떤 점에서 넘어설 수 있는 것인지를 이제 알 수 있다. 다윈 시대의 어느 자연주의자의 입장과 아주 흡사한 이 입장과 비교할 때, 그래브너-슈미트의 역사-문화학파 및 기타 역사주의학파들은 의문의 여지가 없는 발전을 보였다. 그렇지만 역사-문화적 관점에 고정되지 않고, 상징, 신화, 의례가 그들의 역사뿐만 아니라 세계 속의 독자적 존재 양상으로서의 인간 조건을 우리에게 밝혀줄 수 있는지를 생각해보는 것이 중요한 일이었다. 우리가 이 책을 비롯하여 최근 몇 권의 저서를 통해서 노력한 것이 바로 그점이다.[12]

훌륭한 실증주의자였던 타일러와 프레이저는 인류의 주술적-종교적 생활을 유치한 "미신" 덩어리로 간주했다. 조상 대대로의 공포나 "원시적" 우매함의 결실이라는 것이었다. 그러나 이런 가치판단은 사실과 상반된다. 원시 인류의 주술적-종교적 행동은 우주와 자기 자신에 대한 인간의 실존적 의식을 보여준다. 프레이저 같은 학자가 "미신"밖에는 보지 못했던 거기에 이미 하나의 형이상학이 내포되어 있었던 것이다. 물론 이 형이상학은 상징을 매개로 하기보다는 뒤얽힌 개념들을 매개로 표현되는 것이기는 했다. 또한 이 형이상학은 **자연에 대한 동물과 동일한 기본적인 반응**에 의해서 지배되는 본능적인 일련의 행동이 아니라, 실재에 대한 포괄적이고 통일성 있는 개념이다. 따라서 각각의 "역사"는 제외해놓고, 오세아니아의 상징을 북아시아의 상징과 비교할 수 있는 근거를 우리가 찾을 수 있는 이유는 이들 상징이 "유아적 심성"의 산물이어서가 아니라, 상징이 한계상황에 대한 인식을 표현해주고 있기 때문이다.

사람들은 대뇌피질에 직접 작용하는 감각적 인상에 의해서, 태양의 운행 같은 우주의 리듬에 의해서 상징의 "기원"을 설명해보려고 노력했다. 이 가설을 검토하는 것은 우리의 소관이 아니다. 그러나 "기원"에 관한 문제는 그 자체로 볼 때 잘못 제기된 문제 같다. 상징은 **자연현상으로서의** 우주적 리듬의 반영이 될 수 없다. 상징은 그것을 통해서 표상되는 우주적 생명의 양상 이상의 어떤 것을 항상 나타내고 있기 때문이다. 예를 들면, 태양의 상징과 신화는 태양이 가진 "밤", "악", "장례"에 관계되는 측면까지도 밝혀주는데, 이런 측면은 태양의 일반적 현상에서는 당장 자명하게 드러나는 것이 아니다. **우주 현상으로서** 태양 속에 숨어 있는 이 **부정적**인 측면은 태양의 상징의 구성요소이다. 이런 사실은 애초부터 상징이 마음의 창조물로서 나타났다는 것을 증명해준다. 상징의 기능은 다른 인식수단으로는 접근할 수 없는 총체적 실재를 밝혀주는 데 있다는 점을 상기한다면 위의 사실은 더욱 명백해진다. 예를 들면 상징에 의해서 극히 풍부하면서도 **단순하게** 표현되는 대립의 일치는 우주 어디에서도 **주어지지** 않으며, 인간의 직접 체험이나 추론적 사고로는 도저히 접근할 수 없다.

그렇지만 상징이 오로지 "정신적" 실재에만 관계한다고 믿지 않도록 주의해야 한다. 원시적 사고에서 볼 때 이러한 "정신"과 "물질"의 구분은 의미가 없다. 두 차원은 상호보완적인 것이기 때문이다. 집이 "세계의 중심"에 있다고 간주된다고 해도, 역시 집은 뚜렷한 요구에 응하면서 기후, 사회의 경제구조, 건축의 전통에 제약을 받는 하나의 이기(利器)이다. 고대 이집트의 종교건축을 놓고 "상징론자들"과 "사실론자들" 사이의 묵은 논쟁이 최근 또다시 불붙었다. 양측의 입장은 표면상으로만 대립된다. 원시적 심성의 차원에서 보면, "직접적 현실"을 고려한다고 해서 이 현실에 상징적으로 함축되어 있는 것을 무시하거나 경멸한다는 뜻은 전혀 아니고, 또 그 반대의 경우도 마찬가지이다. 상징적 함축이 어떤 대상이나 작용의 구체적인 특정 가치를 폐기시킨다고 생각해서는 안 된다. 삽을 남근이라고 부른다고 해서(오스트레일리아,

아시아 지역의 몇몇 언어의 경우), 파종이 성행위와 동일시된다고 해서, "미개한" 농부가 자신의 노동의 특수한 기능과 도구의 구체적이고 직접적인 가치를 알지 못하는 것은 아니다. 상징은 대상이나 행위에 새로운 가치를 **덧붙이지만**, 그렇다고 독자적인 직접적 가치를 침해하지는 않는다. 상징은 대상이나 행위에 적용되면서 이들을 "열어놓는다." 상징적 사고는 직접적 현실을 "폭발"시키면서도 축소시키거나 평가절하하지 않는다. 상징의 관점에서 볼 때, 우주는 닫혀 있지 않고, 어떤 대상도 고유의 실재성에서 고립되어 있지 않다. 모든 것은 상호 대응과 동화의 엄밀한 체계에 의해서 총체적으로 연관되어 있다.[13] 원시 사회의 인간은 의미가 풍부한 "열려진 세계" 속에서 자신을 의식하고 있었다. 이러한 "열림"이 도피의 방법이었는지, 아니면 반대로 세계의 진정한 실재에 도달할 수 있는 유일한 가능성이었는지를 아는 일이 아직 남아 있다.

주

서문

1) 여기에서는 접근하기가 불가능한 부분이기 때문에, 문제를 극단적으로 단순화시켰다. 공산주의의 구제론적 신화와 상징에 관해서 말한다면, 지도적인 마르크스주의 엘리트와 그의 이데올로기에 찬동하는 대중들이 해방, 자유, 평화, 사회적 투쟁의 초월, 착취적인 국가와 특권계층의 타파 같은 슬로건에 의해서 자극받은 것이 명백하다. 이들 슬로건의 신화적 구조와 기능에 대해서는 더 말할 필요도 없다.
2) 과학적, 사실적, 사회적 방식에도 불구하고, 타락한 신화의 거대한 저장소였던 19세기 소설의 진정한 정신적 역할을 밝힌다는 것은 얼마나 흥분되는 시도인가!
3) 우리는 1938년에 발표한 한 연구에서 19세기의 위대한 시인 가운데 한 사람인 Mihail Eminescu의 작품에 나타난 섬과 나체의 상징을 다루었다.(*Insula lui Euthanasius*, Bucuresti, 1943, pp. 5-18 참조)
4) 심리학 자체에서 출발하여 이미지의 정신적 의미작용을 부활시킴으로써 프로이트의 정신분석을 뛰어넘었다는 점이 C. G. Jung의 가장 위대한 업적이다.
5) M. Eliade, *Traité d'Histoire des Religions*, p. 304 이하 및 여러 곳 참조.
6) Gaston Bachelard의 다음 저서에 나타난 "물질적 상상력"에 관한 풍부하고도 통찰력 있는 분석을 볼 것. *La Psychanalyse du Feu, L'Eau et les Rêves, L'Air et les Songes, La Terre et les Rêveries*, 2 vol. (Paris, 1939-1948). G. Bachelard는 특히 시와 꿈 그리고 부수적으로 민속에 의거하고 있다. 그러나 꿈과 시적 이미지가 어떻게 신성한 상징과 원시적 신화를 연장하고 있는지는 쉽게 보여줄 수 있다. 꿈과 문학에 등장하는 물과 대지의 이미지에 대해서는 *Traité d'Histoire des Religions*, p. 168 이하, p. 211 이하의 물의 신성현현과 물의 상징에 관한 장을 참조할 것.
7) 제4장은 1938년까지 거슬러올라가고(*Zalmoxis*, t. II, p. 131 이하 참조), 제3장은 1946년으로 거슬러올라간다.(*Revue de l'Histoire des Religions*, t. CXXXIV, 1947-1948, 7월-12월, p. 5 이하 참조) 제1장과 제2장의 내용은 1950-1951년 아스코나에서의 강연(*Eranos-Jahrbuch*, t. XIX, XX 참조)과 *Journal de Psychologie*에 게재된 논문의 대상이다.

8) Freud는 "토템에 대한 제물 희생"에서 반복되던 의례적인 부친 살해, 원초적 부친 살해에서 발생된 오이디푸스 콤플렉스에서 종교의 "기원"을 발견할 수 있을 것이라고 생각했다. 그는 1911-1912년에 걸쳐서, Atkinson의 "원시 유목민"에 관한 가설과 Robertson-Smith의 "토템 공동체의 제물 희생"에 관한 가설을 이용하여 자신의 이론을 만들어냈다(그때까지는 정신분석학자들의 동의를 얻고 있었던 것 같다). Freud가 종교적 감정에 관한 해석을 체계화하고 종교의 "기원"을 발견한 것으로 생각하고 있을 무렵, 그가 인용한 두 가설은 민족학자와 종교사학자들 사이에서 아무런 신용도 받지 못하고 있었다. Freud는 프레이저를 읽었고, 프레이저가 도달한 결론도 잘 알고 있었다. 즉 사회적, 종교적 현상으로서의 토테미즘의 비보편성(많은 원시부족들이 토테미즘을 알지 못한다)과 토템 공동체에서 제물 희생이 극도로 드물었다는 점(여러 토템 숭배부족에서 겨우 네 경우이고, 그것마저 다 확인되는 것은 아니다)이 그것이다. 그럼에도 불구하고 1913년에 Totem und Tabu가 책으로 간행된 이후로 계속 재판으로 출판되고 여러 나라에서 번역되었다……(1912년 Freud의 변호를 위해서 Émile Durkheim이 그 유명한 Les Formes élémentaires de la vie religieuse를 발표했다는 것을 상기할 수 있을 것이다. 이 책은 여러 측면에서 소중하고 거의 천재적이라고까지 말할 수 있지만, 안타깝게도 근거가 결여되어 있다. Durkheim은 Freud보다 훨씬 정통했음에도 불구하고 토테미즘에서 종교의 "기원"을 찾으려고 노력함으로써, 방법론상으로 동일한 오류에 빠졌다. 토테미즘이 오스트레일리아 종교의 최고층(最古層)을 대표하지 않는다는 점, 전세계에 분포된 수많은 원시 문화에서 토테미즘이 없는 곳도 있다는 점을 이미 충분하게 입증한 동료 민족학자와 인류학자들의 연구를 이 탁월한 학자가 고려했어야 했다).

제1장 "중심"의 상징

1) 제3장 "결박의 신"과 매듭의 상징을 참조할 것.
2) M. Eliade, *Le Mythe de l'Éternel Retour* (Gallimard, Paris, 1949)의 "원형과 반복", p. 68 이하 참조.
3) W. J. Knight, *Cumaean Gates* (Oxford, 1936); Karl Kerényi, *Labyrinth-Studien* (Amsterdam-Leipzig, 1941, Albae Vigilae, Heft XV) 참조.
4) M. Eliade, *Traité d'Histoire des Religions* (Payot, Paris, 1949), p. 315 이하.
5) R. Pettazzoni, *Miti e Leggende*, I (Torino, 1948), p. v; Verità del Mito, *Studi e Materiali di Storia delle Religion*, vol. XXI (1947-1948, pp. 104-116); G. van der Leeuw, *Die Bedeutung der Mythen* (Festschrift für Alfred

Bertholet, Tübingen, 1949, pp. 287-293) ; M. Eliade, *Traité d'Histoire des Religions*, p. 350 이하 참조.

6) P. Schebesta, *Les Pygmées* (Paris, 1940), p. 156 이하.

7) W. Gaerte, "Kosmische Vorstellungen im Bilde prähistorisher Zeit : Erdberg, Himmelsberg, Erdnabel und Weltenströme" (*Anthropos*, IX, 1914) pp. 956-979 참조.

8) M. Eliade, *Le Chamanisme et les techniques archaïques de l'extase* (Payot, 1951) 참조.

9) M. Eliade, Traité, p. 236 이하 ; *Le Chamanisme*, p. 244 이하 참조. 십자가=우주목에 관한 기독교적 상징에 관해서는 H. de Lubac, *Aspects du Bouddhisme* (Paris, 1951), p. 61 이하 참조.

10) M. Eliade의 *Le Chamanisme*, p. 171 이하에 인용한 자료와 참고 문헌 참조.

11) A. A. Popov, *Tavgijcy. Materialy po etnografii avamskich i vedeevskich tavgicev* (Moska-Leningrad, 1936), p. 84 이하 ; M. Eliade의 *Le Chamanisme et les techniques archaïques de l'extase*, p. 160 이하도 참조.

12) E. Emsheimer, *Schamanentrommel und Trommelbaum* (Ethnos, vol. IV, 1946, pp. 166-181) 참조.

13) 제의목에 대한 통과의례적 상승은 인도네시아, 남아메리카(아라우칸), 북아메리카(포모)의 샤머니즘에서도 찾아볼 수 있다. *Le Chamanisme*, p. 122 이하, p. 125 이하 참조.

14) *Le Chamanisme*, p. 235 이하 참조.

15) *Le Chamanisme*, p. 248 이하에 정리된 자료를 볼 것. 상승에 대한 기독교적 상징에 대해서는 Louis Beirnaert의 "Le Symbolisme ascensionnel dans la liturgie et la mystique chrétiennes"(*Eranos-Jahrbuch*, XIX, Zürich, 1951, pp. 41-63) 참조.

16) *Traité d'Histoire des Religions*, p. 96 이하 및 *Le Chamanisme et les techniques archaïques de l'extase*, p. 420 이하 참조.

17) M. Eliade, *Durohâna and the "walking dream"* (Art and Thought, A volume in honour of the late Dr Ananda K. Coomaraswamy, London, 1947, p. 209 이하) 참조.

18) M. Eliade, *Techniques du Yoga* (Gallimard, 1948), p. 185 이하 ; Giuseppe Tucci, *Teoria e pratica del mandala* (Roma, 1949) 참조 ; 만다라의 상징에 대해서는 C. G. Jung, *Psychologie une Alchemie* (Zürich, 1944), p. 139 이하 ; *Gestaltungen des Unbewussten* (Zürich, 1950), p. 187 이하 참조.

19) M. Eliade, *Traité d'Histoire des Religions*, p. 326 이하 ; *Le Chamanisme*, p. 417 이하, p. 428 이하 참조.
20) *Perceval* (ed. Hucher), p. 466 ; Jessie L. Weston, *From Ritual to Romance* (Cambridge, 1920), p. 12 이하, Gawain 경의 연작에서도 동일한 신화적 모티브를 발견할 수 있다.

제2장 시간과 영원에 관한 인도의 상징

1) M. Eliade, *Le Mythe de l'Éternel Retour : Archétypes et Répétition* (Paris, Gallimard, 1949), p. 83 이하 참조.
2) Heinrich Zimmer, *Myths and Symbols in Indian Art and Civilization* (ed. by Joseph Campbell, New York, 1946), p. 3 이하 참조.
3) J. Przyluski, "From the Great Goddess to Kâla" (*Indian Historical Quarterly*, 1938, p. 267 이하) 참조.
4) 이 부분에 대해서는 *Le Mythe de l'Éternel Retour*, p. 170 이하 참조.
5) *Bhagavadgita*, IV, 20이 그 예이다. M. Eliade, *Techniques du Yoga* (Paris, Gallimard, 1948), p. 141 이하 참조.
6) *The Sayings of Sri Ramakrishna* (ed. de Madras, 1938), IV책, 22장. H. Zimmer, *Myths and Symbols*, p. 27 이하에서 다룬 "마츠야 푸라나(Matsya Purâna)"에 나온 이 신화의 다른 판도 참조할 것.
7) *Le Mythe de l'Éternel Retour*의 여러 곳.
8) 이 책, p. 48 이하.
9) Nâgârjuna의 Mahâprajñâpâramitaçastra의 번역본의 주(註)에서 Etienne Lamotte는 중요한 문헌을 정리하여 분류했다 ; *Le Traité de la Grande Vertu Sagesse de Nâgârjuna*, t. I(Louvain, 1944), p. 6 이하 참조.
10) M. Eliade, "Les Sept Pas du Bouddha"(*Pro Regno pro Sanctuario*, Van der Leeuw에게 헌정, Nijkerk, 1950, pp. 169-175).
11) *Suttavibhanga, Pârâjika* I, I, 4 ; H. Oldenberg, *Le Bouddha*, pp. 364-365 및 Paul Mus, "La Notion de temps réversible dans la mythologie bouddhique" (extrait de *l'Annuaire de l'Ecole pratique des Hautes Études*, Section des Sciences religieuses, 1938-1939, Melun, 1939), p. 13 참조.
12) Th. Stcherbatsky, *Buddhist Logic* (Leningrad, 1930-1932, "Bibliotheca Buddhica") 와 Louis de la Vallée-Poussin, "Documents d'Abhidharma : la Controverse du Temps"(*Mélanges chinois et bouddhiques*, V, Bruxelles, 1937, pp. 1-158)에서 이러한 요소들을 찾을 수 있을 것이다. 또한 S. Schayer,

Contributions to the problem of Time in Indian Philosophy(Cracovie, 1938)과 Ananda K. Coomaraswamy, *Time and Eternity*(Ascona, 1947) p. 30 이하도 참조.

13) *Abhidharmakoça*, IV, 1, Coomaraswamy가 위의 책 p. 58에서 인용. Louis de la Vallée-Poussin이 주해, 번역한 *L'Abhidharmakoça de Vasubandhu*, 제5권 (Paris, 1923-1931) 참조.

14) *Sutta Nipâta*, 378, 860 등 ; Coomaraswamy가 위의 책 p. 40 이하에서 정리한 기타 문헌.

15) Louis de la Vallée-Poussin의 저서에서 불교도의 "순간" 혹은 크사나에 관한 주 참조(*Rocznik Orientalistczny*, vol. VIII, 1931, pp. 1-13) ; Coomaraswamy, 위의 책, p. 56 이하도 참조.

16) 이 모티브에 대해서는 A. B. Cook, *Zeus*, III, 2 (Cambridge, 1940), 권말부록 P : "Floating Islands" (pp. 975-1016)을 볼 것. 또한 A. Coomaraswamy, "Symplegades"(*Studies and Essays in the History of Science and Learning offered in Homage to George Sarton*, New York, 1947, pp. 463-488) ; Eliade, *Le Chamanisme et les techniques archaïques de l'extase* (Paris, 1951) p. 419 이하 및 여러 곳 참조.

17) 성의 변증법에 관해서는 M. Eliade, *Traité d'Histoire des Religions*, P. 15 이하 참조.

18) M. Eliade, "Cosmical homology and Yoga"(*Journal of the Indian Society of Oriental Art*, Calcutta, 1937, pp. 188-203), 프라나야마에 관해서는 *Techniques du Yoga*, p. 75 이하 참조.

19) 호흡의 리듬화는 요가 수행자의 생리학에 상당히 중요한 결과를 가져오는 듯하다. 이 분야에 대해서 나는 문외한이지만, 리시케슈와 히말라야 여러 곳에서 거의 아무것도 먹지 않는 요가 수행자의 놀라운 육체 상태를 보고 충격을 받은 적이 있다. 리시케슈에 있는 나의 숙소 부근에 사는 한 사람은 나체 고행자인데 조식을 행하면서 거의 온밤을 보냈고 먹는 것이라고는 쌀 한줌 정도였다. 그런데도 그는 완벽한 운동선수의 신체였고, 영양실조라든가 피로의 흔적은 전혀 없었다. 나는 어떻게 배가 고프지를 않은지를 물었다. 그는 대답하기를, "저는 낮 동안에만 삽니다. 밤에는 호흡수를 10분의 1로 줄이죠."그가 말하고자 하는 것을 내가 제대로 이해한 것인지는 확실치 않지만, 아마도 입식과 출식의 수에 의해서 생명지속을 측정할 때, 밤중에 호흡수를 보통 사람의 10분의 1로 줄인다는 것으로 보아 그는 우리의 열 시간 중 마지막 부분, 즉 한 시간만 산 셈이다. 호흡시간으로 세어보면, 24태양시간은 그에게 12-13호흡시간에 상당할 뿐이므

로 그의 육체는 우리 육체보다 천천히 소모되고 천천히 늙는다는 의미가 된다. 그러니까 **그는 24시간마다 쌀 한줌을 먹는 것이 아니라, 12-13시간마다 쌀 한줌을 먹는 것이다.** 물론 이것은 가정일 뿐이니까 고집하지는 않겠다. 하지만 내가 아는 한 요가 수행자의 경이로운 **젊음**에 대해서 만족할 만한 설명이 아직까지는 없다.

20) *Kâlacakra Tantra*, Mario E. Carelli가 *Sekoddesatîkâ* 서문에서 인용; *Sekoddesatîkâ of Nadapâda, being a commentary of the Sekoddesa Section of the Kâlacakra Tantra* (Gaekwad Oriental Series, vol. XC, Baroda, 1941) 참조.

21) P. C. Bagchi, "Some technical terms of the Tantras" (*The Calcutta Oriental Journal*, I, 2, november 1934, pp. 75-88)에 정리된 문헌 참조. 특히 p. 82 이하와 Shashibhusan Dasgupta, *Obscure religious cults*(Calcutta, 1946), p. 274 이하도 볼 것.

22) 이러한 추정은 서양의 심리학자들의 눈에는 위험한 것까지는 아니지만 헛된 것으로 보일 것이다. 우리로서는 논의에 끼어들 자격은 사양하지만, 두 가지 점을 상기시키고 싶다. 첫째는 인도의 요가 수행자 및 신비사상가의 경이로운 심리학이고, 둘째는 요가적 체험의 심리학적 진실에 관한 서양학자들의 무지이다.

23) 이 책 p. 87 이하 참조.

제3장 "결박의 신"과 매듭의 상징

1) Georges Dumézil, *Mythes et Dieux des Germains* (Paris, 1939), p. 21 이하; *Jupiter, Mars, Quirinus* (Paris, 1941), p. 79 이하; *Ouranós-Varuna* (Paris, 1934), 여러 곳 참조.

2) Dumézil, *Mitra-Varuna* (Paris, 1940), p. 33; *Jupiter, Mars, Quirinus*, p. 81 이하.

3) Dumézil, *Flamen-Brahman* (Paris, 1935), p. 34 이하; *Mitra-Varuna*, p. 79 이하.

4) *Mitra-Varuna*, p. 72; Rev. Hist. des Religions, CXXIV, 1941, p. 194 이하의 Jean Bayet의 고찰을 참고할 것. Plutarchos의 *Questions Romaines* 67에 따르면, *lictores*라는 명칭 자체가 *ligare*에서 파생되었다고 한다. Dumézil은 "고대인들이 lictor와 ligare 사이에서 느끼던 관계를 굳이 거부할 근거가 없다. 즉, lictor는 '확인되지 않는'을 의미하는 동사의 어근 *ligere*에서 형성되었다는 것이며 이 *ligere*와 *ligare*의 관계는 *dicere*와 *dicare*의 관계와 같을 것이라는 점이다."(같은 책, p. 72)

5) Servius, *in Aen.*, III, 607 ; J. Heckenbach, *De nuditate sacra sacrisque vinculis* (*R. V. V.*, IX, 3, Giessen, 1911). p. 69 이하 ; Dumézil, *Flamen-Brahman* p. 66 이하 참조.
6) Heckenbach의 다소 기대에 어긋나는 저서 이후에, 다음 책들을 주목하게 될 것이다. Frazer, *Taboo and the perils of the soul*, p. 296 이하 ; I. Scheftelowitz, *Das Schlingen-und Netzmotiv im Glauben und Brauch der Völker* (*R. V. V.*, XII, 2, Giessen, 1912) ; *Die altpersische Religion und das Judentum* (Giessen, 1920), p. 92 이하 및 Dumézil이 지적한 민족학적, 민속학적 연구인 *Ouranós-Varuna*, p. 52, 로마의 *nexum*, 주술적 매듭, 형벌권에 관한 주 1 등. 참고로 Henri Decugis, *Les Étapes du droit* (Paris, 1946) t. I, pp. 157-178도 볼 것.
7) A. Bergaigne, *La Religion védique d'après les Hymnes du Rig-Veda*, III (Paris, 1883), p. 114, p. 157 이하 ; H. Güntert, *Der arische Weltkönig und Heiland* (Halle, 1923) p. 120 이하 ; Dumézil, *Ouranós-Varuna*, p. 50. 브라마나에 있어서의 동일한 속성에 관해서는 Silvain Lévi, *La Doctrine du Sacrifice dans les Brâhmanas* (Paris, 1898), p. 153 이하 참조.
8) Walde-Pokorny, *Vergleichendes Wörterbuch der indogermanischen Sprachen*, I (1930), p. 263 참조.
9) Bergaigne, 위의 책, III, p. 114 ; S. Lévi, 위의 책, p. 153 ; E. W. Hopkins, *Epic Mythology* (Strasbourg, 1920), p. 116 이하.
10) S. Lévi, p. 153 ; Dumézil, *Ouranós-Varuna*, p. 51, 주 1.
11) Hillebrand, *Vedische Mythologie* (Breslau, 1902), III, p. 1 이하.
12) S. Lévi, 위의 책, p. 158 이하 ; J, J. Meyer, *Trilogie altindischer Mächte und Feste der Vegetation* (Zürich-Leipzig, 1937), III, p. 206 이하, p. 269 이하.
13) Raffaele Pettazzoni, "Le Corps parsemé d'yeux"(*Zalmoxis*, I, 1938, p. 1 이하).
14) *Traité d'Histoire des Religions* (Paris, Payot, 1949), p. 47 이하.
15) 특히 "The darker side of the Dawn"(*Smithsonian Miscellaneous Collections*, vol. 94, No 1, Washington, 1935)과 *Spiritual Authority and Temporal Power in the Indian Theory of Government* (*American Oriental Society*, New Haven, 1942).
16) Coomaraswamy, *Spiritual Authority*, 특히 p. 29 이하 참조.
17) L. Renou, *Vrtra et Vrthragna* (Paris, 1934), pp. 140-141 참조. Renou는 많은 부분에서 "브리트라의 마법은 인드라의 마법과 대응하며, 인드라의 마법

에서 유래되었다"라고 주장하고 있는데, 이것은 잘못된 것이다. 검토에 앞서서 마법이라는 것은 신이나 영웅의 속성이라기보다는 뱀의 속성이다. 그런데 브리트라가 바로 이 뱀과 관련된 존재이다. 인드라의 마법에 대해서는 나중에 보기로 한다.

18) Renou, 같은 책, p. 141 이하, 물의 모티브에 관한 분석 참조.
19) 이런 유형의 징벌에서 바루나의 유형 자체의 확장, 심화를 볼 수 있다. 바루나는 죄인에게 바루나 자신이 표상하는 상태인 "잠재와 부동으로의 퇴행"을 강요한다는 의미에서 그러하다.
20) Jarl Charpentier, *Kleine Beiträge zur indo-iranischen Mythologie* (Uppsala, 1911), p. 34 이하; Brahman (Uppsala, 1932), p. 49, 주 1 ; L. Renou, 위의 책, p. 141 참조.
21) Kurt Lindner, *La Chasse préhistorique*, p. 53 이하 및 여러 곳 참조.
22) 모태에서부터 신에게 묶인 라자냐에 관해서는 ("라자냐는 묶인 채 태어났다", *Taitt. Samhita*, II, 4, 13, 1) ; Dumézil, *Flamen-Brahman*, p. 27 이하 참조.
23) 흑해지방에서 다르잘레스는 사라피스와 동일시되었다. O. Weinreich, *Neue Urkunden zur Sarapis-Religion* (Tübingen, 1919), p. 7 참조. 이 저서는 Rostovtzeff의 연구에 의존하고 있다. Stig Wikander, *Vayu*, I(Lund-Leipzig, 1941), p. 43 이하 참조.
24) Vasile Pârvan, *Gerusia (Mémoire de l'Academie Roumaine*, Section littéraire, 1919-1920, Bucarest, 1924), p. 9, p. 23 등에서 지적한 화폐 및 비문.
25) *Istros* 지에 인용된 자료(Bucarest에서 불어판으로 간행), I, 1934, p. 118 이하.
26) R. Vulpe, "Histoire ancienne de la Dobroudja" (*La Dobroudja*, ed. l'Académie Roumaine, Bucarest, 1938, pp. 35-454), pp. 233-237. 또한 Pauly-Wissowa, XV, p. 227 이하 가운데 Kazarow 참조.
27) 아르테미스(*Hérodote*, IV, 33), 시벨과 동일시되며, 오르페우스 찬가 중에서는 페르세포네와 동일시된다. Güntert, p. 115, 주 1 참조 ; Strabon, X, p. 470 에서는 광란적인 것으로 여겨진다.
28) H. Usener, *Götternamen* (Bonn, 1929), p. 80
29) A. Closs, "Die Religion des Semnonenstammes" (*Wiener Beiträge zur Kulturgeschichte und Linguistik*, IV, Salzburg-Leipzig, 1936, pp. 549-673), p. 619.
30) R. Pettazzoni, "Regnator omnium deus" (*Studi e Materiali di Storia delle Religioni*, XIX-XX, 1943-1946, pp. 142-156), p. 155.

31) F. Cumont. *Les Religions orientales dans le paganisme romain* (4판, Paris, 1929), 도판 XIII ; Augustinus의 *Quaest-*., V에 나오는 intestinis pullinis로 만들어진 끈에 대해서는 Cumont, *Textes et Monuments relatifs aux mystères de Mithra* (Bruxelles, 1894-1900), II, pp. 7-8.
32) Closs, p. 566, p. 643, O. G. Wesendonk, "Ueber georgisches Heidentum (*Caucasica*, fasc. I, Leipzig, 1924), p. 54 이하, p. 99, p. 101 인용 ; G. Dumézil은 Τιτυός (Rev. Hist. Relig., t. CXI, 1935, pp. 66-89) p. 69 이하에서 그루지야의 자료에 근거하여 "백색의 조르주의 노예"를 연구했다. "백색의 조르주의 노예가 됨으로써 그에게 경의를 표하거나 그를 진정시키려는 사람은 누구나 그의 사슬을 얻어서 목에 걸고 맨발로, 혹은 무릎으로 기어서 교회를 돌았다." Sergi Makalathia, "Einige ethnographisch-archäologische Parallelen aus Georgien" (*Mitteilungen Anthropolog, Gesellschaft Wien*, 60, 1930, pp. 361-365)도 참조.
33) 보복에 대한 재판을 할 때, 죄인은 손을 묶고 "법정"에 출두해야 한다.(Closs, 위의 책, p. 600)
34) "주인-노예"의 결속과 "십자가 형제(fratia de cruce라는 루마니아의 표현)"의 결합 사이의 거리를 이해하려면 이 게르만, 일리리아, 코카서스의 복합체와 유럽 도처에서 행해지는 "혈맹"의식을 비교해보면 충분하다. 혈맹형제에 관해서는 A. Dieterich, *Mutter Erde* (3판, Leipzig-Berlin, 1925), p. 130 이하 ; H. C. Trumbull의 고전적 저서인 *The Blood Covenant* (London, 1887), Stith Thompon, *Motif-Index of Folk-Literature*, II(Helsinki, 1935), p. 125 참조. 형제관계의 이러한 형태를 미트라와 인간들 사이에 존재하는 종교적 관계, 바루나와 그 숭배자 사이의 엄격한 관계와 비교하고 싶어질 것이다. 그렇다고 해서 바루나의 종교적 가치가 "빈약"하다는 의미는 전혀 아니다. 오히려 그 반대이다.
35) A. Closs, 위의 책, p. 643, p. 668. Closs에 따르면(p. 567), 제물의 결박은 거석문화 및 동남 아시아 문화에서 유래한 복합체이다.
36) J. Grimm, *Deutsche Mythologie*, II, 705, IV, 254 ; Scheftelowitz, 위의 책, p. 7.
37) R. H. Meyer, *Altgermanische Religionsgeschichte* (1910), p. 158, p. 160. 그러나 이 여신들의 성격은 훨씬 복합하다 ; Jan de Vries, *Altgermanische Religionsgeschichte*, II (Berlin, 1937), p. 375 이하 참조.
38) 그는 죽어가는 자들을 "죽음의 끈"으로 묶는다(*Yasna* 53, 8 ; Scheftelowitz, *Die altpersische Religion*, p. 92). "그를 묶는 것은 아스토비도투슈이고 묶인 그를 데려가는 것은 바유이다", *Vendidad*, 5, 8 ; H. S. Nyberg, "Questions de

주 205

cosmogonie et de cosmologie mazdéennes", II (*Journal Asiatique* 10월-12월, 1931, pp. 193-244), p. 205 ; G. Dumézil, *Tarpeia* (Paris, 1947), p. 73 ; *Mênokê Khrat* 2, 115 ; G. Widengren, *Hochgottglaube im Alten Iran* (Uppsala, 1938), p. 196.
39) *Das Schlingen-und Netzmotiv*, p. 9 ; *Die altpersische Religion*, p. 92.
40) Closs, p. 643, 주 44에서 인용한 Inone. 사자의 영혼을 동굴바닥에 붙들어매는 두 귀신 신차(神荼)와 욱루(郁壘)의 전설 참조 ; C. Hentze, *Die Sakralbrozen und ihre Bedeutung in den frühchinesischen Kulturen* (Antwerpen, 1941), p. 23
41) Carl Strehlow, *Die Aranda-und Loritja-Stämme in Zentral-Australien*, I (Frankfurt a. M., 1907), p. 11.
42) W. Wyatt Gill, *Life in the Southern Isles* (London, 1876), p. 181 이하.
43) W. Wyatt Gill, *Myths and Songs from the South Pacific* (London, 1876), p. 161 이하 ; E. S. C. Handy, *Polynesian Religion* (Honolulu, 1927), p. 73 ; M. Walleser, "Religiöse Anschaungen u. Gebräuche der Bewohner von Jap" (*Anthropos*, VIII, 1913, pp. 607-629, pp. 612-613)도 참조.
44) Dr C. E. Fox, *The Threshold of the Pacific* (London, 1924), p. 234 이하.
45) W. G. Ivens, *The Melanesians of the S. E. Solomon Islands* (London, 1927), p. 178 ; 하와이에 있는 동일한 풍습, E. S. Craighill Handy, 위의 책 p. 92.
46) W. Wyatt Gill, *Life*……, p. 180 이하 ; *Mythes*……, p. 171.
47) 퉁구스의 샤먼은 병자의 도망가는 영혼을 다시 붙잡기 위해서 올가미를 사용한다 ; S. Shirokogorow, *The psychomental complex of the Tungus* (Shanghai-London, 1935), p. 290. 더군다나 샤먼은 정령의 기법을 모방한다 ; 같은 책, p. 178. 츄크츄족에게도 동일한 문화적 복합체가 발견된다. 이 문제에 대해서는 Eliade의 *Le Chamanisme et les techniques archaïques de l'extase* (Paris, 1951) 참조.
48) L. W. King, *History of Sumer and Akkad* (London, 1910), p. 128 이하 ; G. Furlani, *La religione babilonese-assira,* I (Bologna, 1928), p. 159 ; E. Dhorme, *Les Religions de Babylonie et d'Assyrie* (Collection "Mana", II, Paris, 1945), p. 28, p. 49 ; E. Douglas Van Buren, *Symbols of the Gods in mesopotamian Art* (Roma, 1945, *Analecta Orientalia*, 23), pp. 11-12.
49) Scheftelowitz, *Das Schlingen-und Netzmotiv*, p. 4 이하.
50) M. Jastrow, *Die Religion Babyloniens und Assyriens*, vol. II (Giessen, 1912), p. 15.
51) Scheftelowitz, 위의 책, p. 4.

52) M. Witzel, *Tammuz-Liturgien und Verwandtes* (Roma 1937, *Analecta Orientalia*, 10), p. 140 ; Geo Widengren, *Mesopotamian elements in Manichaeism* (Uppsala, 1946), p. 80.
53) 같은 책, IV, 49. 서판 I, 83을 보면 마르두크는 에아의 아들이다. 그러나 이러한 계보의 의미가 무엇이든 간에, 이것은 주술적 지상권의 본질에 속하는 것이다. 우리는 R. Labat의 불역판, *Le Poème babylonien de la Création* (Paris, 1935)를 참조했다.
54) *Kauçitaki Samhitâ*, XLVIII, 4-5 : Caland, *Altindische Zauberritual* (Amsterdam, 1900), p. 167 ; V. Henry, *La Magie dans l' Inde antique* (Paris, 1903), p. 229 ; Scheftelowitz, p. 12.
55) 에스겔서, 13 : 18-21 ; C. Fossey, *La Magie assyrienne* (Paris, 1902), p. 83 ; M. Jastrow, *The religion of Babylonia and Assyria* (Boston, 1898), p. 280 이하.
56) W. Crooke, *The popular religion and folklore of Northern India* (Westminster, 1896), II, p. 46 이하 ; S. Seligmann, *Der böse Blick* (Berlin, 1910), I, 262, 328 이하 ; Scheftelowitz, p. 14 ; Frazer, *Taboo*, p. 301 이하 ; G. L. Kittredge, *Witchcraft in Old and New England* (Cambridge, Mass., 1929), p. 201 이하 ; *Handwörterbuch des deutschen Aberglaubens, s. v. Schlinge, Netz* 등 참조. 민간전승에 있어서는, Stith Thompson, *Motif-Index*, vol. II, p. 313.
57) 모든 것은 출산을 용이하게 하도록 열려 있고 풀려 있어야 했다.(Frazer, 위의 책, p. 296 이하) ; 그러나 칼무크족의 출산중 악마를 방어하기 위한 수단인 끈을 비교 참조.(Frazer, *Folklore in the Old Testament*, III [London, 1919], p. 473) 결혼에 의한 육체적 결합은 끈과 매듭의 주술에 의해서 방해받을 수도 있었다.(Frazer, *Taboo*, p. 299 이하) 집안에 자물쇠가 잠겨져 있거나 빗장이 걸려 있으면, 사람이 죽을 수도 있고(같은 책, p. 309), 어떤 지역에서는 영혼의 안식을 보장하기 위해서 수의의 끈을 모두 풀어 놓는다.(같은 책, p. 310) 반면에, 뉴 기니에서는 망자의 영혼들으로부터 몸을 지키기 위해서 과부들은 상중을 표시하는 망을 드리우고 다닌다(Frazer, *The Belief in Immortality*, I [London, 1913], p. 244, p. 249, p. 260, p. 274, p. 293) 시체를 묶는 것도 역시 망자의 영혼들로부터 방어하기 위함이다.(Frazer, *La Crainte des morts*, Paris, 1935, p. 53 이하) 이 풍습이 의미하는 바는 한층 복잡하다.
58) *Kauçîtaki-Sam.* XXXII, 3, Caland, *Altindische Zauberritual*, p. 104 ; R. C. Thompson, *Semitic magic, its origins and development* (London, 1908),

p. 165 이하.
59) Scheftelowitz, p. 29, 주 1, 주 31 ; Frazer, *Taboo*, p. 301 이하.
60) 아시리아 : Thompson, 위의 책, p. 171 ; Furlani, *La Religione babilonese-assira*, II (Bologna, 1929), p. 166 ; 중국, 인도 : Scheftelowitz, p. 38.
61) 인도 : W. Crooke, 위의 책, II, p. 36 : 토다스 등 : Scheftelowitz, p. 39 ; 아프리카 : 같은 책, p. 41.
62) Frazer, *Taboo*, p. 308 이하 ; Scheftelowitz, p. 41.
63) Scheftelowitz, p. 52 이하.
64) 결과적으로 바루나의 올가미에 대한 베다의 암시 또한 욥의 종교체험과 비견되는 종교체험을 표현하고 있다고 가정할 수 있게 된다.
65) Ovide, *Héroïdes*, 15, 82. Eliade의 *Traité d'Histoire des Religions*, p. 142 이하에 있는 달에 관한 의례와 신화 참조.
66) 대부분의 경우 —— 항상 그렇지는 않다 —— 달의 신격은 지하-달의 신격이기도 하다.
67) H. Vambéry, *Die primitive Kultur des turko-tatarischen Volkes* (Leipzig, 1879), p. 246. "마법을 풀다"라는 개념은 "끈을 풀다"라는 표현으로 나타난다. 요루바족에게 에디("결박")라는 단어는 "마법"이라는 뜻도 되며, 에웨족에게 보세사("부적")는 "풀다"를 의미하기도 한다.(A. B. Ellis, *Yoruba-speaking peoples*, London, 1894, p. 118)
68) 예를 들면 *Mahabhârata*, XIII, 41, 3 이하. 여기에서 비풀라는 "요가의 결박에 의해서 루시의 감각을 지배했다" ; Eliade, *Yoga. Essai sur les origines de la mystique indienne* (Paris-Bucarest, 1936, p. 151) 참조. Ananda Coomaraswamy의 "Spiritual Paternity"와 "Puppet-Complex" (*Psychiatry*, VIII, No. 3, 1945년 8월, pp. 25-35), 특히 p. 29 이하 참조.
69) S. Langdon, *Semitic Mythology* (Boston. 1931), p. 109. 바빌로니아의 여러 사원들은 "천지간의 끈"이라고 불린다. E. Burrows, "Some cosmological patterns in babylonian religon"(*Labyrinth*, London, 1935, pp. 45-70), pp. 47-48, 주 2 참조. 수메르어로 사원을 가리키는 옛 명칭은 "지역의 딤갈"이었다. Burrows(p. 47. 주 7)는 "큰 묶음의 장소"라는 번역을 제안하고 있다. 딤은 "장소", "줄" 등을 의미하거나 "묶다, 묶어야 할 물건, 묶을 물건"을 의미하기 때문이다. 여기에서 "결박"의 상징은 "중심의 상징"이라고 부를 수 있는 것보다 훨씬 규모가 큰 총체 속에 통합되어 있다.
70) The link of all Creation의 번역이다.(*Everyman's Library*, p. 193) link(사슬)라고 번역된 문자는 繫(*hsi*, Giles 4062)인데, 그 의미는 "dependence, fasten-

ing, tie, link, nexus, chain, lineage" 등이다. A. K. Coomaraswamy, "The iconography of Dürer's 'knots' and Leonanrdo's 'concatenation'(*The Art Quarterly*, 1944년 봄호, pp. 109-128), p. 127, 주 19 참조.
71) 말레쿨라의 장례와 장례 신앙에서 매듭의 형태를 한 미로 참조 ; A. Bernard Deacon, "Geometrical Drawings from Malekula and other Islands of the New Hebrides" (*Journal of the Anthropological Institute*, vol. LXVI, 1934, pp. 129-175) ; 같은 저자, *Malekula. A vanishing people of the New Hebrides* (London, 1934), 특히 p. 552 이하 ; John Layard, "Totenfahrt auf Malekula" (*Eranos-Jahrbuch 1937*, Zürich, 1938), pp. 242-291 ; *Stone Men of Malekula* (London, 1942), p. 340 이하, p. 649 이하. 비교해석은 W. F. Jackson Knight, *Cumaean Gates* (Oxford, 1936) ; Karl Kerényi, *Labyrinth-Studien* (*Albae Vigiliac*, XV, Amsterdam-Leipzig, 1941).
72) Eliade, *Techniques du Yoga*, 여러 곳 참조. A. K. Coomaraswamy는 *The iconography of Dürer's "Knots"* 에서 매듭의 형이상학적 가치 및 대중 예술과 중세와 르네상스의 몇몇 예술가에게 존속하고 있는 매듭에 대해서 연구했다.
73) Eliade, *Le Chamanisme et les techniques archaïques de l'extase*, p. 137 이하, p. 296 이하, p. 362 이하, p. 423 이하 및 여러 곳 참조.
74) "Durohâna and the 'waking dream'", *Art and Thought* (*A Volume in Honour of the late Dr. Ananda Coomaraswamy*, London, 1947), pp. 209-213.
75) *Traité d'Histoire des Religions*, p. 392 이하 참조.
76) W. Schmidt와 W. Koppers의 역사-문화학파는 지금까지 종교사에 중요한 공헌을 했다. 그러나 극단까지 밀고간 이 학파의 주장은 인간의 "역사화"에 귀착됨으로써 실제적으로는 일체의 정신적 자발성을 소멸시켜버리고 말았다. 인간을 역사적 존재로서밖에 생각할 수 없다면, 인간은 그 본성 자체에 의해서 역사에 대립하고 역사를 소멸시키려고 하며, 온갖 수단을 다해서 무시간적인 "낙원"을 되찾으려고 한다는 것도 사실이다. 이 무시간적 낙원의 상황이란 "역사적 상황"이 아니라 "인류학적 상황"이다. (Eliade, *Le Mythe de l'Éternel Retour* 참조)
77) W. Koppers. "Zentralindische Fruchtbarkeitsriten und ihre Beziehungen zur Induskultur" (*Geographica Helvetica*, I, 1946, Heft 2, pp. 165-177), p. 168 이하 참조.
78) J. Marshall, *Mohenjo-Daro and the Indus Civilization* (London, 1931), t. I, 도판 XII, 8, 17 참조.
79) 에게 해의 모든 종교에서 매듭의 의례적 기능(Arthur Evans, *The palace of*

Minos, I, p. 430 이하)은 아직 해명되지 않고 있다. 순수히 장식적인 가치만을 본 M. P. Nilsson에 의해서 부정된 이 의례적 기능은 최근 Axel W. Persson, *The Religion of Greece in prehistoric times* (Berkeley-Los Angeles, 1942), p. 38, p. 68에 의해서 확인되었다 ; Charles, Picard, *Les Religions préhelléniques. Crète et Mycènes* (Paris, 1948), pp. 194-195 참조.

제4장 조개의 상징에 관한 고찰

1) G. F. Kunz & Charles Hugh Stevenson, *The Book of the Pearl* (London, 1908)은 진주의 전파에 관한 많은 자료를 수집해놓았다. 또 J. W. Jackson, "The geographical distribution of the use of Pearls and Pearl-shells (53 p., Manchester, 1916, *Shells as Evidence of migration of Early Culture*, Manchester, 1917)는 Kunz와 Stevenson의 정보를 보충했다. W. L. Hildburgh, "Cowrie-shells as amulets in Europe"(*Folk-Lore*, vol. 53-54, 1942-1943, pp. 178-195)에는 조개의 주술적 기능에 관한 엄청난 참고 문헌의 대부분이 들어 있다. *Man* 지에 게재된 이 문제에 관한 다양한 기고 참조. 그 주요 목록은 다음과 같다. 1939년 10월호, No. 165, p. 167 (M. A. Murray, *The meaning of Cowrie-shell*에서는 보패의 주술적 가치는 반쯤 감긴 눈과의 유사성에서 온다고 본다) ; 1940년 1월호, No. 20(Sheppard에 대한 Murray의 답변) ; No. 61, pp. 50-53 (Dr. Kurt Singer, *Cowrie and Baubo in early Japan*은 보패와 외음부와의 동일시를 보여주는 일본 신석기시대의 입상을 게재) ; No. 78(C. K. Meek, *Cowrie in Nigeria*), No. 79 (M. D. W. Jeffreys, *Cowrie shells in British Cameroun* : Murray 양의 가설에 대한 반대), No. 187 (Grigson ; 인도, 중부) ; 1941, No. 36 (C. K. Meek ; 나이지리아) ; No. 37 (피지, 이집트, 작센) ; 1942년, No. 71(M. D. W. Jeffreys : *Cowry, Vulva, Eye*).

2) Peñafiel, *Monumentos del arte mexicano antiguo*, p. 154, Leo Wiener, *Mayan and Mexican Origins* (Cambridge, 1926), pl. IV, fig. 8에 전재.

3) Wiener, 위의 책, pl. IV, fig. 13 ; pl. VII, fig. 14, *Codex Nuttall*, p. 16, p. 36, p. 43, p. 49를 전재.

4) *Codex Dresdensis*, p. 34 등, Wiener, fig. 112-116에 전재.

5) B. de Sahagun, *Historia general de las cosas de Nueva España* (Mexico, 1896), vol. I. ch. 5 ; Wiener, p. 68 ; fig. 75 참조.

6) J. W. Jackson, "The Aztec Moon-cult and its relation to the Chank-cult of India" (*Manchester Memoirs*, Manchester, 1916 ; vol. 60, No. 5), p. 2.

7) B. Karlgren 역, "Some fecundity symbols in ancient China" (*The Bulletin of the Museum of Far Eastern Antiquities*, No. 2, Stockholm, 1930, pp. 1-54), p. 36.
8) Karlgren, 같은 책 ; Granet, *Danses et Légendes de la Chine ancienne* (Paris, 1926), p. 480, p. 514 등에서 언급한 진주(조개)-달과의 상관관계 참조.
9) J. J. de Groot, *Les Fêtes annuellement célébrées à Emouï. Etude concernant la religion populaire des Chinois* (Paris, 1886), vol. II, p. 491. 달과 물의 상관관계에 대해서는 같은 책, p. 488 이하, 진주에 대한 달의 영향에 대해서는 p. 490 이하.
10) P. Saintyves, *L'Astrologie populaire, étudiée spécialement dans les doctrines et les traditions relatives à l'influence de la lune* (Paris, 1937), p. 231 이하.
11) Aigremont, "Muschel und Schnecke als Symbol der Vulva einst und jetzt" (*Anthropophyteia*, 1909, VI, pp. 35-40)을 볼 것 ; J. J. Meyer, *Trilogie altindischer Mächte und Feste der Vegetation* (Zürich, 1937), vol. I, p. 233. *Man*, 1939-1942도 참조.
12) Andersson, *Children of the yellow earth. Studies in Prehistoric China* (London, 1934), p. 305 참조. Kurt Singer 박사(*Cowrie and Baubo in early Japan*, p. 51)가 발표한 신석기시대의 여성상은 거대한 외음부를 보여주고 있는데, 이것은 다름아니라 줄에 매달아놓은 커다란 조개이다. 쌍각조개는 국신(國神)의 재탄생 신화에서 역할을 맡고 있다. Kurt Singer에 따르면, 이 상은 국부가 보이도록 올라간 옷을 입고 춤을 추는 "천상의 공포의 여인"인 아마노 우즈메노미코토(天鈿女命)를 표현하는 것이라고 한다. 그녀가 유발한 웃음은 태양의 여신인 아마테라스 오카미(天照大神)를 그녀가 은거하고 있는 동굴 밖으로 나오게 한다. 18세기의 박물학자들은 패류학상의 분류를 외음부와의 유사성에 근거했다. G. Elliot Smith는 *The evolution of the Dragon* (Manchester, 1919)에서 Adamson의 *Histoire naturelle du Sénégal* (18세기)의 다음 구절을 인용한다. "보패는 외면적으로는 그 형태로써, 내면적으로는 자궁강의 정도로써 여성을 표현한다."
13) Andersson, *Children of the yellow earth*, p. 304 ; C. K. Meet, *Man*, 1940, No. 78을 볼 것.
14) Andersson, 같은 책, p. 304. 티아기족의 소녀들은 처녀의 상징으로 연체동물의 껍질을 지니고 다닌다. 처녀성을 잃으면, 조개껍질을 지녀서는 안 된다.
15) Kunz & Stevenson, *The Book of the Pearl*, p. 309, Sourindro Mohan Tagore, *Mani-Mâlâ or a treatise on Gems* (Calcutta, 1881)을 인용.

16) J. W. Jackson, *Shells as evidence of the migrations of early culture*, p. 101 ; De Groot, *The religious system of China*, vol. I (Leiden, 1898), p. 217, p. 277 참조.
17) Kunz & Stevenson, 위의 책, p. 307 이하.
18) Charles Picard, *Les Religions préhelléniques*, p. 60, p. 80 등.
19) W. Déonna, "Aphrodite à la coquille"(*Revue Archéologique*, 1917, 11-12월, pp. 312-416), p. 399
20) Déonna, p. 400. Hugo Winckler는 그리스어 마르가리테스(margarites)가 바빌로니아에 기원을 두고 있으며, 마르-갈리투(mâr-gallitu)에서 l자가 r자로 변형되면서 파생된 것이라고 주장한다(Diglat-Tigris의 경우와 마찬가지이다) ; Winckler, *Himmelsund Weltenbild der Babylonier*, IIe ed. , Leipzig, 1903, p. 58, 주 1 참조. *Theologisches Wörterbuch zum Neuen Testament* (G. Kittel), t. IV, p. 476에서 margarites의 기원에 관한 가설을 볼 것.
21) *Dictionnaire des antiquités*, s. v. Bucina ; Forrer in *Reallexicon*, s. v. Muschelschmuck ; Pauly-Wissova, s. v. *Margaritai* ; Déonna, p. 406 ; G. Bellucci, *Parallèles ethnographiques* (Pérouse, 1915), pp. 25-27 ; U. Pestallozza, "Sulla rappresentazione di un pithos arcaico-beotico"(*Studi e Materiali di Storia delle Religioni*, vol. XIV, 1938, pp. 12-32), p. 14 이하 ; Hœrnes-Menghin, *Urgeschichte der bildenden Kunst in Europa*(Wien, 1925), p. 319, 그림1-4(트라키아 기원의 조개 모양의 여성상).
22) J. J. Meyer, *Trilogie altindisher Mächte und Feste der Vegetation* (Zürich, 1937), vol. I, p. 29.
23) J. W. Jackson, "Shell-Trumpets and their distribution in the Old and New World" (*Manchester Memoirs*, 1916, No. 8), p. 7.
24) Hornell, *The sacred Chank of India* (Madras Fisheries Publications, 1914), Jackson, *The Aztec Moon-Cult*, pp. 2-3에서 인용. Arnould Locard, "Les Coquilles sacrées dans les religions indiennes" (*Annales du Musée Gaimet*, t. VII, pp. 292-306)도 참조.
25) Jackson, *The Aztec Moon-Cult*, 여러 곳.
26) Kingsborough, *Antiquities of Mexico* (London, 1831-1848), vol. VI, p. 203.
27) J. W. Jackson, "The Money-Cowry (Cypraea moneta, L.) as a sacred object among American Indians" (*Manchester Memoirs*, vol. 60, No. 4, 1916), p. 5 이하.
28) M. Eliade, *Le Chamanisme*, p. 286 이하 참조.

29) Jackson, *Shell-Trumpets*, p. 8, p. 11, p. 90 ; W. H. R. Rivers, *The history of Melanesian Society* (Cambridge, 1914), vol. I, p. 69, p. 98, p. 186 ; vol. II, p. 459, p. 535.
30) S. Seligmann, *Der böse Blick* (Berlin, 1910), vol. II, p. 126 이하, p. 204 이하에 나온 여러 사례 참조.
31) B. Laufer, *Jade, a study in Chinese Archaeology and Religion* (Field Museum, Chicago, 1912), p. 299, 주.
32) Laufer, 같은 책, p. 299 ; Karlgren, *Some fecundity symbols*, p. 22 이하 ; Giseler, "Les Symboles de jade dans le taoïsme" (*Revue d'Histoire des Religions*, 1932, t. 105, pp. 158-181) 참조.
33) C. Hentze, *Les Figurines de la céramique funéraire* (Dresden, 1928), p. V. ; C. Hentze, "Les jades archaïques en Chine" (*Artibus Asiae*, III, 1928-1929, pp. 96-110) 및 "Les Jades Pi et les symboles solaires (*Artibus Asiae*, pp. 199-216 ; t. IV. pp. 35-41)도 볼 것.
34) S. Couvreur, *Li ki*, t. II (Ho Kien Fou, 2판, 1913), p. 252 ; Couvreur, Tso tchouan, t. I, p. 259 참조.
35) De Groot, *Religious System of China* (1892), I, p. 277.
36) Andersson, 위의 책, p. 323. 보패는 구석기시대 말기의 분묘에서 이미 발견된다 ; K. Singer, 위의 책, p. 50. 참조.
37) Kunz & Stevenson, *The Book of the Pearl*, p. 310.
38) Robert Hertz, *Mélanges de sociologie religieuse et de folklore* (Paris, 1928), p. 10 참조.
39) Déchelette, *Manuel d'archéologie préhistorique celtique et gallo-romaine*, 2판 (Paris, 1924), t. I, p. 208.
40) Osborn, *Men of the Old Stone age*, pp. 304-305.
41) Th. Mainage, *Les Religions de la préhistoire. I. L'Age paléolithique* (Paris, 1921), pp. 96-97.
42) Sir E. Wallis Budge, *Amulets and Superstitions* (Oxford, 1930), p. 73.
43) Sir Arthur Evans, *The Palace of Minos*, vol. I (London, 1921), p. 37.
44) Jackson, "The geographical distribution of the use of Pearls and Pearl-Shell" (*Shells as evidence of the migrations of early culture*, p. 72 이하), pp. 112 이하도 참조.
45) Jackson, *Shells*, pp. 116-117.
46) C. C. Willoughby, "The Virginia Indians in the seventeenth century" (*The

American Anthropologist, vol. IX, No. 1, 1907년 1월. pp. 57-86), pp. 61-62.
47) W. J. Perry, *The Children of the Sun*, p. 66 참조. 캘리포니아 만 연안에 살면서 극히 원시적인 문화를 보존하고 있는 인디언들은 거북이 등껍질로 죽은 사람을 덮어놓는다. 같은 책, p. 250. 거북이는 본래 수생동물로서 물, 달과 밀접하게 연관되어 있다.
48) Kunz & Stevenson, *The Book of the Pearl*, p. 485 이하 참조.
49) Stephens, *Incidents of travel in Yucatan*, t. II, p. 344, Andree, *Die Metalle bei den Naturvölkers* (Leipzig, 1884), p. 136에서 인용.
50) M. Eliade, *Metallurgy, Magic and Alchemy*, p. 12 (*Zalmoxis*, I, p. 94).
51) Madeleine Colani, "Haches et bijoux. Republique de l'Équateur, Insulinde, Eurasie" (*B. E. F. E. O.*, XXXV, 1935, fasc. 2, pp. 313-362), p. 347.
52) Hanna Rydh, "On Symbolism in mortuary ceramics" (*Bull. of the Museum of Far Eastern Antiquities*, No. 1, Stockolm, 1929, pp. 71-121), p. 114 이하.
53) Andersson, 위의 책, p. 299 이하 ; Jackson, *The geographical distribution*, 여러 곳.
54) Nieuwenhuis, "Kunstperlen und ihre kulturelle Bedeutung" (*Internat. Archiv f. Ethnographie*, Bd. 16, pp. 135-153)
55) Madeleine Colani, "Essai d'ethnographie comparée" (*B. E. F. E. O.*, vol. XXXVI, 1936, pp. 197-280), p. 198 이하.
56) Ernst Darmstaedter, "Der babylonisch-assyrische Lasurstein" (*Studien für Geschichte der Chemie, Festgabe Ed. von Lippmann*, Berlin, 1927, pp. 1-8) ; M. Eliade, *Cosmolgie si alchimie babiloniana*, p. 51 이하 참조.
57) George F. Kunz, *The Magic of Jewels and Charms* (Philadelphia-London, 1915), p. 308.
58) Leon Wiener, *Africa and the discovery of America* (Philadelphia, 1920-1922), vol. II, pp. 237-248 ; M. Eliade, *Cosmologie si alchimie babiloniana*, p. 56 이하 참조.
59) C. G. Seligman & H. C. Beck, "Far eastern glass : some western origins" (*Bulletin of the Museum of Far Eastern Antiquities*, No. 10, Stockholm, 1938, pp. 1-64).
60) Andersson, *Children of the yellow earth*, p. 323 ; "On symbolism in the prehistoric painted ceramics of China" (*Bulletin of Museum of Far Eastern Antiquities*, vol. I, 1929, p. 66 이하).
61) *Children of the yellow earth*, p. 324.

62) Andersson, *On symbolism in the prehistoric painted ceramics*, 여러 곳; Hanna Rydh, *Symbolism in mortuary ceramics*, p. 81 이하; Carl Hentze, *Mythes et symboles lunaires* (Anvers, 1932), p. 118 이하 참조.
63) Andersson, *Children of the yellow earth*, p. 323 이하.
64) *Symbolism in mortuary ceramics*, 특히 p. 72 이하.
65) Madeleine Colani, *Haches et bijoux*, p. 351 이하.
66) Andersson과 Hentze의 저서 참조. 또한 L. Siret, *Origine et signification du décor spiralé* (XVe Congrès Intern. d'Anthropologie, Portugal, 1930, pp. 465-482 : 합리적 해석)도 볼 것. 인도의 신학과 예술에 나타난 바닷조개의 상징에 대해서는 A. Coomaraswamy, *Elements of buddhist Iconography* (Cambridge, 1935), pp. 77-78 ; *A new approach to the Vedas* (London, 1933), p. 91. 주 67 참조.
67) Kunz & Stevenson, 위의 책, p. 209 ; Jackson, *Shells as evidence of the migrations of early culture*, p. 92.
68) Kunz, 같은 책, p. 308.
69) R. Garbe, *Die Indische Mineralien* (Leipzig, 1882), p. 74.
70) *Harshacarîta*, Cowell & Thomas 역, p. 251 이하.
71) Leclerc, *Traité des simples*, vol III, p. 248(Ibn el-Beithar는 Ibn Massa와 Ishak Ibn Amrân을 인용하면서도 치료상의 용법에만 한정하고 있다) ; Julius Ruska, *Das Steinbuch des Aristoteles* (Heidelberg, 1912), p. 133 ; 인도와 아라비아의 민간신앙에 대해서는 Penzer, *Ocean of Story* (London, 1924), vol. I, pp. 212-213 (안질의 치료제인 진주 가루) 참조.
72) P. Saintyves, *L'Astrologie populaire*, p. 181 이하.
73) M. Eliade, *Traité d'Histoire des Religions*, p. 377, p. 389(참고 문헌) ; W. R. Halliday, "Of snakestones"(*Folklore Studies*, London, 1924, pp. 132-155)에 핵심적인 내용이 들어 있다 ; M. O. W. Jeffreys, "Snake Stones"(*Journal of the Royal African Society*, LXI, 1942, No. 165)도 참조.
74) De Groot, *Les Fêtes annuellement célébrées à Emouï*, vol, II, p. 369, p. 385 ; Gieseler, "Le Mythe du dragon en Chine" (*Revue Archéologique*, 총서 제5호, t. VI, 1917, pp. 104-170), 여러 곳 참조.
75) Josef Zykan, "Drache und Perle"(*Artibus Asiae*, VI, 1-2, 1936, pp. 5-16), p. 9, 그림 1 등 참조.
76) Alfred Salmony, "The magic ball and the golden fruit in ancient Chinese art" (*Art and Thought, Hommage à Coomaraswamy*, London, 1947, pp. 105-

109) 참조; M. Eliade, *Traité d'Histoire des Religions*, p. 250 이하도 볼 것. Mare R. Sauter의 연구인 "Essai sur l'histoire de la perle à ailette"(*Jahrbuch der Schweitzerischen Gesellschaft für Urgeschichte*, XXXV, Frauenfeld, 1945)에 대해서는 찬성할 수 없었다.
77) S. Seligmann, *Der böse Blick*, II, p. 126, p. 209; *Die magische Heil-und Schutzmittel*, p. 199.
78) 전염병을 막아주는 진주는 그것을 지니고 있는 사람에게 용기를 준다; M. Gaster, "The hebrew version of the Secretum Secretorum"(*Studies and Texts*, vol. II, London, 1925-1928), p. 812 참조.
79) Louis Finot, *Les Lapidaires indiens*, p. 16; Kunz, 위의 책, p. 316.
80) Karlgren, 위의 책, p. 36
81) Jackson, *The Money Cowry*(*Cypraea moneta*, L.) *as a sacred object among American Indians*, p. 3 이하.
82) "The Use of Cowry-shells for the purposes of currency, Amulets and Charms" (*Manch. Mem.*, 1916, No. 13); *Shells*, pp. 123-194; Leo Wiener, *Africa and the discovery of America*, p. 203 이하; Helmut Petri, "Die Geldformen der Südsee" (*Anthropos*, 31, 1936, pp. 187-212; p. 509-554), p. 193 이하, p. 509 이하(화폐로서의 보패), p. 208 이하(화폐로서의 진주) 참조. M. J. M. Faddegon의 보패에 관한 연구는 인용하지 못했다.(*Tijdschrift van het Kon. Ned. Genootschap voor Munt-en Penningkunde*, 1905; *Isis*, vol. 19, 1933, p. 603 참조)
83) Karlgren, 위의 책, p. 34.
84) Pauly-Wissowa, s. v. *Margaritai*, col. 1692 참조.
85) H. Usener, "Die Perle. Aus der Geschichte eines Bildes"(*Theologische Abhandlungen C. von Weizsäcker······gewidmet*, Freiburg i. Breisgau, 1892, pp. 201-213); Carl-Martin Edsman, *Le Baptême de feu* (Leipzig-Uppsala, 1940), p. 190 이하.
86) *Svensk Teologisk Kvartalskrift*, vol. 17, 1945, pp. 228-233에 실린 Edsman의 서평; Geo Widengren, *Mesopotamian elements in manicheism* (Uppsala, 1946), p. 119 및 같은 저자의 "Der iranische Hintergrund der Gnosis" (*Zeitschrift für Religions-und Geistesgeschichte*, IV, 1952, pp. 97-114), p. 113 참조.
87) A. Hilgenfeld, "Der Königssohn und die Perle" (*Zeitschrift für wissenschaftliche Theologie*, vol. 47, 1904, pp. 219-249); R. Reitzenstein, *Das iranische*

Erlösungsmysterium (Bonn, 1921), p. 72 이하(중요한 저서임) ; Edsman, 위의 책, p. 193, 주 4 ; Widengren, *Der iranische Hintergrund der Gnosis*, p. 105 이하.

제5장 상징체계와 역사

1) P. Lundberg, *La Typologie baptismale dans l'ancienne Église* (Uppala-Leipzig, 1942) ; Jean Daniélou, S. J., *Sacramentum futuri. Études sur les origines de la typologie biblique* (Paris, 1950), pp. 13-20, pp. 55-85 및 여러 곳 ; 같은 저자, *Bible et Liturgie* (Paris, 1951), pp. 29-173 ; Louis Beirnaert, S. J., "La Dimension mythique dans le sacramentalisme chrétien"(*Eranos-Jahrbuch*, 1949, Bd XVII, Zürich, 1950, pp. 255-286). Lundberg와 J. Daniélou의 훌륭한 저서에는 사본의 서지목록도 실려 있다.
2) J. Daniélou, *Bible et Liturgie*, pp. 58-59 ; *Sacramentum futuri*, p. 58 이하도 볼 것 ; Lundberg, 위의 책, p. 148 이하.
3) 유형학의 의미와 근거를 상기해보도록 하자. 그 출발점은 구약성서에서 발견된다. 실제로 예언자들은 이스라엘 민족이 핍박받던 시절에 신이 과거에 이룩했던 일과 유사한 더욱 위대한 일을 이스라엘 민족을 위해서 미래에 이룩하리라고 예언했다. 즉 죄의 세계를 소멸시킬 새로운 대홍수가 있을 것이며, 거기에서 살아남은 한 사람이 새로운 인류를 창시할 것이며, 또 우상의 포로가 된 인류를 신이 그의 힘으로 해방시킬 새로운 탈출이 있을 것이며, 신이 해방된 그의 민족을 맞아들일 새로운 낙원이 있으리라는 것이었다. 이것이 종말론적 유형이라고 이름 붙일 수 있는 최초의 유형학을 구성한다. 왜냐하면 앞으로 도래할 사건이란 예언자들이 보기에는 시간의 종말이라는 사건이기 때문이다. 따라서 신약성서는 이 유형학을 고안해내지 않았다. 신약성서는 다만 종말론적 유형학이 나사렛 예수의 인격 속에서 완수되었음을 보여줄 뿐이다. 사실상 예수와 더불어 종말, 충만한 때라는 사건은 완수된다. 그는 새로운 아담으로서, 그와 더불어 미래의 낙원시대가 도래한다. 대홍수가 예시하던 죄많은 세계의 파괴가 이미 그를 통해서 실현된다. 악마의 지배에서 신의 민족을 해방시킬 진정한 탈출이 그를 통해서 완수된다. 사도들의 전도는 그리스도가 구약성서를 이어가면서 넘어선다는 점을 보여주면서, 그리스도의 메시지의 진실을 확립하기 위해서 이 유형학을 논거로 활용했다. "저희에게 당한 이런 일이 거울이 되고, 또한 말세를 만난 우리의 경계로 기록하였느니라."(고린도 전서 10 : 11) 이것이 바로 성 바울로가 콘솔라티오 스크립투라룸(consolatio Scripturarum)이라고 부른 그것이다. (J. Daniélou, *Bible et Liturgie*, pp. 9-10)
4) Henri de Lubac, *Aspects du Bouddhisme* (Paris, 1951), p. 57, pp. 66-67. 이

문제에 대해서는 R. Bauerreiss, *Arbor Vitae*. *"Lebensbaum" und seine Verwendung in Liturgie, Kunst und Brauchtum des Abendlandes* (Munich, 1938, Abhandlungen der Bayerischen Benediktiner-Akademie, III) 참조.

5) 이 상징은 세례당의 장식에서 생명나무가 순환적 부활의 원시적 이미지인 수사 슴과 나란히 그려져 있다는 사실에 의해서 강화된다.(Henri-Charles Puech, "Le Cerf et le Serpent", *Cahiers archéologiques*, IV, 1949, pp. 17-60, 특히 p. 29 이하) 그런데 원시시대 중국, 알타이 지방, 중앙 아메리카 및 북아메리카의 몇몇 문화(특히 마야족과 푸에블로족)에서 수사슴은 바로 뿔의 정기적 갱신 때 문에 영속적인 창조와 부활의 상징이다 ; C. Hentze, "Comment il faut lire l'iconographie d'un vase en bronze chinois de la période Chang"(*Conferenze I. S. M. E. O.*, vol. I, Roma, 1951, pp. 1-60), p. 24 이하 ; 같은 저자, *Bronzegerät, Kultbauten, Religion im ältesten China der Shang-Zeit* (Antwerpen, 1951), p. 210 이하 참조. 그리스 전승에서 수사슴은 뱀을 먹고 바로 샘물을 마심으로써 생명을 갱신한다고 한다. 또 뿔이 떨어지면 사슴은 50년 내지 500년 젊어진다고 한다.(Puech, p. 29의 참고 문헌 참조) 수사슴과 뱀의 적대관계는 우주론적 차원에서 보아야 한다. 사슴은 불, 새벽과 관계가 있고(중국, 알타이, 아메리카 등), 뱀은 밤의 이미지, 유충, 지하 생명의 이미지의 하나이다. 그러나 차원이 다르기는 하지만 뱀도 주기적 갱신의 상징이다. 사실상 수사슴(혹은 독수리)과 뱀의 대립은 재통합되어야 할 "대립되는 한 쌍"에 대한 역동적 이미지에 가깝다.

6) 이 부분에 대해서는 *Le Chamanisme et les techniques archaïques de l'extase* (Paris, 1951) 참조.

7) Dom Stolz, *Théologie de la mystique* ; J. Daniélou, *Sacramentum futuri*를 볼 것. 이것은 예견이라고 할 수 있다. 낙원으로의 복귀라는 그 충만함은 사후에나 실현될 것이기 때문이다.

8) 물론 샤머니즘의 엑스터시 체험을 이 "낙원회귀"로 축소시킬 수는 없다. 수많은 다른 요소들이 발견되기 때문이다. 책 한 권 전체를 극히 복잡한 이 문제에 바쳤기 때문에, 다시 이것을 논의할 필요는 없다고 본다. 하지만 샤먼의 통과의례는 엑스터시 상태에서의 죽음과 부활의 체험으로 구성되는데, 이 체험은 기독교의 비의를 비롯한 모든 역사적 비의종교에서 발견되는 결정적 체험이다.

9) Henri-Charles Puech, "Temps, Histoire et Mythe dans le christianisme des premiers siècles"(*Proceedings of the VIIth Congress for the History of Religions*, Amsterdam, 1951, pp. 33-52) ; M. Eliade, *Mythe de l'Éternel Retour*, p. 152 이하 ; Karl Löwith, *Meaning in History* (Chicago, 1949) 참조.

10) "역사"와 "역사적"이라는 표현은 혼란의 여지가 많다. 이 표현들은 한편으로는 모든 종류의 도피와 기계적 동작으로 구성되는 불확실한 존재에 대립되는, 인간 존재 가운데 **구체적이고 진정한** 모든 것을 가리킨다. 또 한편으로는 역사주의적이고 실존주의적인 다양한 흐름 속에서, 이 "역사"와 "역사적"이라는 표현은 인간 존재는 **그 역사적 순간을 인식하는 경우**에만 진정할 수 있다는 뜻을 함축하고 있는 듯하다. 우리가 "역사주의"에 반대한다고 말할 때 우리는 두번째 의미, 역사에 관한 총괄적인 의미에 근거하고 있다. 사랑이나 고통, 신성, 미적 감동, 관조, 기쁨, 우울 같은 근본적인 체험들을 "도피"나 "진실이 아닌 것"으로 간주할 수는 없기 때문이다. 이 근본적인 체험들은 각각 독자적인 시간적 리듬을 이용하며, 또한 자신의 역사적 순간을 거부하지도 않고 자신과 동일화시키지도 않는 **완전한 인간**을 구성한다.

11) Ad. E. Jensen, *Hainuwele. Volkserzählungen von der Molukken-Insel Ceram* (Frankfurt-a-Mein, 1939) ; 같은 저자, *Die Drei Ströme* (Leipzig, 1948), p. 277 이하 ; C. G. Jung & Karl Kerényi, *Das götlichen Mädchen*(*Albae Vigilae*, Heft, 8-9, Amsterdam, 1941) 참조.

12) 이 문제는 나의 *Traité d'Histoire des Religions* 제2권에서 충분히 논의될 것이다.

13) 상징에 의한 세계의 변용을 잘 이해하려면, 어떤 물체가 원래 모습 그대로 있으면서 동시에 성별(聖別)되는 신성현현의 변증법을 상기해보면 된다.

역자 후기

 인간이 하늘을 날 수 있을 것이라고는 생각도 하지 못했던 원시시대의 인간이 밤하늘의 별을 보고 느꼈던 것이나, 이미 화성까지 탐사가 가능한 첨단 과학을 뿌듯하게 누리고 있는 20세기의 인간이 별을 보고 느끼는 것은 모두 투명한 그 초월성이다. 또 조개를 보고 여성의 이미지를 떠올리며 회심의 미소를 짓는 것도 그때나 지금이나 똑같을 것이다. 요컨대 인간을 둘러싸고 있는 사물을 보고, 무엇을 느끼느냐, 어떤 이미지를 가지느냐 하는 것은 동서고금이 유사하다.
 그러나 원초의 인간과 현대인을 결정적으로 갈라놓는 차이는 그 이미지를 종교적으로, 주술적으로, 존재론적으로 수용하는가의 여부에 있다. 또 하나의 예를 들면, 원시시대의 인간들은 달을 보고 탄생-죽음-재탄생의 이미지를 느꼈을 것이고, 그 이미지에서 생사(生死)의 주기성에 관한 직관이 결정(結晶)되었을 것이며, 다시 그 원시적 직관으로부터 세계의 주기적 창조와 파괴에 대한 신화가 만들어졌을 것이다.
 이 과정을 거꾸로 더듬어가는 것이 바로 엘리아데의 작업이다. 오늘날 우리들이 유영(遊泳)하고 있는 문화의 기저에는 태고의 존재론이 깔려 있고, 이 주술적, 종교적 존재론의 기저에는 다시 이미지와 원형이 거대하게 자리잡고 있다. 원형과 이미지가 방사(放射)되어 나오는 존재의 이 "중심"을 순수하고 충만하게 다시 표현할 수 있도록 해주는 것이 바로 상징이다.
 엘리아데의 「이미지와 상징 *images et symboles*」(1952)은 "주술적-종교적 상징체계에 관한 시론"이라는 부제가 보여주고 있듯이, "성(聖)"과 "상징"을 연구의 중요한 두 개의 축으로 삼고 있다. 이 말은 엘리아데가 인간을 근본적으로 호모 렐리기오수스(homo religiosus : 종교적 인간)와 호모 심볼리쿠스(homo symbolicus : 상징적 인간)로 파악하고 있다는 의미이기도 하다.

엘리아데가 종교적 인간의 행동 구조에 대한 설명을 시도하고 그 구조의 기초가 되는 상징을 해독하게 된 계기가 마련된 것은 문자 없는 민족의 종교를 연구하고 동양적 사변과 접촉하면서부터이다. 엘리아데는 종교적 상징이 인간에게 초역사적 세계로의 열림을 부여하며 초월적인 것과 접촉하도록 한다고 보았다. 그는 "상징은 신성현현(神聖顯現)을 구성한다. 상징은 다른 어떤 표현으로도 나타낼 수 없는 신성한 우주론적 실재를 드러내준다"고 생각한다. 상징을 내포하고 있는 것은 어떤 신화나 의례일 수도 있고 어떤 존재나 물체일 수도 있는데, 이것들은 신성현현의 맥락 속에서 신성화된 차원에 대한 인식을 밝혀준다는 것이다.

엘리아데는 종교적 상징 속으로 침투해 들어갈 수 있는 가장 좋은 방법은 민족학적 종교연구라고 보았다. 사실상 호모 심볼리쿠스가 가장 잘 보존되어 있는 것이 바로 민족학적 종교이다. 민족학적 집단의 종교적 인간은 상징의 논리 속에 성을 통합시킴으로써, 직접적 체험을 통해서는 접근할 수 없는 차원에 대한 계시를 획득한다. 엘리아데에게 있어서 모든 종교행위는 그가 "초(超)경험적"이라고 부른 실재와 관계하는데 그 실재의 발현, 곧 성의 메시지를 해독할 수 있게 해주는 것이 바로 상징이다. 따라서 상징은 계시의 자율적 형태로서, 세계의 통일성을 의식하도록 하는 다가적(多價的) 언어가 되는 것이다.

종교적 상징의 내재적 논리에 대한 이러한 연구를 포괄하는 종교사는 "초(超)정신분석학"이자 "새로운 산파술"이다. 종교사는 정신분석의 대상인 개인적, 집단적 심리를 뛰어넘어 원초의 보편적, 통합적 인간 행동을 작업대상으로 한다. 즉 인류의 종교적 전통 속에 살아 숨쉬고 있는 원시적 상징과 원형에 대한 의식을 일깨워주는 것이다. 엘리아데에 따르면, 이 초정신분석학은 "상징과 원형의 이론적 내용을 해명하고, 암시적이고 은밀하고 단편적인 것을 투명하고 논리정연하게 해주는 정신적 테크닉"이다.

또한 종교사가 새로운 산파술이 될 수 있었던 것은 소크라테스가 새로운 사고의 출산을 도왔던 것처럼 종교사는 더욱 진정하고 완벽한 새로운 인간의 탄생을 돕기 때문이다. 종교적 전통의 연구를 통해서, 현대인은 원시적 행동을 재발견하게 되고 그 행동 속에 내포된 정신적인 풍요로움을 의식하게 된다. 이러한 의식이 인간 자신의 운명과 의미에 대한 총체적 인식으로 통하는 것은 물론이다.

　엘리아데의 연구의 거대한 지반이자 신성성의 탐색의 시초이기도 했던 「종교사 개론 *Traité d'histoire des religions*」(1949)이 성의 구조와 변증법을 보여주었다면, 「이미지와 상징」은 인간으로 하여금 신성(神聖)과의 연대성을 실현하도록 하는 상징에 대한 집중적 연구이다. 특히 제4장 조개의 상징에 관한 고찰은 엘리아데의 다른 저서에서는 거의 다루지 않던 탁월한 분석이므로 관심을 가지고 읽어보기를 바란다. 엘리아데가 말한 대로, 신화와 상징과 원시적 이미지에 대한 "제대로 된" 분석에 목마른 독자들은 지식욕, 호기심의 충족을 위해서 피라미드의 불가사의니, 아틀란티스 대륙이니, UFO가 남긴 표시니 하면서, "딜레탕트, 신(新) 심령주의자, 사이비 신비학자의 엽기문학" 속에서 헤매고 있다. 타락한 신화와 속화된 이미지의 바다에서 헤엄치는 한, 우리는 계속해서 우리 존재의 깊은 근원에서 멀어져갈 것이다.

　이 책을 내기까지 대화를 아끼지 않은 까치글방의 박종만 사장과 꼼꼼한 교정으로 보다 좋은 책이 나오도록 도와준 서정미 씨에게 감사의 말씀을 전하고 싶다.

1997. 12. 23.
역자 씀

신 및 사람 이름 색인

가이거 Geiger, Malachias 160
갈홍 葛洪 150
겔리우스 Gellius, Aulus 109, 143
귄테르트 Güntert, H. 110-11, 119, 129-31, 137
그린 Green, Julien 58
나가르주나 Nagarjuna 105
나라하리 Narahari 159
나쿠라 Nakura 123
누탈 Nuttall, Zelia 154
니르티 Nirrti 117-19, 121, 123
니사바 Nisaba 124
니벤호이스 Nieuwenhuis 155
닌릴 Ninlil → 닌쿠르삭
닌쿠르삭 Ninkhursag 124
다니엘루 Daniélou, Jean 169-70
다르잘레스 Darzales 119
단테 Dante, Alighieri 29
데르젤라테스 Derzélates 119
데슐레트 Déchelette 152
데오나 Déonna, W. 146
뒤메질 Dumézil, Georges 29, 107-11, 121-22, 137-38
디오스쿠로이(쌍신) Dioskouroi 7
디필로스 Diphilos 146
라마크리슈나 Ramakrishna 83
레 Re 44, 57
레프 Leeuw, Van der 34

로물루스 Romulus 108-09
루드라 Rudra 117
루킬리우스 Lucilius, Gaius 143
뤼바크(신부) Lubac, le R. P. de 178
리드 Rydh, Hanna 158
마루트 Marut 115
마르두크 Marduk 124-25
마르스 Mars 108
만하르트 Mannhardt, W. 35
메나주 Mainage 152
묵자 墨子 142
뮈 Mus, Paul 91-92
미트라 Mithra 107, 111-12
바루나 Varuna 107-08, 110-18, 121-22, 124, 131, 133, 139, 147
바수반두 Vasubandhu 93-94
(성)바울로 Paul, the Apostle 170
바유 Bayu 123, 129
베누스 Venus 146
베레트라그나 Verethragna 116, 121
베르게뉴 Bergaigne, A. 110, 113-16
(루이)베르나르 Beirnaert, Louis 169, 174, 176
베르나르(신부) Beirnaert, le R. P. de 175
베이컨 Bacon, Francis 160
벤디스 Bendis 119
벤티스 Bentis 119

벨 Bel 124
보가예프스키 Bogajevsky 158
부다바타 Buddhabatta 161
브라마 Brahmā 71, 77
브라만 Brahman 87-88, 92, 98, 147
비슈누 Bishnu 71-73, 77, 80-81, 83-84, 105, 147
비슈바카르만 Visvakarman 71-72
비아사 Vyāsa 104
비칸더 Wikander, Stig 162
빈두스 Bindus 119
샤마슈 Shamash 124
샤크티 Shalcti 76
샨타라크시타 Santaraksita 93
셰프텔로비츠 Scheftelowitz 117, 121, 128-30
소마 Soma 117-18
소크라테스 Socrates 41
소토 Soto, Hernando de 153
순자 荀子 143
스체르바츠키 Stcherbatsky 93-94
스트리터 Streeter 153
스티븐슨 Stevenson 159
시바 Siva 76, 105
신 Sin → 엔-주
아그니 Agni 92, 115, 117-18
아누 Anu 125
아디탸 Aditya 111
아슈빈(쌍신) Açvin 115
아스토비도투슈 Astovidhôtush 121, 123
아캉가 Akaanga 123
아키바 Aqiba 128

아프로디테 Aphrodite 146
아후라 마즈다 Ahura Mazda 50, 121-22
안데르손 Andersson, Johan Gunnar 145, 149, 151, 153, 157-58
알베르투스 Albertus Magnus 160
야마 Yama 117-19, 121, 123
에번스 Evans, Arthur 152
에아 Ea 124
에즈만 Edsman, Carl-Martin 162-64
에크하르트 Eckhart, Meister 104
(성)에프렘 Ephrem 162-64
엔릴 Enlil → 벨
엔-주 En-zu 124
오딘 Odin 108, 121
오리게네스 Oregenes 56, 162, 177
오르마즈드 Ormazd → 아후라 마즈다
우라노스 Uranos 107-08, 122
위너 Wiener, Leon 156
윌로비 Willoughby, C. C. 154
유안 劉安 142
유피테르 Jupiter 107-08
융 Jung, Carl Gustav 23, 34, 104
인드라 Indra 70-73, 81-82, 105-08, 115-118, 122, 124
장자 莊子 131
잭슨 Jackson, J. W. 148-49, 153, 161
정현 鄭玄 151
제우스 Zeus 107
징거 Singer, Kurt 153
치머 Zimmer, Heinrich 70
칸트 Kant, Immanuel 37
칼그렌 Karlgren, B. 143-46, 151, 161

칼리 Kali 76
켈수스 Celsus, Publius Juventius 56
코퍼스 Koppers, W. 138
콜라니 Colani, Madeleine 154, 156
콜럼버스 Colombus, Christopher 14, 142, 156
쿠마러스와미 Coomaraswamy, Ananda Kentish 94, 98, 113-14
쿤츠 Kunz 159
크리소스토무스 Chrysostomus, Johannes 168, 177-78
크리슈나 Krishna 81-82, 87
클레멘스 Clémens 174
클로스 Closs, A. 120-21, 137
(성)키릴루스 Cyrilus 169-70
킹스보로 Kingsborough 147
타일러 Tylor, Edward Burnett 35, 192-93
타쿠르 Takkur 159
타키투스 Tacitus, Publinus Cornelius 120
탐무즈 Tammuz 124

테르툴리아누스 Tertullianus, Quintus Septimius Florens 167-68, 170
테오필루스 Theophilus 174
트바슈트르 Tvashtr 115
티슈트리아 Tishtrya 121
파탄잘리 Patanjali 95, 101
페타초니 Pettazzoni 120
포의 包儀 123
폴리아이누스 Polyaenus 56
프라자파티 Prajapati 92, 147
프레이저 Frazer, James George 32, 35, 192-93
프로이트 Freud, Sigmund 17, 22
플라우투스 Flautus, Titus Maccius 146
플루타르코스 Plutarchos 108
플리니우스 Plinius Secundus, Gaius 143, 146
피데스 Fides 107
룬트베르크 Lundberg, P. 168
피터슨 Petersson, H. 111
헤라 Hera 56